生态文明建设丛书

林家彬 顾 问

李家彪 主 编 **王宇飞** 副主编

生态文明与绿色发展实践

王宇飞 刘昌新 著

上海科学技术文献出版社

Shanghai Scientific and Technological Literature Press

图书在版编目（CIP）数据

生态文明与绿色发展实践／王宇飞，刘昌新著．—上海：
上海科学技术文献出版社，2021
（生态文明建设丛书）
ISBN 978-7-5439-8412-7

Ⅰ．①生…　Ⅱ．①王…②刘…　Ⅲ．①绿色经济—经济
发展—研究—中国　Ⅳ．①F124.5

中国版本图书馆 CIP 数据核字 (2021) 第 175570 号

选题策划：张　树
责任编辑：苏密娅　姚紫薇
封面设计：留白文化

生态文明与绿色发展实践
SHENGTAI WENMING YU LÜSE FAZHAN SHIJIAN
王宇飞　刘昌新　著
出版发行：上海科学技术文献出版社
地　　址：上海市长乐路 746 号
邮政编码：200040
经　　销：全国新华书店
印　　刷：常熟市人民印刷有限公司
开　　本：720mm×1000mm　1/16
印　　张：17.5
字　　数：295 000
版　　次：2021 年 10 月第 1 版　2021 年 10 月第 1 次印刷
书　　号：ISBN 978-7-5439-8412-7
定　　价：128.00 元
http://www.sstlp.com

国家重点研发项目（NO. 2016 YFA0602500）资助

丛书导读

　　生态文明这一概念在我国的提出，反映了我国各界对人与自然和谐关系的深刻反思，是发展理念的重要进步。生态文明建设是建设中国特色社会主义"五位一体"总布局的重要组成部分。其根本目的在于从源头上扭转生态环境恶化趋势，为人民创造良好的生活环境；使得全体公民自觉地珍爱自然，更加积极地保护生态。可以说，生态文明建设是不断满足人民群众对优美生态环境的需要、实现美丽中国的关键举措，也是现阶段重构人与自然关系、实现人与自然和谐相处的主要方式。在新冠肺炎疫情引发人们重新审视人与自然关系的背景下，上海科学技术文献出版社推出的这套"生态文明建设丛书"可谓正当其时。

　　本套丛书有9册，系统且全面地介绍了当前我国生态文明建设中的一些重要主题，如自然资源管理、生物多样性、低碳发展等。在此对这9册书的主要内容分别作一简短概括，作为丛书的导读。

　　《自然资源融合管理》（马永欢等著）构建了自然资源融合管理的理论体系。在理论研究过程中，作者们在继承并吸收地球系统科学等理论的基础上，构建了自然资源融合管理的"5R+"理论模型，提出了自然资源融合管理的三种基本属性（目标共同性、行为一致性、效应耦合性），概括了自然资源融合管理的基本特征，设计了自然资源融合管理的五条路径，提出了自然资源融合管理支撑"五位一体"总体布局的战略格局，从自然资源融合管理的角度解释了生态文明建设。

　　水资源是自然资源管理的难点。《生态文明与水资源管理实践》（高娟、王化儒等著）一册对生态文明建设背景下水资源管理的实践工作进行了系统而翔实的介绍，提出了适应于生态文明建设需求的水资源管理的理论和实践方向。包括生态文明与水资源管理、水资源调查、水资源配置、水资源确权、水资源管理的具体实践等五部分内容，分别介绍了水资源管理的总体概念与核心内涵，水资源调查、配置和确权的关键环节与具体方法，以及宁夏生态流量管理的案例。

《陆海统筹海洋生态环境治理实践与对策》（李家彪、杨志峰等著）一册，主要对建设海洋强国背景下的海洋生态环境治理进行了研究。其中，陆海统筹是国家在制定和实施海洋发展战略时的一个焦点。本册包括我国海洋生态环境现状与问题、典型入海流域的现状与问题、国际海洋生态环境保护实践与策略、陆海统筹海洋生态环境保护的基本内容以及陆海统筹重点流域污染控制策略等。可以说，陆海统筹，其实质是在陆地和海洋两大自然系统中建立资源利用、经济发展、环境保护、生态安全的综合协调关系和发展模式。有助于读者理解我国"从山顶到海洋"的"陆海一盘棋"生态环境保护策略以及陆海一体化的海洋生态环境保护治理体系。

《环境共治：理论与实践》（郭施宏、陆健、张勇杰著）一册重点探讨了环境治理中的府际共治和政社共治问题。就府际共治问题，介绍了环境治理中的纵向府际互动关系，以及其中出现的地方执行偏差和中央纠偏实践；从"反公地悲剧"的视角分析了跨域污染治理中的横向府际博弈，以及府际协同治理模式。就政社共治问题，着重关注了多元主体合作中的社会治理与政社关系，以及当前环境治理中的社会参与情况。基于对国内外社会参与环境治理的长期田野调查，发现社会参与对于化解环境危机具有不可忽视的作用，社会参与在新媒体时代愈加活跃和丰富。这对于构建现代环境治理体系既是机遇也是挑战。

《生态文明与绿色发展实践》（王宇飞、刘昌新著）一册主要从政策试点入手，以小见大，解释了我国生态文明建设推进的一个重要特点，即先通过试点创新，取得成效后再向全国推广。本书主要分析了低碳城市试点、国家公园体制试点以及其他地区一些有典型意义的案例。低碳城市试点是我国为应对气候变化所采取的一项重要措施，试点城市在能源结构调整、节能减排以及碳排放达峰等方面都有探索和创新。这是我国实施"碳达峰、碳中和"战略的重要基础。国家公园是我国自然保护地体制改革的代表，也反映了我国近几年来生态文明体制改革的进程。这部分以三江源、钱江源等试点为案例，揭示了自然保护地的核心问题，即如何妥善处理保护和发展之间的矛盾。最后一部分介绍了阿拉善SEE基金会的蚂蚁森林公益项目、大自然保护协会在杭州青山村开展的水信托生态补偿等案例经验。这些案例很好地揭示了生态环境保护需要依赖绿色发展，要使各方均能受益从而促进共同保护。

《生态责任体系构建：基于城镇化视角》（刘成军著）一册重点关注了城镇化进程中生态问题的特殊性。作者从政府的生态责任是什么、政府为什么要履行生态责任以及政府如何履行生态责任三个方面展开研究。城镇化是一个动态的过程，在此过程中产生的生态环境问题有其独特的复杂性。本书审视了中国城镇化的历史和现状，探讨了中国城镇化进程中的生态环境问题，并将马克思主义关于生态环保的一系列重要思想观点融合到对相关具体问题和对策的分析与论证之中，指出了马克思主义生态观对中国城镇化生态环境问题解决的具体指导作用；对我国城镇化进程中存在的生态问题、政府应承担的生态责任、国内外政府履行生态责任的实践及我国政府履行生态责任的途径等问题进行了论述。

《生态文明与环境保护》（罗敏编著）收录了"大气、水、土壤、核安全、国家公园"五方面内容，针对当下公众关注的污染防治三大攻坚战役、核安全健康与发展、自然保护地体系下的国家公园建设进行了介绍。三大攻坚战部分，分析了大气、水、土壤污染防治的政策、现状，从制度体系构建、技术应用、风险评估等方面，结合具体实践和地方经验，对如何打好污染防治攻坚战进行探讨。核安全部分围绕核安全科技创新、核能发展、放射性药品生产活动监管、放射源责任保险、公众心理学、法规标准等内容对我国核安全领域的重点内容和发展规划进行分析。国家公园体制建设部分，从法律实现、国土空间用途管制、治理模式、适应性管理、特许经营管理等方面探索自然保护地体系下国家公园建立的路径。

《企业参与生物多样性案例研究和行业分析》（赵阳著）主要以"自然资本核算"在不同行业的应用为切入点，系统地介绍了《生物多样性公约》促进私营部门参与的要求、机制和资源，分享了识别、计量与估算企业对生态系统服务影响和依赖的成本效益的最新方法学，并辅之以国内外公司的实际案例，研判了不同行业的供应链所面临的生物多样性挑战、动向及趋势，为我国企业参与生态文明建设提供了多元化的视角和参考资料。

《绿色"一带一路"》（孟凡鑫等编著）围绕气候减排、节约能源、水资源节约等生态环境问题，针对"一带一路"沿线典型国家、典型节点城市，从碳排放核算、能效评估、贸易隐含碳排放及虚拟水转移等方面进行了可持续评估研究。从经济学视角，延伸了"一带一路"倡议下的对外产业转移绿色化及全球价值链绿色化的理论；从实证研究视角，识别了我国企业对外直接投资的影响因素及区位分异特征，并且剖析了"一带一路"倡议对我国钢铁行业出口贸易的影响，解析了"一带一路"沿线国家环境基础设施及跨国产业集群之间的相关性；梳理了全球各国践行绿色发展的典型做法以及中国推动绿色"一带一路"建设的主要政策措施和行动，提出了我国继续深入推动绿色"一带一路"建设的方向和建议。

"生态文明建设丛书"结合了当下国内外最新的相关理论进展和政策导向，对我国生态文明建设的理念和实践进行了较为全面的解读和分析。丛书既反映了我国过去生态文明建设的突出成就，也分析了未来生态文明建设的改革趋势和发展方向，有比较强的现实指导意义，可供相关领域的学术研究者和政策研究者参考借鉴。

林家彬

2021 年 8 月

前　言

近些年来生态文明的理念已经全面融入我国经济和社会发展当中。以试点方式率先探索，在取得成效基础上全国推广，是我国在推进生态文明建设中的主要方式。本书主要介绍了低碳城市试点和国家公园体制试点以及各地涌现出的一些有代表性的案例和方法，希望能以小见大，从不同的角度来反映我国生态文明建设取得的成效。

首先，低碳城市试点是我国应对气候变化主动采取的一项自下而上的政策措施，是实现城镇化高质量发展的重要方面。城市贡献了全球大部分的二氧化碳排放，是低碳治理的重点区域。中国的低碳城镇化、低碳城市发展充分借鉴了国际经验，结合自身特色展开了一系列探索。研究分析了我国低碳治理的主体、结构、路径，指出低碳治理的核心在于城市、工业园区以及社区层面，并且重点关注了低碳技术的应用和推广等。"十三五"之前低碳发展主要依托工业领域的节能减排、能源结构的调整等，而以2020年为分界点，我国在国际上就应对气候变化做出了更加积极的承诺，在2060年实现碳中和，意味着需除去传统的减排措施，比如新能源的使用等，还需要更多方的参与、更激进的减排行动以及更大范围的适应行动。可以说，城镇化的高质量发展过程中，低碳发展是生态文明全面融入经济社会发展的关键。

国家公园体制是生态文明制度推进的排头兵，承担了率先落实《生态文明体制改革方案》中多项体制改革的任务。这是一项典型的希望借鉴国际经验来推进国内制度改革的政策，一方面，改革的初衷在于借助国家公园体制改革来解决我国自然保护地多头管理、交叉管理的现状；另一方面，也希望通过各地的自主探索解决保护和发展之间的矛盾。在过去的5年中，国家公园体制改革从总体方案的设计阶段已经进入实质性的管理阶段，成为自然保护地的核心制度。这部分研究选择了三江源、钱江源、武夷山试点为案例，分析了其在落实生态文明各项基础制度的进展。国家公园突出系统性、完整性保护，但是依然需要解决好保护与发展之间的关系，处理好绿水青山向金山银山转化的问题。基于此对海南省绿水青山向金山转化的路径进行了研究，重点关注了海南中部热带雨林区域。

第三部分，选取了各地比较有特色的案例。主要包括蚂蚁森林公益项目、浙江丽水发展生态产品品牌、构建生态产品价值实现的"丽水山耕"案例、浙江仙居探索乡村振兴过程中的三绿治理模式、大自然保护协会在杭州青山村做的水信托生态补偿，以及其他地区在自然保护地周边发展的绿色产业的做法。这些有代表性的案例，集中在浙江等地。这些区域社会治理能力比较高，并且很多都是以环保类社会组织的积极参与为特征。整体上看，生态环境保护还是要发动市场和社会力量的积极参与，政府更多的要提供匹配的制度设计，起到引导、监督的作用，推动各方收益，推动可持续性发展。

从2013年至今，我国生态文明建设工作稳步推进，特别是2018年大部制改革中，生态环境部和自然资源部成立，可谓是生态文明建设的里程碑事件。新冠肺炎疫情的暴发促使我们重新思考人与自然的关系、保护和发展之间的平衡，绿色发展再次成为核心话题。但是目前来看，我国生态文明建设实践的经验中，成功的案例星星点点，离美丽中国建设的目标还有非常大的差距。如何用生态文明理论更好地指导绿色发展实践，如何在试点成功的实践基础上更好提升到政策层面以进一步推广，是政策研究者今后需要关注的重点。

本书研究得到清华大学齐晔教授、国务院发展研究中心林家彬研究员的悉心指导。中国科学院战略研究院刘昌新博士参与了部分章节的撰写工作。另外，感谢清华大学宋祺佼博士、刘天乐博士，北京建筑大学的李惠民博士，大自然保护协会的靳彤博士等也都参与了部分的研究工作。感谢"北京市企业家环保基金会"的支持，为我们提供了翔实的案例资料，丰富了本书的内容。中共中央党校（国家行政学院）乔彦斌博士对书稿全文进行了校对，并提出了宝贵意见，特此感谢。

另外，感谢上海科学技术文献出版社的支持，尤其感谢张树总编辑在全书组织过程中的全力支持，也使我有机会能牵头邀请各位作者的参与，共同形成了新时期对生态文明建设的解读。

受作者水平限制，书中难免存在不足之处，恳请读者批评指正。

王宇飞

目　录

第一篇　生态文明之低碳发展篇

第二篇　生态文明之国家公园篇

第三篇　生态文明之绿色案例篇

第一篇

生态文明之
低碳发展篇

第一章

低碳发展是实现可持续高质量发展的要求

1.1 经济持续增长和应对气候变化要求低碳发展

发展低碳经济是落实新发展理念的重要实践活动，是生态文明建设的重要方面。党的十五大报告首次提出"两个一百年"奋斗目标：到建党一百年时，使国民经济更加发展，各项制度更加完善；到21世纪中叶建国一百年时，基本实现现代化，建成富强民主文明的社会主义国家。2017年中国共产党第十九次全国代表大会提出，到2050年要把中国建成富强、民主、文明、和谐、美丽的"社会主义现代化强国"。这一目标是新时代中国特色社会主义历史条件下的跨越式和超常规发展目标，这也是对1987年中国共产党第十三次全国代表大会提出的"到二十一世纪中叶基本实现现代化"这一目标的更新。

按照当前的发展趋势，我国实现百年强国在经济总量上基本可行。图1-1为1978—2018年我国GDP和GDP增长率情况。2020年我国GDP首次超过100万亿人民币，达到101.6万亿元，人均GDP超过7万元人民币。目前，如世界银行、国务院发展研究中心等众多机构已经从不同的角度对世界和中国未来发展进行了情景分析和预测，包括从全球区域的角度对未来发展路径的分析和展望、提出某项全球发展愿景并分析中国如何支持愿景的实现，以及对中国未来发展情景的定量模拟或定性展望等。种种结果揭示，我国未来GDP将处于长期稳定的持续增长阶段。

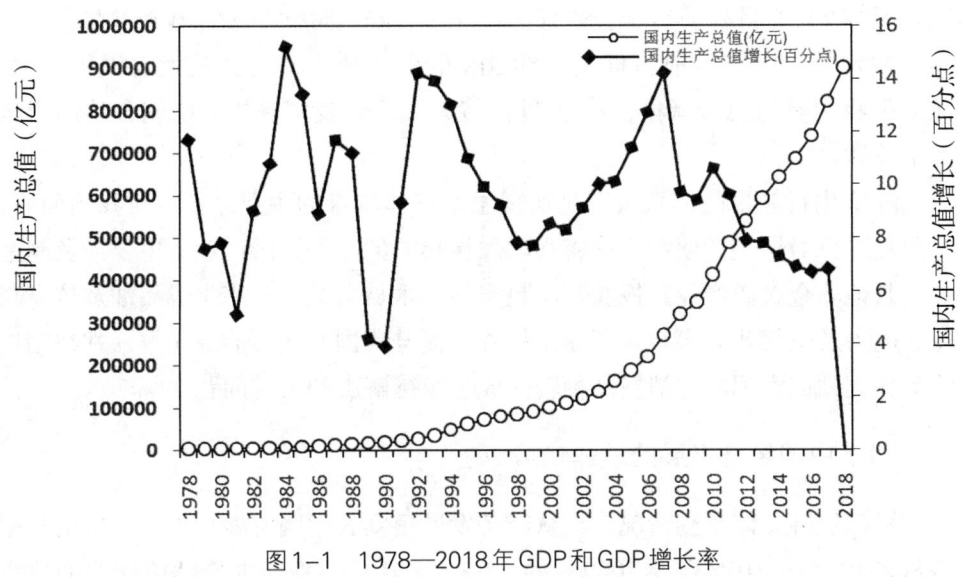

图1-1　1978—2018年GDP和GDP增长率

　　然而目前，全球应对气候变化形势严峻。如何平衡气候变化、生态文明建设目标和经济增长之间的关系，需要慎重思考。在联合国第25届气候会议（COP25）上，各国在应对气候变化的全球合作行动上的关键问题仍未得到解决，应对全球气候变化的工作十分紧迫。极端情况下，如果全球各个国家都不采取措施，全球温升①将达到3.5℃。如要实现温控2℃和1.5℃目标，则需要全球范围内各个国家和地区立即采取减排措施。我国目前也广泛参与到全球气候治理中，并自主承诺了中国的未来减排行动计划（NDC目标），2060年实现碳中和。根据已有的经济情景推演，我国未来经济增长趋势较好。如果按照我国当前的能源强度及能源结构演化趋势推算，我国能实现2030年之前达到碳峰值的NDC承诺。

　　但按照当前的发展趋势，联合国政府间气候变化专门委员会（IPCC）的2℃目标以及1.5℃目标的实现还是非常困难，全球需要立即采取行动进行减排。据气候变化经济学综合评估模型MERICES推算，即便现在立即减排，2050年全球碳排放量必须降低到2005年排放水平的15%以下，全球才有可能

---

① 全球温升是指全球平均温度相比于工业化前（1860年以前）的全球平均温度的升温幅度。

实现温控2℃的目标。对于1.5℃目标，则全球碳排放量需在2040年左右达到零排放水平。中国目前占据全球约20%的碳排放量，受到较大的国际压力。而如果我国参与总量减排，1.5℃目标将大大压缩我国碳排放空间，从而影响经济发展。

降低化石能源的消费量，是实现温室气体减排的主要途径。对我国而言，主要是减少对煤炭的使用。这将影响煤炭相关的主要下游产业。主要涉及制造业、其他非金属矿产业、橡胶及塑料产品、木材造纸业、炼焦成品油及核燃料业、电力及燃气业、煤炭采掘业。另外，提升我国非化石能源比重，并在制造业等关键领域实现能源消费品种转变成为亟待解决的关键问题。

（1）中国经济发展的总体趋势

根据经济总体预测情况，只从经济发展角度看中国发展，中国经济增长率将从2010年的10.6%降至2050年的4.3%，高耗能行业与非高耗能行业的比重到2050年没有发生太大变化。与主流机构对经济发展的预测趋势一致，通过综合评估模型EMRICES模型模拟，可以得到中国2050年GDP的总体增长情况如下图所示。其中，2050年GDP增速为4.26%。

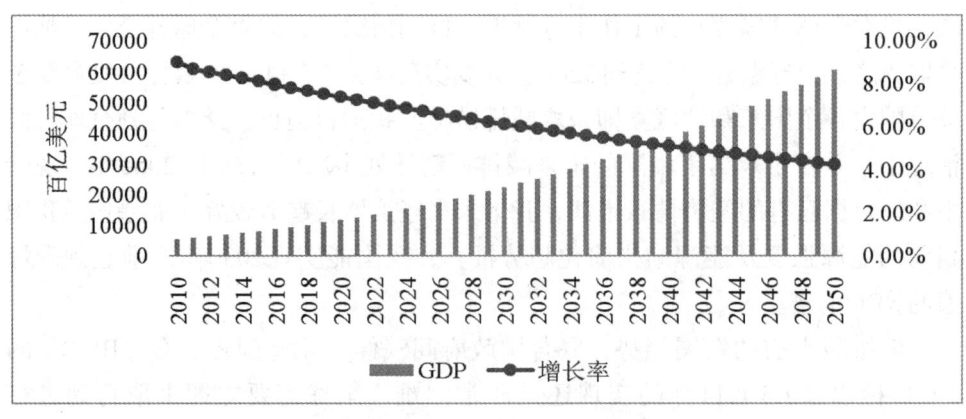

图1-2 中国未来经济增长趋势

从高能耗产业的发展趋势看，与能源密切相关的3个主要产业，煤炭采掘业、炼焦、成品油产业以及电力、燃气及水的供应业，其产业结构比较稳定，3个产业的整体占比在未来会略有上升。

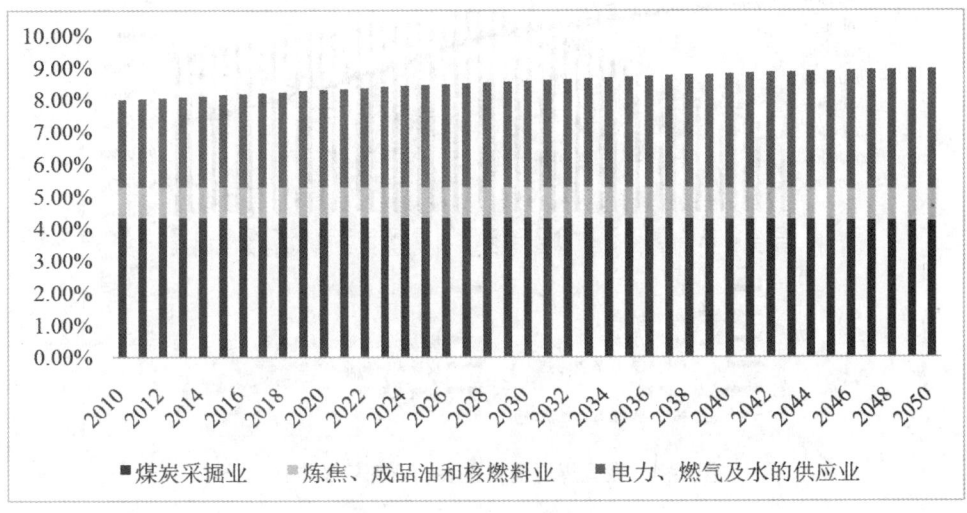

图1-3 能源产业的产值变化趋势

（2）能源消费

据情景模拟推断，中国产业结构调整比较缓慢，实现能源消费达峰需从提高能源效率上发力。我国近年来能源强度的年均降速约为4.23%，要使能源高峰在2030年前出现，需使能源强度下降速率达到每年6%的水平，也就意味着我国各部门的能源效率要在2025年赶上世界（2007年）先进能耗。

根据EMRICES模型模拟发现，我国未来煤炭消费量将先上升然后下降。煤炭消费主要集中在以下10个部门，分别是制造业、其他非金属矿产业、橡胶及塑料产品、木材业、造纸业、炼焦成品油及核燃料业、电力及燃气业、煤炭采掘业等。这10个部门的煤炭消费总量占全国的93%以上[1]。

---

[1] EMRICES模型中产业部门的划分与世界投入产出表的产业部门一致。

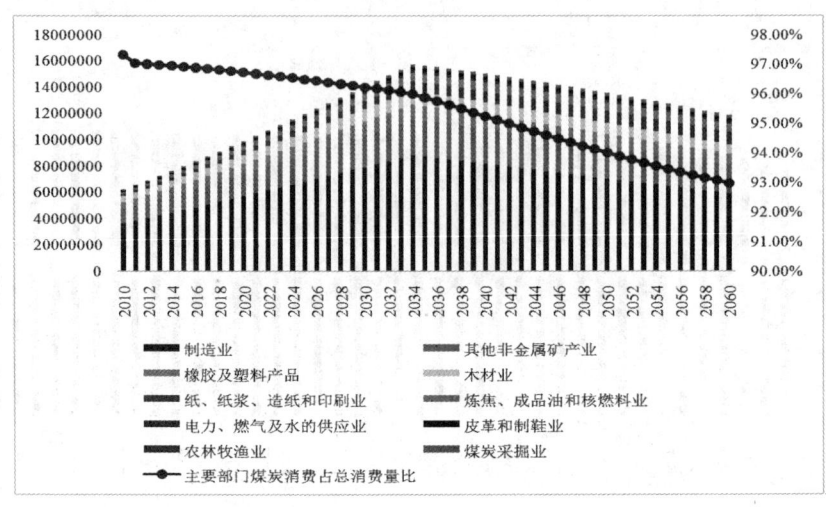

图1-4 我国煤炭消费主要产业部门及占比趋势

（3）碳排放

预测中国的碳排放水平在2029年达峰，并在2050年之后快速下降。据计算，中国碳排放量占全球碳排放量的比重也将在2018年左右达到峰值，并开始较快下降，2050年中国碳排放量占全球碳排放量比重将降低到12%。

中国的全球碳排放占比下降，主要是源于我国能源结构调整以及单位产值的能耗水平下降；也源于其他发展中国家的碳排放增长。全球碳排放占比下降将会使得中国减排压力减小，但这需要等到2050年之后才会有较大的改观。

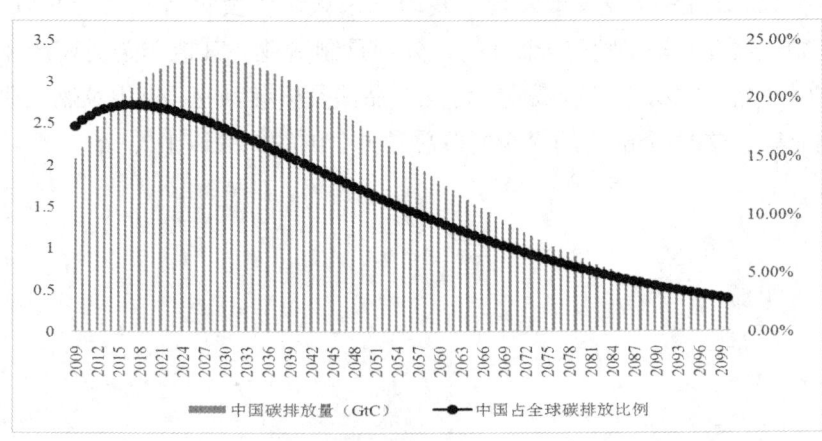

图1-5 中国碳排放变化趋势

（4）气候变化

如果全球各个国家都不采取措施，全球温升将达到3.5℃。即便现在立即减排，2050年全球碳排放量降低到2005年排放水平的20%以下，全球才有可能实现温控2℃的目标。对于1.5℃目标，则至少需要全球碳排放量在2050年时达到零排放水平。

由此可见，温控2℃以及1.5℃目标，将使得中国在2030年之前的减排压力非常大。立即减排，意味着必须牺牲掉2030年之前的经济增长所需的排放空间。

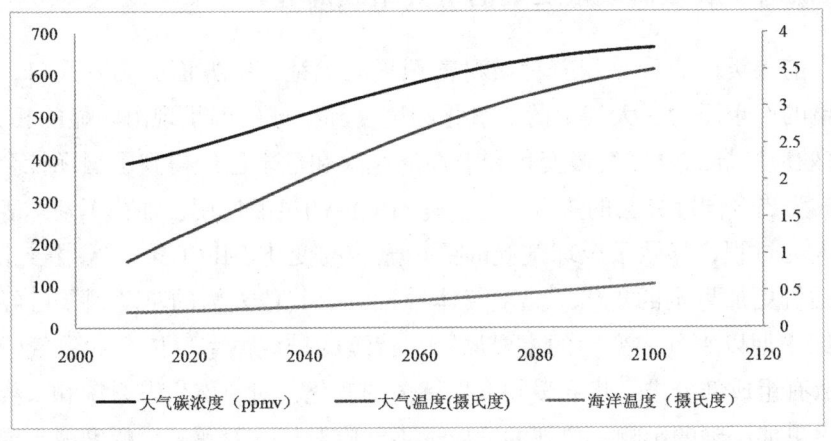

图1-6 全球气候变化趋势

（5）结论

按模型情景推演。我国未来经济增长趋势较好，能实现2030年之前碳峰值的承诺。

但从IPCC的2℃目标以及1.5℃目标看，按照当前的发展趋势，如果不加大减排力度，这些目标将难以实现。根据IPCC《1.5℃特别报告》显示，在1.5℃目标下，全球需要立即减排，并在2050年实现净零排放。中国目前占据全球约20%的碳排放量，一旦实行全球总量减排方案，中国经济发展必然受到较大约束。而如果中国参与立即减排，将与中国2030年之前仍需要碳排放空间发展经济的需求相矛盾。

如果中国需要立即减排，那么必须降低化石能源的消费量。对我国而言，主要是减少对煤炭的使用。这将影响煤炭的主要消费产业，比如制造业、其他非金属矿产业、橡胶及塑料产品、木材造纸业、炼焦成品油及核燃料业、电力及燃气业、煤炭采掘业。主要有两种途径，一是清洁使用煤炭资源，这需要采用大量昂贵的煤炭清洁技术，技术上可行，经济代价太大；另一种是改变能源消费类型，将煤炭消费改为电力消费，同时增加光伏、风电等清洁能源在电力能源中的比例。这是目前较为可行的一种方案。因此，如何提升我国非化石能源比重，并在制造业等关键领域实现能源消费品种转变是当前亟待解决的重要问题。这意味着我国需要寻找一条适合自身发展要求的低碳发展路径。

1.2　低碳发展是高质量发展的重要组成部分

当前人类一方面享受着物质财富积累的福祉，一方面面临着人口、资源和环境的严重压力。大气中的二氧化碳浓度和全球气温呈现出明显的相关性，"温室效应"导致全球气候变化和潜在的风险和危害已经得到了国际社会的公认，成为当今国际社会的焦点议题。化石能源的过度使用，加快了地球表面升温的人为过程，导致了全球气候的更加显著的变化。IPCC第六次报告比之前五次报告更加肯定的指出了温室气体排放以及其他人为的驱动因子已经成为20世纪中期以来气候变暖的主要原因，持续的排放温室气体会导致气候系统中的所有组成部分进一步变暖并发生持久的变化，对自然生态系统和人类社会显示出更加深刻的影响。单纯的适应远不能应对气候变化，大幅度减少温室气体的排放是控制气候变化风险的核心。IPCC早期报告指出，地球生态警戒线是大气中的二氧化碳浓度达到450ppm，地表温度上升2℃。大幅度的减排是将升温限制在2℃所必须的，现今来看这一目标的机会大于66%。然而如果将减缓拖延至2030年，人类将付出更多的经济、社会等的代价。而IPCC近期的报告中提出了更为严苛的将全球温升控制在1.5℃的目标。

我国面临着经济发展和环境资源可持续发展的矛盾，对气候变化的认知也逐渐清晰。气候变化为我国带来严峻的风险，造成冰川融化以及对农业等带来严重的损失等。从1997年的《京都议定书》、2007年的"巴厘岛路线图"、到2009年的40%~45%的二氧化碳减排承诺、2014年的2030年碳排放达峰以及2020年提出的2060碳中和，这一过程，体现了我国政府对温室气体控制和缓解气候变化所做的一系列的努力。低碳发展已经成为人类可持续发展的一个重要方面，全世界各国政府和组织都努力而积极的应对。低碳经济发展的目标不简单是国家之间的政治利益的博弈，也涉及全球经济转型和复苏。

　　我国当前的经济依然是资本和能源密集化的发展模式。国际上，我国要面临日益增大的国际社会的压力，而国内要求经济发展，要求提高人民生活水平，缩小贫富差距，在快速度、大规模的城镇化、工业化和机动化过程中，除去能源消耗的刚性需求，也包含了不正常的能源浪费现象等。这些内外的压力，促进了我国政府和社会逐渐认识到了国家和地方层面上低碳经济发展的重要性。

　　在中国，城市人口贡献了75%的一次性能源需求，产生85%的二氧化碳排放，地级以上城市二氧化碳排放占总排放量的58.84%。低碳城市已成为现代城市适应气候变化的重要理念与行动方案，特别是中国作为后发国家，需要在城市化进程中把握低碳发展机遇，避免重复发达国家高碳发展模式，探索城市可持续发展战略，提升城市竞争力，实现全面、协调和持续发展。

　　我国2012年的城镇化率为52.6%，同年，党的十八大提出"走中国特色新型城镇化道路"，我国城镇化开始进入以人为本、规模和质量并重的新阶段。2013年，党中央、国务院召开了第一次中央城镇化工作会议。2014年，印发了《国家新型城镇化规划（2014—2020年）》。2015年，召开了中央城市工作会议。为积极推动新型城镇化建设，户籍、土地、财政、教育、就业、医保和住房等领域配套改革相继出台，农业转移人口市民化速度明显加快，大城市管理更加精细，中小城市和特色小城镇加速发展，城市功能全面提升，城市群建设持续推进，城市区域分布更加均衡。2018年末，常住人口城镇化率比2011年提高了8.31个百分点，年均提高1.19个百分点；户籍人口城镇化率达到43.37%，比2015年提高了3.47个百分点，年均提高1.16个百分点。

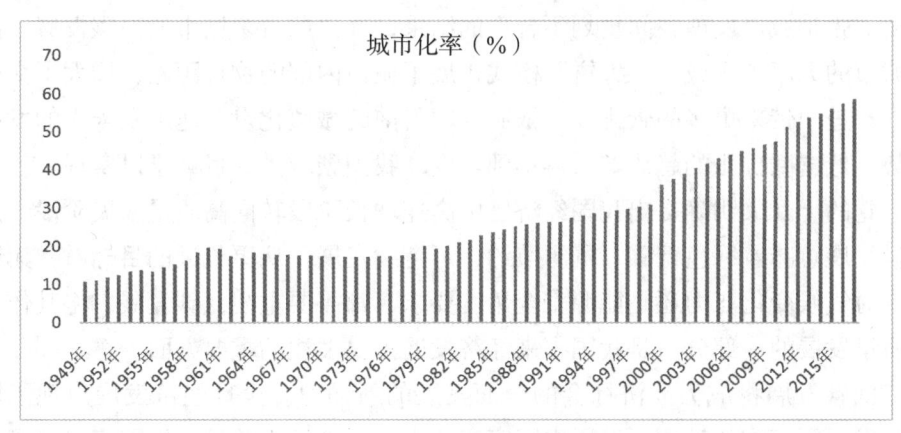

图1-7　1949年以来城镇化发展

来源：《中国统计年鉴2019》

然而，现行城镇化模式不仅非低碳，反而呈现出高碳发展趋势。如下图所示，1978至2011年，随着城镇化的推进，人均碳排放呈现明显上升的状态，尤其是从2002年开始，人均碳排放增速较此前有明显的上升。但2011年之后，我国城镇化率的进一步提升和人均碳排放增加的关联度并不再那么直接，我国人均碳排放水平处于相对稳定水平。

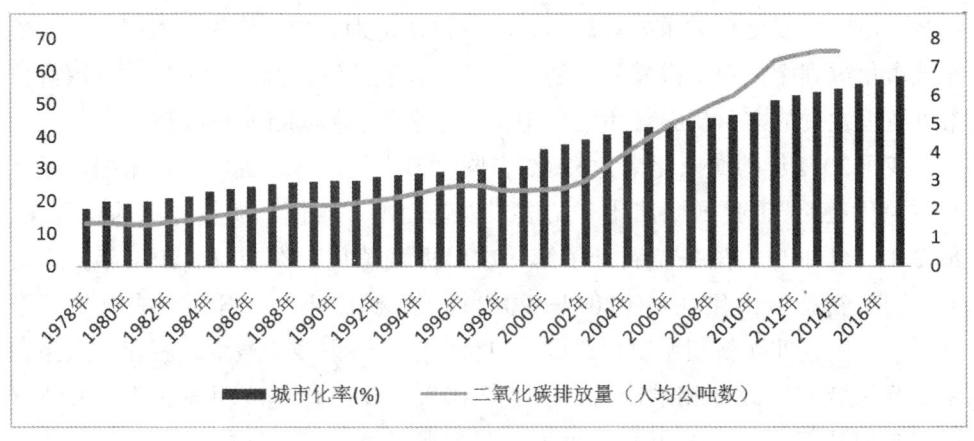

图1-8　1978—2017年城镇化率与碳排放

与此同时，城镇化表现为低密度扩张，也成为碳排放增长的一个原因。低密度扩张是城市发展空间规划不合理的结果，并由此带来城市的高碳发展。由于城市的无序扩张或"摊大饼"模式扩展了城市内部的物理距离，增大了交通需求，进而带来更多的碳排放。依照我国目前的城镇化发展速度及未来的发展趋势，低密度扩张的趋势如果得不到转变，我国碳减排的目标难以实现。

党的十九大明确提出我国经济已由高速增长阶段转向高质量发展阶段。高质量发展意味着绿色低碳、资源节约、可持续发展。从更长远的目标看，无论从应对气候变化压力还是能源安全角度要求，都需要重视低碳发展，将其作为高质量发展的一部分，是我国未来经济发展需要关注的重要方面。

低碳发展将成为经济社会的全面发展的新动力。全球经济发展出现了瓶颈，发达国家增长乏力，发展中国家产业出现低端锁定并且个别国家出现了中等收入陷阱。低碳发展和能源转型可以释放资源环境压力，开创绿色低碳需求，推动新的技术进步，进而提高全球可持续发展的质量。另外，低碳发展要求开拓新的消费理念和模式，要求对能源系统低碳化、发展高效的能源利用技术、探索新的用能方式以及采用更新的材料、工艺和技术等，比如超低能耗建筑、交通运输系统低碳化、电动车、轨道和公共交通以及高度电气化、分布式能源、智慧能源和储能等。

当前我国处于一个重要的历史性时期，长期过度依赖投资、出口拉动的经济增长模式将难以继续。严峻的国内外形势要求把拉动内需作为我国经济增长的新动力。城镇化是国家发展的大势所趋，城乡关系在未来一二十年将发生重大的转变，城镇化发展战略需要重新认识。在学习发达国家历史经验的基础上，我们看到，当前我国的城镇化模式是粗放高碳的，具体表现为高耗能运行的建筑、高碳排放的交通、低密度蔓延的城市等。这种发展模式难以确保能源安全和应对气候变化的需求，亟待改变。中央和地方政府已充分认识到低碳发展的必要性，它可以促使经济发展模式、产业结构和人民消费观念的改变。自上而下的顶层设计和自下而上的低碳城市试点政策成为推动低碳城镇化的尝试。低碳应该作为城镇化过程中的一种有效的管理手段和目标，最终达到控制碳排放的目的。

参考文献

［1］　IPCC. Fifth Assessment Report（AR5）. 2014.

［2］　Annual Review of Low-carbon devleoppment in China. CLimate Policy Initiative at Tsinghua Univeristy, Beijing, 2010.

［3］　仇保兴. 应对机遇与挑战：中国城镇化战略研究主要问题与对策（第二版）［M］.北京：中国建筑工业出版社，2009.

第二章 ——————————————————————

城镇化伴随着高碳排放

2.1　城镇化过程碳排放的基本情况

伴随着工业化的发展，城镇化已经成为人类社会发展的主流趋势。城市占地球陆地土地总量的不到2%，却容纳了地球上二分之一的人口。从经济角度来看，城市土地利用会随着城镇化的发展趋于更集约、更高生产率的方向发展。但是从过去几十年甚至上百年的历史看，城镇化过程中碳排放的增量，往往多于由于城市土地集约、生产率提高而减少的碳排放。从各国的实践看，近代世界历史上发达国家城镇化过程及其碳排放趋势，是一个明显的高碳化过程。工业化逐渐深入的过程中，城镇化率也在不断升高。世界主要发达国家和发展中国家的发展都印证了工业化、城镇化与碳排放之间的关系。20世纪60年代以后，除了英国的城镇化表现出明显的低碳化外，其他国家在城镇化过程中均呈现了高碳化趋势，具体表现为人均碳排放的不断上升。尽管存在较大的国别差异，但其变化趋势基本一致。无论是发达国家还是发展中国家，其经济发展和城镇化发展都伴随着碳排放的不断升高。要指出的是，低碳与高碳是一个相对的概念，一方面和现有的科学技术发展水平相关；一方面包含着人的价值评判在其中。我们认为现有经济社会发展水平下，城镇化往往伴随着高碳发展。与之对应，一个是可以采取碳排放水平更低的技术、管理或者政策手段，比如采取可再生能源、节能减排等；一个是可以通过控制人类活动规模、调控不必要的生产生活方式等，以适度规避能源生产和消费的浪费等，比如限制城镇化过程中的大拆大建等行为。

诺贝尔经济学奖得主、美国经济学家斯蒂格利茨曾说，21世纪有两件事对世界影响最大：一是美国高科技产业，二是中国的城市化。我国的城镇化发展迅速，截止到2019年，城镇化率已经超过了60%。除去正常需要的生产、生活消费导致的碳排放，我国城镇化过程中高碳排放主要和城市建设有关，其诱发因素可以分为两类，一类是经济因素，比如基础设施建设扩张、居民消费增长以及土地利用方式转变等，另一类是政治因素，比如短命建筑、大拆大建、城市低密度蔓延等。城镇化发展过程中的新增建设构成了碳排放的增量部分；重复建设和建筑能源的浪费等加重了城镇化过程中的高耗能、高碳排放。城市的低密度蔓延也容易引发更多的私家车使用，促使交通部门碳排放的猛增。

城镇化与工业化紧密相关，城镇化率不断升高和工业化的深入紧密连接。20世纪70年代，罗马俱乐部发布的《增长的极限》就提出能源和资源消耗与不同工业化阶段的经济发展水平呈S形曲线（图2-1）。

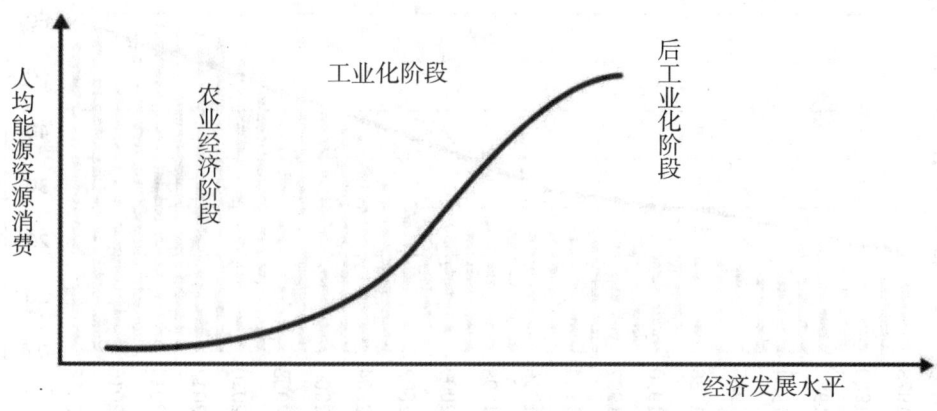

图2-1 能源资源消耗与经济发展呈S形曲线

经济发展水平与城镇化率的上升有一定的关系。一般来说，农业就业人口比例越小的国家城镇化率越高。后工业化时代，现代服务业等非物质产业取代制造业为主的第二产业成为主导产业，资源能源消耗趋于平缓甚至缓慢下降。这一阶段城镇化率超过70%，达到峰值并且趋于稳定或增长缓慢。参考典型国家的工业化历程可知，城镇化率达到峰值、随后趋于平缓甚至缓慢下降的转折点与工业化的转折点大致相同，一般都发生在人均GDP在13000国际元左右。多数国家在工业化过程中的能源结构都是以碳基能源为主，经济发展水平与碳排放之间的关系与前者与能源资源消耗量之间的关系基本一致。从经济角度来看，城市土地是集约化、高生产率的。而它的碳排放却占到了全球总排放的三分之二，并且预期2030年会上升到四分之三。可以认为和经济生产率比，城市的碳生产率非常低。

一定程度上看，我国的城镇化是世界历史上发展最快、规模最大的经济和社会活动。在世界历史上，从来没有出现过像中国这样剧烈的城镇化过程；城镇化导致了碳排放总量和人均二氧化碳排放的快速上升。

2019年，我国的城镇化率达到60.06%。从下图可以看到，从1978年后，我国的人均碳排放强度和城镇化率不断上升。

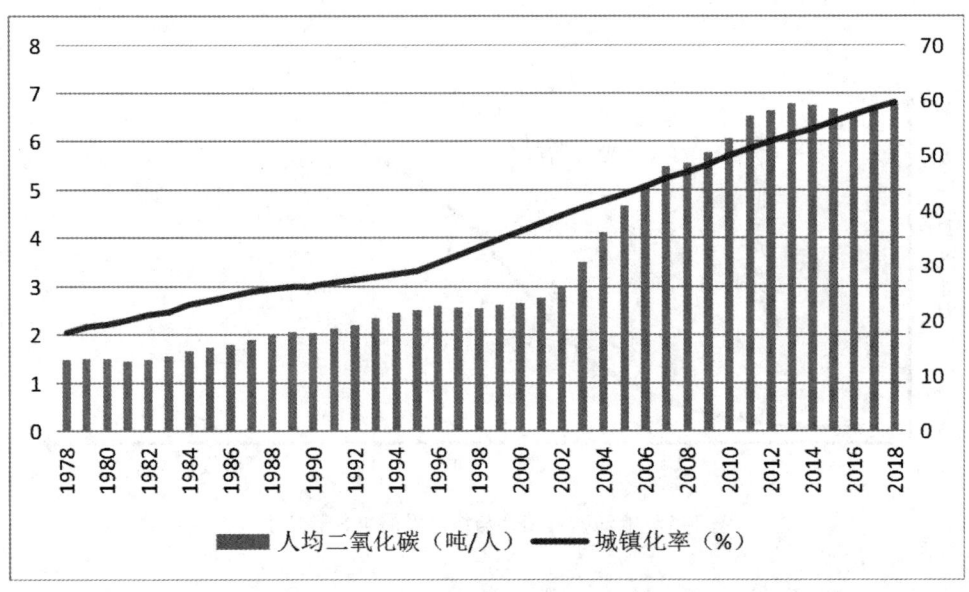

图2-2　1978—2018年我国人均碳排放和城镇化率的关系

来源：BP、《中国统计年鉴》

随着经济发展，我国的碳排放水平逐年增加。这些碳排放主要来自于占全国总消费量60%以上的城市能源消费。大量的农村人口不断向城市转移，会持续导致城镇地区碳排放的增加。有关研究表明，城镇化率每上升1%，增加能源消耗4940万吨标准煤。2050年我国城镇化水平预计将超过70%，这期间城市的能源需求和碳排放不容忽视。

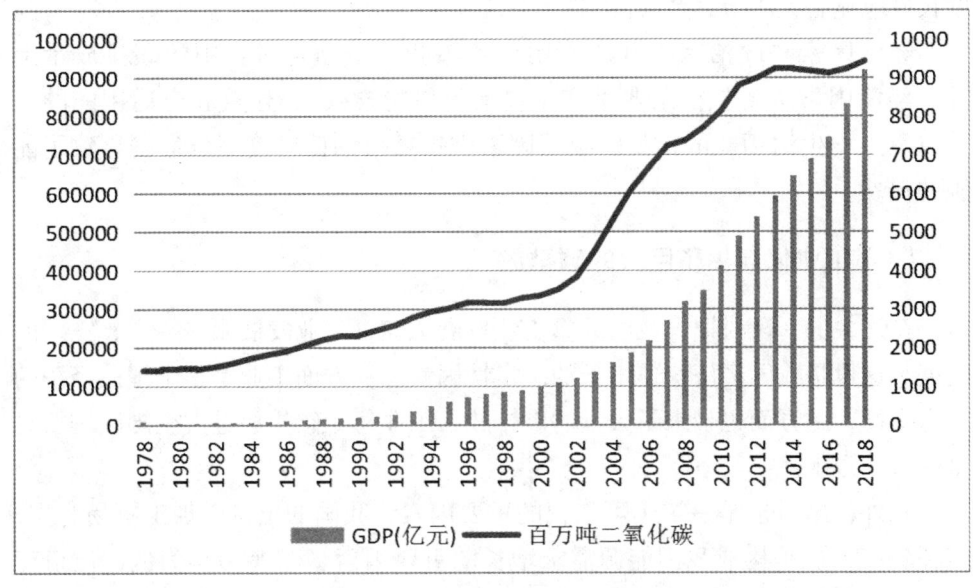

图2-3　1978—2018年我国二氧化碳排放总量和GDP的关系

来源：BP、《中国统计年鉴》

　　高碳的活动一般有两方面因素导致，分别是活动总量和活动效率。宏观层面上，城市规划可以直接影响活动的总量，形成碳锁定。而具体的操作层面（主要指中观技术层面），活动效率往往起主要作用。从改革开放以后的实践看，当前我国城镇化发展是比较粗放、扩张的，带来了大量的能源浪费和高碳排放。城镇化作为国家的宏观战略，它的实现方式，直接影响碳排放的高低。其中，城镇群对国民经济的生产生活具有重要的意义，从产业、物流、人流等多个角度全面影响城市的碳排放。

2.2　城镇化过程中碳排放来源

　　城镇化进程对于碳排放量的影响是一把"双刃剑"，一方面，城镇化进程加快推动了经济的增长和人们生活水平的提高，从而加大了能源消费的数量（增长效应），另一方面，城镇化进程的加快会带动产业组织结构、技术结构、产品结构的合理调整，各种配置得到优化，资源得到更合理的利用，从而使得能源消费具有下降的趋势（节约效应）。城镇化对我国能源消费及碳排放量的增长效应显著大于节约效应。

经济因素和政治因素共同作用导致了我国城镇化过程中的碳排放量上升。经济因素主要包括工业生产（包括出口隐含碳）、建筑和交通用能的上升以及人均生活用能的提高。政治因素则指城市的低密度蔓延最终导致了能源的浪费。

（1）工业化产生了巨大的碳排放

在过去的一段时期，我国的重工业发展加速，工业发展领先一产、三产的速度。这也是我国经济快速增长的决定性因素。一方面工业是整个国民经济的有力支撑；一方面也带来了大量的碳排放，工业每年碳排放量占全国碳排放总量的70%以上。

此外，出口也是一个不可忽视的重要因素，我国的出口以加工贸易为主，能耗较高，也是构成我国能源需求增长的重要因素。以2010年为例，出口产品能耗占该年全国能源消费量的38.3%，远高于社会总能耗（不含进口产品的隐含能）2.5倍的增速。2013年我国超过美国首次位于全球货物贸易第一大国，其中的碳排放也是不可忽视的。

（2）民用建筑能耗和碳排放增加迅速

城镇化强烈刺激着建筑业的发展，也使得建筑领域的碳排放增加迅速。随着城镇化进程加快，城镇建筑面积也随之增加。新中国成立70余年来，城镇人均住房建筑面积从1949年的8.3平方米提高到2018年的39平方米，农村人均住房建筑面积提高到47.3平方米。

现阶段建筑领域中的碳排放特点是"建筑能耗占比逐年上升、高耗能建筑比例大、建筑节能技术较为落后"。其中，民用建筑占到了建筑业碳排放总量的40%，从2004年到2018年，我国的民用建筑建造能耗从2亿tce增加到了5.2亿tce。

建筑领域的高碳排放现象比比皆是。① 我国建筑使用寿命短，造成了额外的能源浪费。一般性建筑为50—100年。这个标准是国际的一个平均值，如美国74年，法国102年，日本提出100年住宅，英国建筑的平均寿命为130多年。而我国的建筑的寿命一般只有25—30年。② 随着城镇化进程的加快，为提高土地资源的利用率获得更多的收益，很多城市对旧城进行改造扩建并拆除一些建筑。③ 大量政府形象工程也是典型的浪费行为，造成不必要的碳排放。比如贫困县斥资数百万元建"山寨世博中国馆""山寨悉尼歌剧院"和缺水城市西安投资5亿元修建的亚洲第一喷泉等。④ 城市的重复建设问题也非常严重。由于领导换届城市规划变更、用地性质改变、地价房价变动等因素，城市的建设很难做到一张蓝图绘到底。地方政府片面追求发展速度、缺乏科学规划而导致的大拆大建、重复建设问题。⑤ 空置率过高近年在我国也非常普遍。我国近年来的商品房空置率在20%—30%之间变化，这一比例远高于正常的状态。

（3）交通中的碳排放增加迅速

近年来，我国交通工具、道路交通基础设施和居民出行等方面都有了显著的变化。改革开放以后，公路里程、运输路线长度、客运量、旅客周转量等重要的统计指标值迅速上升。尤其是私人小汽车拥有量上升明显，是近些年来交通碳排放难以忽视的要素。

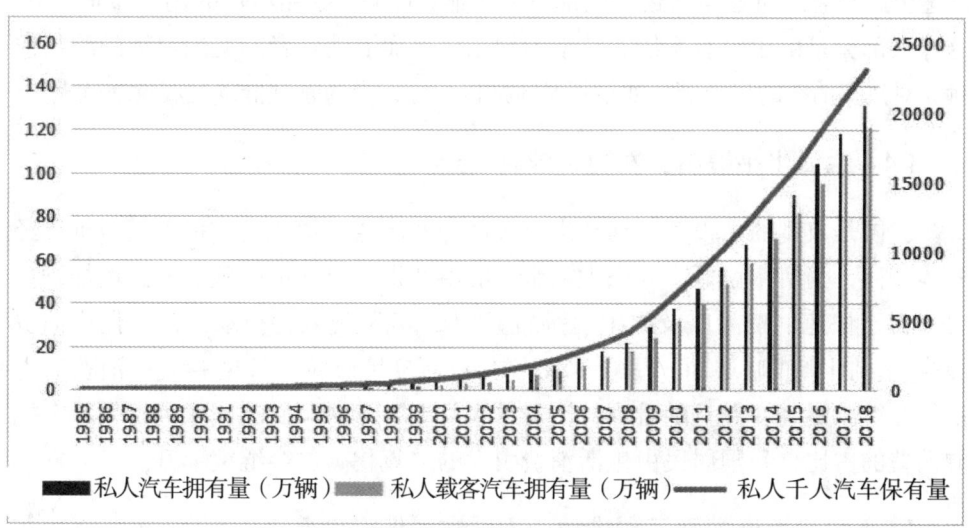

图2-4 私人汽车拥有量的基本情况

来源：《中国统计年鉴》

而参照发达国家的经验，我国经济发展的同时，交通能耗占比将继续快速增加。一个是物流导致的碳排放增加，随着城市物流流转速度加快，城镇的货运能力逐步加强。另外一个是单中心的城市扩张使得居民出行的距离也会变大，城市机动化水平迅速提高，进而继续提高能源利用水平。国际经验表明，当人均GDP达到3000—4000美元时，会出现机动车购买的高峰。可以预判，我国私人汽车的拥有量还会进一步提高，未来交通领域的碳排放将持续上升。

其中机动车是耗油的大户，汽车和摩托车每年消耗85%以上的汽油，交通运输（公路、铁路和水路）消耗了20%的柴油。由于我国综合交通能耗效率低下，二氧化碳排放形势更加严峻。不同的交通方式能耗相差很大。在各种交通方式当中，小汽车的能耗是最大的，远超过公共汽车和城市轨道交通。在居民出行量固定的情况下，交通方式的结构会决定城市交通能耗的总体状况和发展趋势。但实际上30%~40%的小汽车出行完全可以被公共交通、自行车等替代。北京等地还出现了大规模的上下班高峰期的堵车问题，都既造成了出行的不便利，也大量消耗了不必要的能源。

从整个产业角度来说，交通基础设施的不完善以及管理的落后，也使得整个交通领域能源使用率不高。交通产业并没有完成传统产业向现代服务业的转型。高速公路在客运量还是货运量上都占据了绝对优势，铁路所占的比例却非常小。这些大部分是由于没有系统、科学的规划。再加上消费者的交通习惯的路径依赖、对汽车消费的崇尚等，如果不及时加以引导，交通领域低碳发展挑战巨大。

（4）生活水平提高引发的碳排放上升

我国是典型的由投资驱动和出口拉动型经济增长模式，与世界其他重要经济体相比，消费率偏低。人民生活水平的不断提高也促进了碳排放的增加，主要来自于快速消费品以及耐用消费品。"十二五"规划将拉动内需、促进消费提高到了国家战略层面。尽管2020年受新冠疫情影响，长期看我国消费需求依然会继续提高，并且随着农村消费水平的上升。对照发达国家消费领域在能源消费的占比，我国居民由生活消费引发的二氧化碳也会继续上升。

（5）政治因素加剧了碳排放——城市的低密度蔓延

城镇化过程中的低密度蔓延情况非常明显（如图2-5），即城市的人口密度表现为下降，人均城市面积扩张。面积扩张主要是来自大规模的基础设施建设。这一过程中需要大量的高能源、高碳密度原材料产品，包括钢材、水泥等（下图2-6所示）。发达国家的基础设施体系已相对完善，只需设备维护，对能源和原材料的需求相对有限。

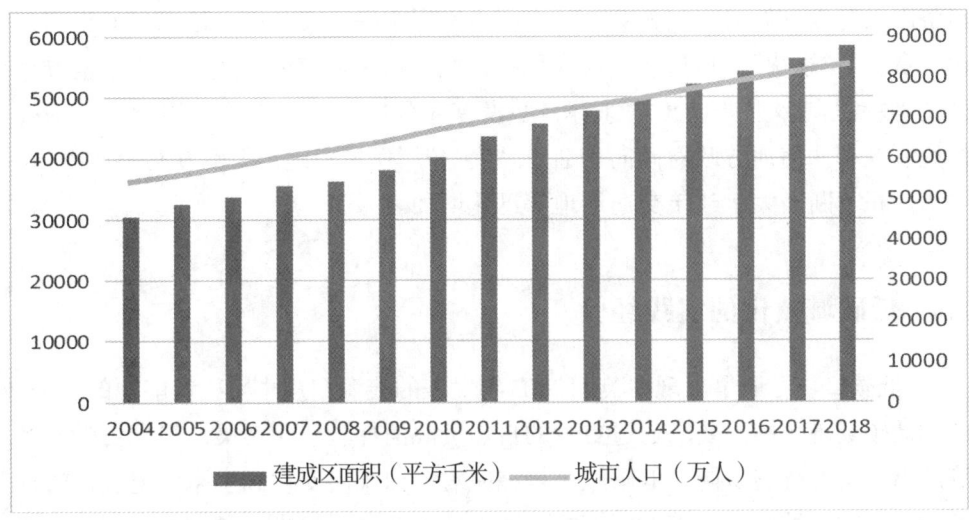

图2-5　2004—2018年城市建成区面积和城市人口的情况

来源:《中国统计年鉴》

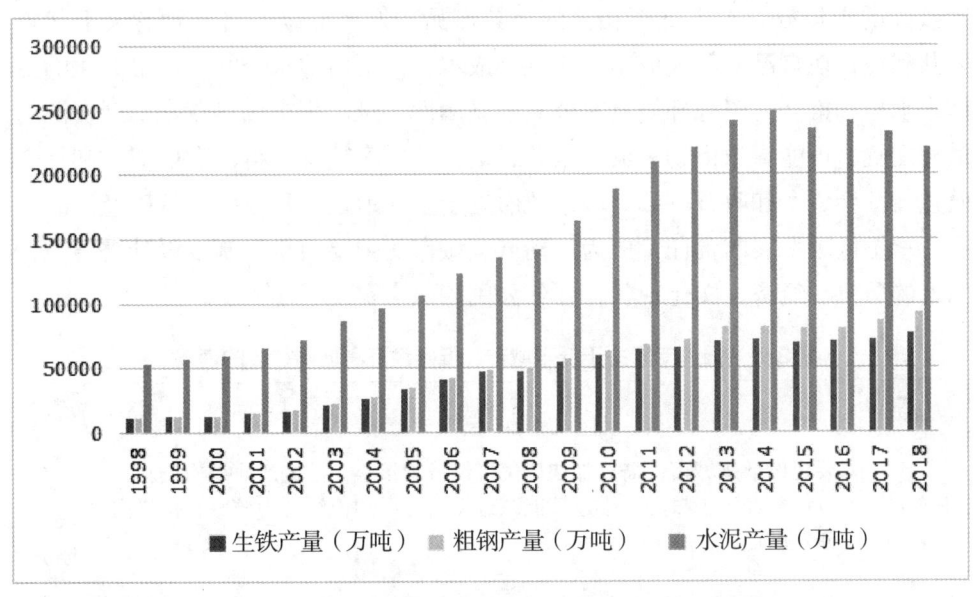

图2-6　1998—2018我国粗钢、钢材和水泥产量

来源:《中国统计年鉴》

这种低密度蔓延的高碳城镇化是经济和政治因素共同导致的结果。其中，经济因素与碳排放之间的相关性和生产力发展水平有关。而政治因素使得城镇化"贪多""求快"，盲目追求规模化，是城镇化高碳发展的重要因素。地方官员的考核机制多强调GDP增速等，并没有充分反映资源效率等因素。不彻底的税制改革，使地方政府倾向于通过"卖地""发展房地产"等获得财政收入。城市面积不断增大，建筑交通用地等迅速增加。

2.3 低碳城镇化的实践经验

"低碳经济"最早出现在英国2003年发表的能源白皮书《我们能源的未来：创建低碳经济》中，要求通过更少的自然资源消耗和环境污染，得到更多的经济产出。研究普遍认同，低碳经济是在应对全球气候变化和生态环境恶化的背景下提出的一种新的经济发展模式，追求低能耗、低污染，通过技术创新，产业升级，新能源使用等来提高能源使用效率和减少温室气体排放，最终实现经济和社会发展的共赢。低碳经济发展过程中，城市政府起到重要作用。低碳经济属于公共经济的范畴，在没有约束的情况下，生产者倾向于过度使用能源，导致高的碳排放。提供低碳相关的公共产品和发展低碳经济某种意义上代表公共利益，使自己的私人成本低于社会成本，需要由追求公共利益最大化的主体来承担和推动。资源环境具有公共产品属性，难以用市场机制来实现资源的最优配置，可能导致市场失灵。因此，最佳的方案就是使得活动的成本和社会效益与社会成本和收益一致。城市政府处于主导地位，可以引导低碳经济的发展，承担低碳发展的责任，成为推动低碳城市的主要力量；制度设计需要结合当地的历史、经济、文化现状，强化公民意识来实现。

表2-1 国内专家关于低碳城市、低碳经济和低碳社会的理解

专家	观点	重点
牛文元	要建设低碳城市，需要加快以集群经济为核心，推进产业结构创新；以循环经济为核心，推进节能减排创新；以知识经济为核心，推进内涵发展创新	低碳经济
吴晓青	低碳经济的核心内容包括低碳产品、低碳技术、低碳能源的开发利用	

（续表）

专家	观点	重点
胡鞍钢	中国所面临的发展方向就是从高碳经济转向低碳经济转变。这包括：低碳能源：实行初级能源和发电生产消费碳排放信息披露制度；低碳产业：实行碳排放产品生产和消费说明制度；低碳城市：低碳能源，提高燃气普及率，提高城市化率，提高废弃物处理率等	
张世秋	低碳经济的核心是强调低消耗、低排放、高产出的增长模式，它涵盖了原料开采、加工、使用和消费的各个过程，特别是低碳技术的开发和应用、低碳产品的生产和消费以及低碳能源的开发和利用	低碳经济
庄贵阳	低碳经济的实质是能源效率和清洁能源结构的问题，核心是能源技术创新和制度创新，与目前国内落实科学发展观，建设资源节约型和环境友好型社会，转变经济增长方式的本质是一致的	
姜克隽	低碳经济是以低消耗，低污染为基础的经济，是在发展中排放最少量的温室气体，同时获得整个社会最大的产出	
夏堃堡	低碳城市就是在城市实行低碳经济，包括低碳生产和低碳消费，建立资源节约型、环境友好型社会，建设一个良性的可持续的能源生态体系	低碳社会
付 允、汪云林	低碳城市应当以清洁发展、高效发展、低碳发展和可持续发展为目标，发展低碳经济，改变大量生产、大量消费和大量废弃的社会经济运行模式，同时改变生活方式、优化能源结构、节能减排、循环利用，最大限度减少温室气体排放	低碳城市

中国的低碳经济最早是夏堃堡于 2008 年提出——低碳经济是最大限度地减少煤炭和石油等高碳能源消耗的经济，也就是以低能耗低污染为基础的经济，重点是推行可持续的低碳生产和消费方式。同年，牛文元提出了低碳经济发展模式就是以低能耗、低污染、低排放和高效能、高效率、高效益为基础，依托于节能减排，发展绿色经济，保证经济社会健康和可持续发展条件下的温室气体最小排放。胡鞍钢认为中国所面临的方向是从高碳经济转向低碳经济，包括了低碳能源、低碳产业等。张世秋认为低碳经济的核心是强调能耗降低、排放降低的模式，特别是低碳经济的开发和利用，产品的生产和消费以及低碳能源的开发和利用。其他的研究人员还有姜克隽、潘家华、林伯强和齐晔等。

总结来看，低碳城市发展旨在通过经济发展模式、消费理念和生活方式的转变，在保证生活质量不断提高的前提下，实现有助于减少碳排放的城市建设模式和社会发展方式。

（1）自上而下的顶层设计

整体而言，我国的城镇化是以政府推动为主的城镇化。从1984年（第一次提出小城镇发展）至今，政府在城镇化发展中扮演了重要的角色，而其推手就是各类城镇化有关政策的出台，主要包括行政区划调整政策、土地政策、户籍政策和投融资政策等。政府在这个过程中"摸着石头过河"，尝试通过自上而下的治理开展城镇化，对政策的认识不断明确和清晰。

在中国，城镇化反映了一个政府行为的过程，自上而下的政府行为体现在对城镇化内涵的深入理解。① 1984到2004年不断探索主体原则和主体形态的城镇化时期：从1984年中共中央第一次提出"小城镇发展"，到2002年党的十六大号召"走中国特色的城镇化道路"，再到2004年，中央一号文件指出"我国总体上达到以城带乡的发展阶段，要有效引导城镇化健康发展"。政府提出要走中国特色的城镇化道路，指出了城镇化发展的方向，但并未明确这是一条以什么为发展主体，以什么为主要原则的城镇化道路。② 2005到2010年明确具体原则和指明新格局的城镇化时期。2006年十一五规划中第一次指明了城镇化的具体原则，指出要按照"循序渐进、节约土地、集约发展、合理布局"的原则来促进城镇化的健康发展；2007年，党的十七大明确做出"走中国特色城镇化道路"的新概括，提出形成城乡经济社会发展一体化的新格局，要由分散的城镇化开始向集中的城镇化演变。2010年十七届五中全会将城镇化的具体原则概括为"统筹规划、合理布局、完善功能、以大带小"。该阶段还是单一、孤立的城镇化，仅限于城市布局的城镇化。③ 2011至2017年是积极探索城镇化的路径问题。党的十八大明确提出走新型城镇化道路，从"区域协调发展"转变为工业化、信息化、城镇化和农业现代化"四化协同"，同时指出城镇化是拉动内需，实现经济稳定增长的关键。2012年中央经济工作会议又提出了走"集约、智能、绿色、低碳的城镇化道路"。2013年，政府明确了城镇化中需要解决的具体问题（土地、教育、社会保障、户籍）。2013年12月的中央城镇化会议，是1949年以来第一次关于城镇化的会议，对全面把握和推进城镇化建设有重要意义，强调了需要提高城镇化质量。这个时期的城镇化政策主要探讨和明确其具体实现模式，是在总结城镇化发展的经验和教训上出台的。2014年国家新型城镇化规划（2014—2020年）颁布，明确了未来城镇化的发展路径、主要目标和战略任务，统筹相关领域制度和政策创新，是指导全国城镇化健康发展的宏观性、战略性、基础性规划。④ 2017年党的十九大首次提出高质量发展，表明城镇化是从由高速增长阶段转向高质量发展阶段。其中，高质量的发展也包括城市的高质量，绿色和低碳也是高质量的重要组成部分。

（2）自下而上的试点引领

回顾国家在推动城镇化过程中的低碳政策，主要是低碳城市的实践。相关政策的制定、颁布和执行主要都是在2010年前后。一方面是由于国际社会对于气候变化影响的关注，一方面是国内社会更清晰地认识到了资源环境对城镇化发展的重要性。

低碳试点城市是我国自下而上的低碳城镇化尝试。我国于2010、2012和2017年分别确定了三批低碳试点省份和城市，第一批低碳试点的5省8市，共涉及全国12个省和直辖市。第二批低碳试点申报共有46个省区和城市提交申请，涉及25个省、自治区和直辖市，批准成为第二批低碳试点的29个省市分布在全国24个省、自治区和直辖市。第三批包括了内蒙古自治区乌海市等45个城市（区、县）。这些低碳试点的评选主要根据试点积极性、领导重视程度、低碳发展经验积累、区域的平衡和潜在的示范推广作用等。低碳发展规划的编制、政策的制定、低碳产业的建立、排放清单的编制、绿色低碳生活模式和消费模式等方面取得了一定的进展和成效。

低碳试点城市自实施以来，还是取得了一定的工作进展的，并且有不少城市在能力建设方面有亮点。首先，各个低碳试点城市重视顶层设计，编写工作实施方案，重视目标和规划对城市建设的作用，这些目标和规划对自身城市建设有指导意义，对其他城市的低碳发展也有借鉴意义。第一批试点各地采取的行动措施比较少；第二批低碳试点城市均编制了应对气候变化方案、提出了温室气体排放控制目标或者人均排放目标；到第三批已经积极调动起一些西部城市，并且城市提出的低碳发展策略也更加具体，比如类似碳排放峰值的提出。其次，低碳试点城市更加注重能力建设，在结合自身城市特点的基础上，明确了各自低碳发展的抓手、工作稳步推进。在低碳交通和低碳建筑、低碳产业园区、产业结构调整和"三级联控"（总量、单位碳强度、人均碳排放）等方面初见成效。比如青岛开展了低碳交通国家联控工作、北京开展了三级联控、苏州在低碳产业园区建设方面都有突出的表现。碳达峰的提出，也是基于低碳城市试点政策，为2060碳中和奠定了基础。

随着低碳试点工作的开展，许多低碳城市工作亮点显现出来，诸如碳交易、碳排放峰值预测、碳盘查平台、禁煤区和低碳社区等。必须看到，这些自主性政策的制定和实施大部分是来自于东部城市。而中西部城市的情况却不乐观，特别在部分试点城市的低碳政策，不过是节能减排政策和森林保护政策的拼凑，难以将低碳的理念融入政策的制定中。另外，尽管试点省市都完成了低碳发展规划或者应对气候变化规划，明确提出了低碳发展的主要目标，细化了实施方案，但这些城市温室气体排放清单的编制工作刚刚起步，对本市或地区的温室气体排放情况，比如排放源结构、排放分布等了解不够。另外，由于政府和企业在低碳政策执行中的定位不够准确，没有调动和发挥市场经济的作用，低碳行动大部分还从行政角度进行控制，缺少同市场的有效对接。

低碳城市试点是我国政府推动城镇化低碳发展的有效政策性尝试。这一政策，在自下而上的探索过程中，依然需要更多的专业指导和经验共享，才有可能进一步推动低碳试点的示范性效果的发挥。

参考文献

［1］ 刘希雅,王宇飞,宋祺佼,齐晔.城镇化过程中的碳排放来源［J］.中国人口·资源与环境，2015，25（01）：61-66.

［2］ 宋祺佼,王宇飞,齐晔.中国低碳试点城市的碳排放现状［J］.中国人口·资源与环境,2015,25（01）:78-82.

［3］ 付允、牛文元.低碳经济的发展模式研究［J］.中国人口·资源与环境，2008（3）：14-19.

［4］ 吴晓青.关于中国发展低碳经济的若干建议［J］.环境保护，2008（3）：22-23.

［5］ 胡鞍钢."绿猫"模式的新内涵—低碳经济［J］.世界环境，2008（2）：26-28.

［6］ 张世秋.低碳经济：链接区域污染控制、气候变化减缓与可持续发展的桥梁［M］//张坤民等,低碳经济论.北京:中国环境科学出版社，2009:80-89.

［7］　庄贵阳.气候变化挑战与中国经济低碳发展［J］.国际经济评论，2007：50-52.

［8］　姜克隽.低碳是一种更好的生活方式［M］// 张坤民等，低碳经济论.北京：中国环境科学出版社，2008：484-489.

［9］　夏堃堡.发展低碳经济实现城市可持续发展［J］.环境保护，2008（2）：33-35.

［10］　付允、汪云林、李丁.低碳城市的发展路径研究［J］.科学对社会的影响，2008（2）：5-10.

第三章

城市低碳治理的理论和政策执行

本章主要探讨中国的低碳治理的理论以及在城市层面的执行。涉及治理过程中的不同参与者的利益关系和各自的定位，政策执行的过程机理和区域的差异性。

3.1 城市治理理论

"治理"一词的英文为governance，来源于古典拉丁文和古希腊语中的"掌舵"一词，本意是控制、引导和操作。与government一词交叉使用，主要用在和国家事务相关的问题或者管理中的各种关系的描述。20世纪90年代后，西方政治学和经济学中的治理，范围得到了扩展，不再局限于政治领域，扩展到了社会和经济领域。1989年，世界银行在非洲问题的解决上提出了"治理危机"的说法，当时的governance类似于governability，治理的危机这种说法开阔了人们的思维。20世纪90年代后，"治理"被广泛应用于不同行业。治理的基本特征是多元主体参与，多种机制运作。治理的理解包括以下几个方面：主体说、关系说、方式说、过程说和制度说。每一种学说都有其代表人物以及核心内容（表3-1）。

表3-1　治理学说的种类、代表人物和核心观点

学说	代表人物	核心观点
主体说	Robert Rhodes	治理设计全新的社会统治以及控制方式转型的过程，分6种治理模式
主体说	P. Weller	治理是变革"单中心"的政策框架，构建"多中心"，多角色互助与合作的政策过程
关系说	联合国人居署（UN-Habitat）	治理是存在于正规的行政当局与政府机构内部和外部权力的总称

（续表）

学说	代表人物	核心观点
	全球城市研究机构（GURI）	治理涉及市民社会和国家之间的关系，涉及执法者和守法者之间的关系和政府管制与可治理性
方式说	世界银行	治理是一个国家为了发展而对经济和社会资源管理进行管理的时候运动权力的方式
	OECD	治理的目的是运用政治权威管理和控制国家资源，求得经济和社会发展
过程说	James N.Resenau	治理则是通过由共同的目标所支持的活动
	全球治理委员会（CGG）	治理是一个连续的过程，多种多样或者相互冲突的利益集团走在一起，找到合作的办法
制度说	Oliver E.Williamson	治理的目标是通过治理实现良好的秩序

随后学界提出了新公共管理理论，具有以下几个方面的特征：① 政府角色变化，从单纯的管理者变成了公共事物的服务者，市场机制引入。② 公共管理的主体发生了变化，由政府单一主体变成了政府和非政府的多元主体。③ 机制和主题变化导致了公共管理的目标发生了变化。

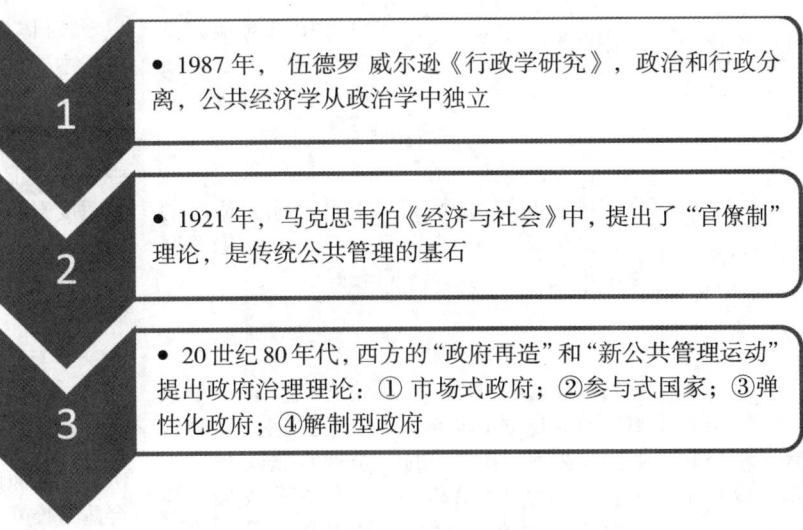

图3-1　新公共管理理论的发展

在公共治理的主体方面，目前的研究主要强调了政—企—民的互动关系以及行政管理体制的垂直科层体系。对中国城市公共治理的研究不仅应当考虑政府、市场、社会三者的互动，也应考虑到中国的行政管理体制复杂的垂直科层体系，即中央政府、省级政府、城市政府、县政府和乡镇政府构成的五级行政管理体制。城市政府、企业和城市居民（公民社会），这三者构成了地方城市公共治理的主体，中央政府则主导着更大空间尺度上的制度建设，并影响着地方公共治理所处的制度环境。

下面主要介绍低碳城市治理相关的一些内容。

（1）城市的治理模式

城市的治理随着城镇化的发展，逐渐被各界关注。城市层面的研究包括：城市在全球化中的发展定位、如何获得有力的地位、构建自身的定位。城市治理是城市政府和非政府部门相互合作促进城市发展的过程。这是一个持续的过程，不同的利益可以通过协调和合作来实现。

表3-2　城市管理的类型

类型	范式	基本理念	要素模式	政策手段
城市管制模式	传统公共行政	上级对下级政府的强压管理	没有中央对地方的分权基础，中央政府单中心的模式	以计划体制为代表，主要是行政命令和控制手段
城市经营模式	新公共管理	在市场逐步完善的情况下，城市政府的自主权逐渐扩大	中央对地方适度的分权，市场化发育较好	中央和城市之间有着适度财权和事权的划分，采取计划和市场相结合的控制手段
城市治理模式	新公共服务	在市场完善的情况下，城市政府定位于服务型政府，采取合作共治的方式，实行自主治理，与社会主体形成合作关系	政府职能属于小政府，是多中心治理，企业、非营利组织得到充分发展，与政府形成平等伙伴关系	基于参与、沟通、协商共赢原则选择合适的政策手段

　　我国在改革开放以前，城市治理的模式是以政府主导的自上而下，依托于以审批制度为主的城市管理模式。改革开放以后，自上而下依然是主导，但是市场的作用逐渐凸显，从而推动了城市管理模式的改变。城市政府可以调控区域经济，也是经济利益的主体。地方政府需要完成中央政府宏观经济管理和调控政策的职能，完成中央政府下达的不同指标，同时也有追求自身利益最大化的需求。另外，城市治理也表现出了新公共管理的特征，具有更复杂的系统特征。包括整合和协调地方利益、组织和社团的能力以及城市治理是代表地方利益组织和社会团体形成市场、国家、城市以及其他层次政府相对一致的策略能力。网络化、多元化以及多样化的治理理念在城市治理中有更多的体现，通过多个利益主体之间的对话、协调、合作达到最大限度动员资源、实现利益关系共赢的调节机制和过程。按照类型来看，有以下六种城市治理模式（表3-3）：

表3-3　城市治理的六种模式

	企业化模式	服务型政府模式	管理模式	社团模式	支持增长模式	福利模式
主导者	政府官员	行政人员	职业管理者	大众与利益组织	商界精英高管	地方政府和国家政府
目标	发展城市经济，以企业精神重塑政府	建立顾客导向型政府	提高公共服务的生产和传递效率	保证组织和成员的利益	经济持续增长	国家支持地方经济
手段	引入竞争机制，借鉴企业管理方法	实行顾客关系管理	与私营部门合作，公职招募，提高公务员素质	使社会主要成员参与到城市治理中	城市规划、改善基础设施、改善投资环境、吸引资金	地方的政治和管理网络
结果	政府功能的经济化倾向，提高了城市竞争力	城市政府流程再造，降低政府成本，提高服务质量	提高了服务生产率对服务市场和消费者选择的效率作用不大	削弱了财政平衡，私营部门和其他组织的不平等性	对地方经济起到了主导作用	中央政府的财政功能赤字不断增长，地方政府权力下降

目前对城市公共治理的研究主要强调了城市公共治理是以经济发展为中心。比如一些学者用地方开发性政府（Local Development State）和城市增长同盟（Local Growth Coalition）解释城市政府推动经济发展和城市扩张的行为模式，公共管理角度，更得关注的是这种普遍化的行为模式背后的制度性动因："经济强国"的国家发展战略，通过单一制政府体制层层传递转化为地方层面经济优先的发展思路，形成对城市政府经济发展优先的政治激励，并经由官员的政绩考核体系强化了这种政治激励机制。另一方面则是不完善的"分税制"改革，加剧地方政府预算内财政压力，却没有解决地方财政的预算外软约束问题，这激励了城市政府通过城市扩张获取经济增长的动力，实现地方财政收入的最大化，从而为地方官员获取政绩和升迁积累政治资本。通过"经营城市""经营土地"来获得经济发展成为城市政府的基本行为模式。

（2）治理的工具

治理工具主要包括激励和命令型工具。

激励包括物质和非物质激励。物质激励包括了工资和直接的物质奖赏等，而非物质激励可能包括职位提升回报等形式。非物质激励的价值体现在心理层面的满足。从公共治理角度来看，物质激励对于提高公务员的工作绩效是必要的，但却不是充分条件。物质激励在健康卫生和教育领域有着明显的局限性，主要体现在良心和职业道德方面。其中政治激励是非物质激励在公共治理方面的重要体现。

改革开放以后，我国城市政府的职能改变，主要是表现在，社会主义经济从计划经济体制转变为市场经济体制，政府管理的内部从过去的管理企业转变为提供公共物品和服务。这一过程中，中央政府逐渐对地方政府进行放权，通过财税制度的改革对地方政府给予财政分配的调整。我国城市发展的一个重要特点是政府政策型调控作为主导。

针对低碳、生态环境保护等，当前我国政府主要采取的依然是命令—控制型环保政策为主，但是也已经逐渐引入了基于市场机制的政策工具。我国环境管理体制自2002年以来不断促进市场化的发展，传统的"命令—控制"环保模式能发挥的作用越来越有限。

（3）城市发展目标和干部考核机制

城市政府的价值取向一旦出了问题，将直接影响城市管理的方式。城市公共管理学说主要指"城市增长机器（urban growth machine）"下盲目追求城市GDP增长、追求投资额度、城市形象工程等，突出了城市在追求城市公共利益的时候出现的偏差。其中城市改革目标是城市价值取向的重要体现。而干部考核机制，则是约束城市改革的重要方面。

自上而下的干部管理体制下的政策激励导致了政策执行的扭曲。地方政府官员不积极执行中央环保政策的原因之一在于环境指标在干部考核指标体系中的重要性低。"十一五"期间，中央政府提高环境和能源相关的干部考核指标体系的重要性，比如"十一五"期间将单位GDP能耗的降低水平纳入了约束性指标进行考核。"十二五规划"设定了7项环境和能源方面的约束性指标，包括单位GDP能耗、单位GDP二氧化碳排放、主要污染物、森林覆盖率、非化石能源占一次能源消费比重、单位工业增加值用水量和耕地保有量。但是目前来看，只有部分地区将这些指标作为硬性标准。地方上认为这些指标和经济增长之间是有冲突的，而城市的经济增长相关的指标被看作最重要的。在国内外多重压力下，城市政府需要保持居民就业以及改善生活。而单纯的以经济增长作为发展指标的后果是政府忽视了其对环境的治理责任，最终削弱了环境考核指标的政治激励作用。

（4）城市治理中的利益分配

管制模式下城市政府是城市公共利益的代表者。城市精英模式中，城市过分追求城市自身和地方利益，缺少对城市真正利益的追求。城市治理模式对城市政府提出了很高的要求：城市政府必须协调好自身利益和城市利益之间的关系。城市的治理追求的是各个主体之间的合力，共同促进城市公共利益的发展，关键在于明确各个主体间的利益关系和作用。每一个主体之间都有着其不同的利益实现机制，不同的角色定位和利益追求使得其在具有共性的同时，有着显著的差异，这些差异就导致了他们之间出现了各种利益冲突，影响到了政策的执行。城市中其他利益主体和公众参与被忽视，导致了政府利益的实现过程缺少监督。政府成为超级企业，拥有一般企业无法获得的公共资源和企业不具有的行政权力、制定竞争规则的权力（税收政策和城市规划）以及规避风险的特权（银行贷款或者融资）。

城市政府在"分税制"下，使得中央和地方的关系和利益更加清楚地划分，使得地方政府成为经济发展的主要推动力。而地方城市政府之间的竞争，更多的是依赖于政府掌握的各种资源，比如财政优惠政策和财政转移等。作为国家最高领导者，中央政府是治理的主体以及利益相关者，对地方政府可以转移巨额的资金并且建设基础设施，可以根据自身目标在一些地区的试点权和优惠权，和对城市治理结构的直接影响。

环境保护是一种典型的非经济性的公共物品，一定程度而言，上级环保部门和本级地方人民政府的利益是冲突的。地方政府容易出于经济发展目标而对环保政策的执行进行干涉。中国地方政府环保政策执行不利的重要因素是分权化改革下地方政府和地方环保局的自由裁量权。而我国环保体制中，也存在着不同职能部门之间的协调机制，中央层面不同部门的利益冲突往往限制了环保政策系统的执行能力。另外，低碳治理中，常运用目标责任制，是"行政逐级发包制"的一种。在总量控制政策的执行过程中，中央政府和地方政府之间，形成了一种链式的委托—代理关系。中央政府是总的委托方，地方政府是政策的最终直接执行者和代理方。目标责任制在中国的应用类似于政治承包制，中央权威以命令或者任务分解到地方，通过设定不同的目标，在中央的导向下，地方政府需要在不同的任务间进行权衡和取舍。目标责任制在"十一五"期间二氧化硫减排以及节能减排工作中的作用突出，并在随后的"千家企业节能"项目中发挥了主要作用。

3.2　政府的职能定位和利益相关者分析

城市中的不同主体参与到城市低碳治理中。城市的低碳治理参与的主体之间，存在着相互协作和相互影响。其中，城市的治理目标和城市治理主体的利益关系，是治理的基础。

低碳城市治理，不同于传统的环境保护，除去涉及环保外，还涉及能源的生产和消费，会受到市场因素的影响。环保作为公共物品，出于对城市居民考虑的目的，需要城市政府承担一部分治理任务和发挥引导作用。但是低碳发展，是由政府因素和市场因素的共同作用，要求有市场、企业、社会组织的和居民的参与。

（1）政府的引导

政府在低碳城市的治理中起到了重要的引导作用。低碳城市的治理过程，不可避免地要提到地方政府和中央政府之间的关系。中央政府是主要的参与者，对城市的发展具有很重要的作用，低碳城市治理是两者最终博弈的结果。中央政府首先对不同的城市区分对待并允许其展开试点政策尝试。另外，不同的城市，也结合自己的行政等级、城市规模、聚集经济等，因地制宜采取了治理措施。而地方政府在城市低碳治理中扮演着更为重要的角色。其中在治理过程中，除去在公共事务领域，比如公共交通等，地方政府引导节能减排行动或者低碳的措施。

（2）企业的响应

企业是重要的参与者。企业自发的对低碳发展响应的根本在于企业对利益的追求，希望借助低碳转型降低生产成本、提高利润。企业的参与对我国目前低碳发展体系的建立至关重要。特别是"十一五"期间的"千家企业节能"和"十二五"期间的"万家企业节能"，对国家层面节能目标的实现起到了重要的作用。多元化的社会治理，是以城市治理网络的方式，强调分权、参与和透明。其中企业的规模、行业的类型以及企业所有制的性质都会对企业的参与程度有影响。城市公共服务的市场化趋势日益突出，城市的公共服务可以不再由城市政府直接产生和供给，而是转向在政府的规划和管制下，在市场上的各种所有制主体的生产和供给。这将促使企业在公共服务领域也承担低碳治理的任务。

（3）居民的参与

消费用能始终占据我国能源消耗的主导地位。建筑能耗和交通能耗之和占能源消费量的23.1%，并且呈快速增长趋势。快速消费品和耐用消费品所包含的隐含能则分别占全国能源消费量的13.0%和16.2%。"十二五"规划将拉动内需、促进消费提高到了国家战略层面。未来社会中，我国将逐渐从生活必需品为主的"衣食时代"，进入到以私人小汽车和住宅消费为主的"住行时代"。这样就意味着与居住和出行相关的直接终端能源消费和投资需求的一部分基础设施建设的能耗将会上升。而在我国城镇和农村的消费水平和消费结构相差很大，进入"住行"时代主要指的是城镇居民。在低碳城市治理中，住和行的能源需求值得格外的关注。这部分如何能更好地发挥作用有待城市政府的积极引导。

公众的参与是低碳城市治理的重要部分。在低碳城市治理中的一个很重要的方面就是控制能源消耗，降低对能源消费的需求。我国居民的消费模式和生活方式尚处于变化当中，如果能够合理地调节和引导，未来的能源需求压力将大大减轻。我国居民的消费结构正处在不断的升级之中，通过促进文化产业、娱乐和旅游等闲暇产业、信息产业等服务行业的发展，促进我国居民的消费向精神消费和文化消费方面转化也是整体降低单位GDP碳排放水平的一个重要方式。因此，构建具有"适度、节俭、合理、公平"的消费模式和消费观，居民参与到低碳治理当中，是非常有必要的。

（4）社会组织参与

非营利组织的参与是城市低碳治理的重要方面，特别是国际组织的参与。城市低碳治理中非营利组织迅速发展，非营利组织有别于城市的政府强制机制以及市场价格机制。自身有明确的定位利益关系和作用，都不同于其他部门。我国的非营利组织不同于其他国家，具有政府性和民间性双重性质。而就应对气候变化来说，由于这是一个全球性质的问题，因此有一些国际社会组织也在积极参与治理过程。但是，我国的社会组织力量偏弱，社会组织发育还有待继续培养。

在低碳治理过程中，一旦涉及多元主体的参与，需要在体系内部建立一种明确的机制。这里要考虑各种治理主体之间的关系。也就涉及如何的机制下可以确定公共服务的有效提供，比如其成本、方式、质量等。因此，低碳的治理过程也是一种利益分配和调整的过程。

3.3 机制研究

（1）政策执行过程研究

当前低碳城市治理，依然是以减排目标为核心，对目标进行分解，然后通过一系列的政策来完成目标后，对其进行评估。

低碳城市主要是从经济发展和碳排放两个角度，设计了不同的减排指标。比如碳排放总量的控制、单位GDP的能耗、碳排放峰值等。以此为基础，对目标分解、执行和评估。

中国低碳城市试点政策，并不是一个完全的自下而上的政策执行过程。中央政府给地方政府一定的自由裁量权，而地方政府，特别是城市级别的低碳治理，依然是参照传统的目标责任制为主的自上而下的行为模式。

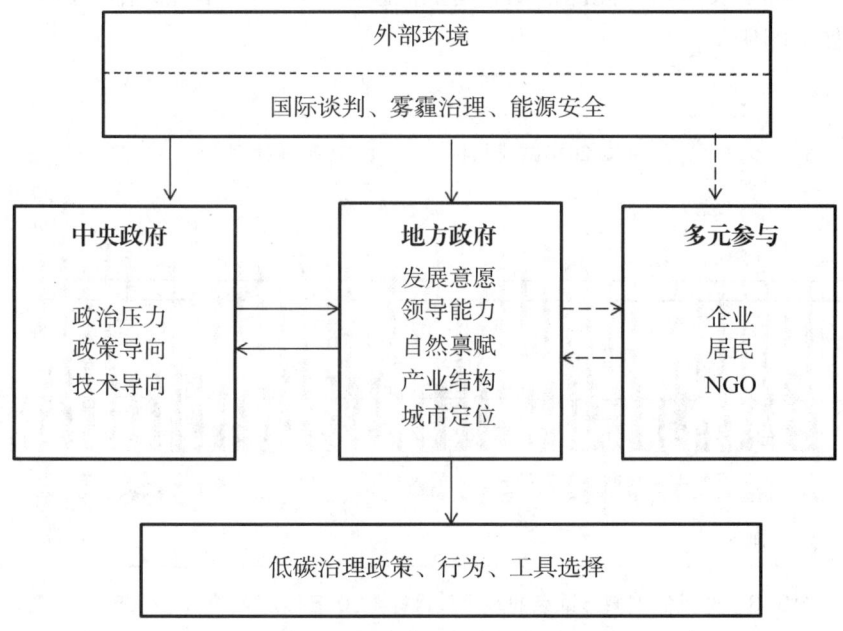

图3-2　政策执行机理和框架

（2）自上而下和自下而上的治理

低碳城市的治理一般是认为一种自下而上的治理模式。但是在国内的实际经验的基础上来看，它依然是一种依托于目标责任制的自上而下的政策，城市低碳目标从城市政府划分到县或者区。

目标责任制，是一种典型的自上而下结合现有行政机制的模式。它主要是上级政府和下级政府之间，在政府和企业之间，企业内部上级和下级之间，以签订目标责任书的形式，规定某一时期的节能目标，并且通过对节能数据的统计和检测，对责任人进行考核的一种管理制度。在低碳城市治理中，也是主要依托于节能目标责任制。中央政府将节能目标从国家分配到了省，省又分配到了城市，城市分配到了县以及城区等。

城市层面，城市政府将节能目标分配给具体的行业以及部门，最终落实到企业或者单位。低碳城市中的碳减排指标，大部分来自于工业节能。我国能源消费的70%来自于工业。"十一五"期间以千家企业为主，而"十二五"扩展到了万家企业。在低碳城市中提出的主要指标包括：能源消费总量、单位GDP对单位下降以及可再生能源占比。两批低碳城市试点的单位碳排放强度的下降要求如下图所示。

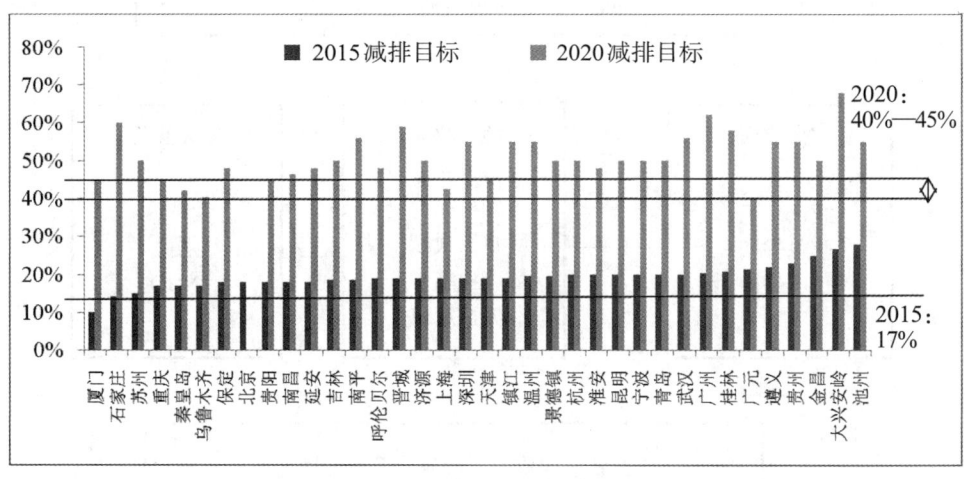

图3-3　两批低碳城市试点的碳排放目标（2015和2020年）〈2005基准年〉

中央政府在低碳治理过程中，参照社会经济宏观发展规划，采取的是试点先行的方式。这种机制一般是从底层组织，比如地方的个人或者民间等力量，自发的、自组织的活动行为。但是实践中，我国的低碳治理依然是依托于自上而下的组织结构。这种方式在得到上级认可支持后，发挥地方政府的实际自主性。

（3）政策工具和机制

政策工具，是作为政府为了达到目标而采取的不同的技术、方法和手段。政策工具分为强制命令型工具、市场经济型工具和自愿型工具。强制命令型工具，依然是低碳城市试点中的主要手段，比如建筑节能标准、禁煤区等。市场经济型工具是指政府通过财政、税收和市场机制等进行调整，主要包括补贴、专项资金、碳排放交易、税收优惠等。自愿型工具，主要是企业和公众自愿加入节能减排行动中。对36个低碳城市的主要政策工具进行分类归纳，基本都可以归纳为上述三种类型（如表3-4）。

表3-4　36个低碳城市主要政策工具总结

城市	强制命令型	市场经济型	自愿型
北京	能耗强度下降、能源消费总量和碳排放强度下降目标分解；产业项目准入标准；煤改气；煤改电；核心区无煤化管理；淘汰落后产能；新建建筑执行节能设计标准	碳评价制度；碳交易（总量控制配额交易）	社区低碳建设指标体系；低碳小城镇试点
上海	化石能源和碳排放总量的双控目标；控制并压缩高碳行业产能；碳排放管理制度	碳交易；低碳技术科研与制造产业	低碳实践过程管理体系和评价体系设计；市民低碳行动；建筑用能监测平台设立
天津	企业碳排放核查；碳排放指标分解；绿色供应链管理	碳市场交易；低碳城市建设的专项资金；鼓励绿色经济、低碳技术发展的财政金融支持；节能和新能源汽车推广补贴和专项贷款贴息	低碳园区示范；滨海新区绿色建筑标准认证体系；低碳信息平台
广州	淘汰落后产能；无燃煤区；建筑节能强制性标准	碳排放权交易市场；每年40亿元的战略性主导产业发展基金；CDM项目	低碳节能工作全过程管理体系、低碳展出、低碳社区和全民低碳节能行动、生态示范区；低碳交通示范
深圳	淘汰落后产能、淘汰黄标车，限行；油改电；新建筑需符合节能标准、低碳产业准入目录	碳交易、碳配额分配、循环经济与节能资金	低碳产品认证；低碳产品技术成果会；低碳城市发展指标体系、产业规划空间规划、用地规划、低碳规划四化合一、碳排放管理；建立大型公建能耗监测平台及建筑能耗数据中心

（续表）

城市	强制命令型	市场经济型	自愿型
苏州	企业碳盘查；淘汰落后产能；碳排放总量和人均控制	碳交易、碳中和平台建设；低碳专项基金，循环经济低碳发展住专项基金	低碳示范社区
淮安	淘汰落后产能	水运发展基金；发展低碳新型工业	碳平台建设；第二批低碳交通试点
镇江	碳排放总量和碳强度双控考核；碳评估、碳考核；淘汰落后产能；绿色政绩考核体系、项目化推进机制	低碳产业园区	低碳试点示范、合同能源管理
杭州	禁煤区，无燃煤区，淘汰落后产能；森林采伐限额管理；机动车排放标准；碳排放综合管理平台	节能减排财政政策综合示范试点；50亿元低碳基金；发展低碳产业	碳排放管理体系建设，低碳示范工程；民用建筑节能评估，建筑能耗实施监测系统；森林资源动态监测；全民参与的综合交通运输体系
宁波	淘汰落后产能，禁煤区建设	中国绿色碳基金；低碳物流，低碳外贸；节能融资机制	碳盘查、碳足迹，建立碳排放中心；ISO14064认证，产品碳足迹计划和碳审核；应对气候变化防灾减灾研究；可再生能源建筑应用示范城市
温州	拆除违章园区；"禁煤区"；低效土地再开发	每年2000万元低碳城市专项基金财政支持，市级分布式光伏发电应用专项基金；建设潮汐能电站	发展海洋资源
厦门	不批准国家产业高耗能等项目批准；节能监督节能监管制度；实行重点用能企业红黄绿三色节能监管制度	建立自愿减排项目交易，碳和排污权交易中心，财政补贴新能源产业	针对城市建设的清洁发展机制规划活动；对银行部门经理合同能源管理培训项目以及重点用能企业能源计量审计审查规范培训；对碳交易人才培训；LED试点工程；住宅装修一次性装修部分体系名录；蓝天行动等；十城千量工程；城市慢行交通系统

（续表）

城市	强制命令型	市场经济型	自愿型
南平	淘汰落后产能	低碳产品认证；对碳资产质押授信等绿色低碳金融业务	发展旅游业、森林碳汇；循环经济示范园区、示范企业、沼气利用示范村
青岛	强制目标和能源消费总量控制，淘汰落后产能	节能改造财政资金奖励，高效照明产品推广财政补贴	门户网站；城市级和企业级核算报告；低碳交通综合运输国家试点联动、多层次试点
秦皇岛	淘汰落后产能、淘汰黄标车；对企业实施节能审计与规划	新能源项目；工业固碳示范带动工程；绿色建筑专项资金、专项资金支持新能源汽车购置和电池补贴	绿色建筑建设以及评价监管体系等；发展低碳旅游业；循环经济示范项目
石家庄	煤改气；淘汰黄标车	发展战略新型产业企业	低碳新区建设
吉林	淘汰落后产能；"油改气"；热计量改造	服务业发展引导资金，战略性新型产业发展专项基金	低碳产业示范区，低碳人均示范建设等；暖房子节能改造，绿色低碳示范交通；绿色交通体系建设
济源	淘汰落后产能	专项资金	低碳示范园、节能产品技术展示会
南昌	淘汰落后产能；新建建筑严格执行节能标准	5年内投资817.39亿元，节能减排财政政策综合示范；碳金融；碳资金质押授信等绿色低碳业务；10亿低碳环保产业基金；光伏示范电站	绿色新区、绿色生物业、视频、旅游；自行车免费租赁；国际会展
景德镇	陶瓷产业技改；淘汰落后产能	财政安排节能环保低碳支出35765万元	加快一城三区模式的发展格局（航空科技城、研发创新区、配置制造业和通行产业区）；合同能源管理
赣州	淘汰落后产能；"油改气"；"煤改气"；"禁煤区"	碳排放权交易	低碳试点社区；"低碳日"

（续表）

城市	强制命令型	市场经济型	自愿型
池州	出租车"油改气"	风电项目建设	低碳园区、绿色运动会；农村清洁能源项目
晋城		支持煤层气产业发展	低碳示范新城；低碳示范园区；低碳示范乡镇；低碳示范企业
呼伦贝尔	旧住宅区建筑节能改造；淘汰落后产能	风电、太阳能、非常规油气资源勘探开发	公共建筑能耗动态监测平台；发展低碳农牧业；建立低碳产品标识和认证制度；森林耕地等自然资源保护；交通节能减排计划科技活动；合同能源管理
武汉	企业碳盘查	低碳技术研发	重点企业能源消耗和碳排放在线检测平台和重点企业能源消耗和碳排放在线检测平台；省级低碳试点；低碳新生活服务平台；国际合作
大兴安岭	工业企业技术改造		发展低碳旅游
保定		中国电谷新能源产业发展基金（2006），对"中国电谷"企业进行资金扶持、税收优惠	国际合作；与科研机构合作；低碳交通试点；低碳产品认证和标准标识制度，对部分行业和产品初步建立低碳标准和标识的认证制度、新能源示范
重庆	低碳试点体制建立；淘汰落后产能	碳排放权交易政策设计试点；节能专项资金	低碳工业园区示范；低碳协会
遵义	淘汰落后产能；企业用能计划管理	新能源项目建设	节能服务技术体系；环保国际合作
广元	煤改气和农村沼气	碳汇交易	循环工业园、低碳农业园、生态旅游园、广元低碳网、西部低碳；低碳论坛；"低碳日"；示范社区、学校、家庭

（续表）

城市	强制命令型	市场经济型	自愿型
乌鲁木齐	煤改气；强制性能源审计；淘汰落后产能；既有建筑节能改造、热计量收费管理	企业新能源开发工程	零排放建筑
金昌	节能减排技术改造；区域循环经济、淘汰落后产能		合同能源管理；城市低碳生活手册
延安	煤种管理；煤炭营销市场监管；城区锅炉改造；"油改气"		扩大天然气使用范围
昆明		发展新型低碳工业；设低碳发展专项资金	低碳交通体系试点；低碳建筑建设；先行先试示范
贵阳	淘汰落后产能、高速收费系统推广环保低碳的缴费系统；油改气	服务业引导资金；绿色政府采购政策，绿色建筑标识星级评价鼓励政策；风电资源开发；循环经济专项资金；扶持资金、补助、贴息	低碳社区（以指标统计为评价体系）；节能低碳监测平台；新能源和混合动力汽车应用；低碳交通基础设施体系建设
桂林	淘汰落后产能、煤改气和油改气		低碳旅游线路、生态循环产业链

这些机制包括：① 平等交流的政治对话机制，主要体现在不同级别的政府之间的相互妥协以及配合。② 互惠互利的协调机制，更多的是企业和政府以及居民之间的要求。③ 高效的协商机制，主要体现在对集体行动达成的困难以及不同的政府部门之间的协同问题。④ 多元的社会参与机制。低碳治理涉及的是一个系统内部的不同利益之间的权衡。⑤ 激励机制和监督机制。对于低碳治理过程中，特别在我国目前不承担强制性的减排义务的时候，需要通过一定的激励机制来鼓励企业减排。而减排效果的好坏，需要一定的监督机制，通过建立温室气体排放清单来监督企业进行节能。

多元治理的过程中，不同的参与者，具有不同的行为机制。城市政府是公共利益代表的主体，而低碳发展中所涉及的能源，属于经济性的公共物品，因此具有一部分可以市场化介入的因素。

（4）实现路径

低碳治理需要多角度和多层面的努力，路径的选择非常重要，是全球环境治理和区域城市治理的结合，城市层面以及国家层面不同尺度的结合以及技术、空间和社会层面的融合。具体来说，技术层面上，包括了节能减排技术、可再生能源技术等；而空间角度来看，涉及城市规划、空间协调等的内容；主体层面来讲，涉及城市政府、企业、社会组织以及居民的共同参与；全生命周期看，要同时考虑生产侧和消费侧的能源消费控制；从环境保护角度看，低碳发展也是大气污染和二氧化碳减排双重目标的结合。低碳治理的影响因素比较多，因此治理过程中，需要对这些要素进行整合，以充分提高整体效率。

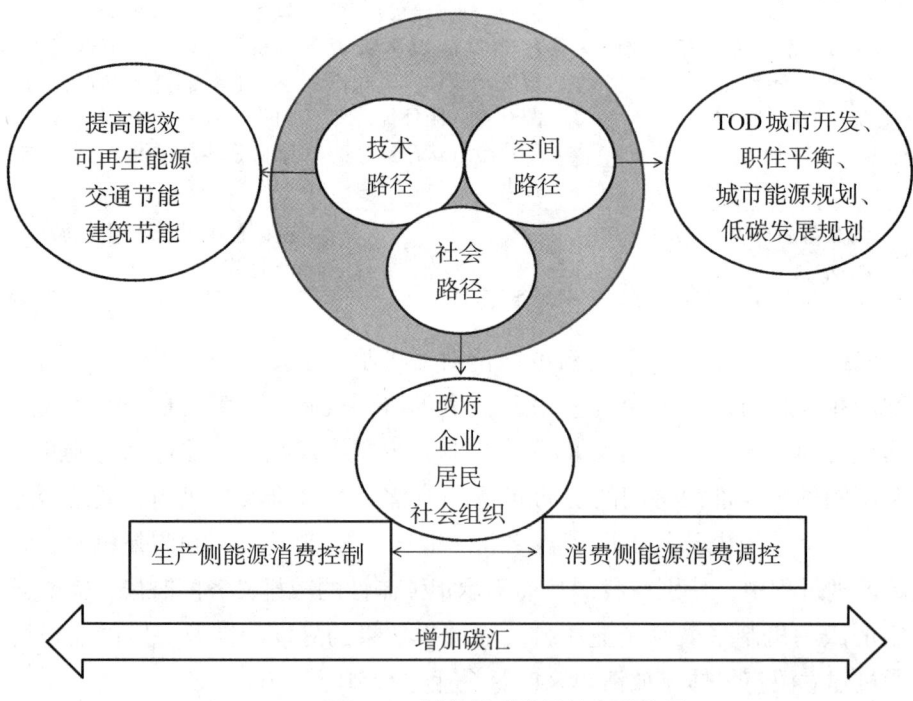

图3-4　城市低碳发展的实现路径

（5）部门间的协调和沟通

政策的执行涉及不同部门的权利分配。能源使用方面一直由发改委来协调。而对于建筑节能，则是属于住建部门的管辖；交通节能归属于交通部。至于城市的垃圾处理，则是由环卫局管理。大部制改革以后，又转为了生态环境部负责应对气候变化——低碳城市试点政策也随之调整。每一个部委都专门设立了试点，比如发改委的碳交易试点，住建部的绿色建筑试点，工信部的低碳园区试点，交通部的低碳交通试点等。而这些政策都在目标责任制的框架下，全部都下沉到了地方政府，需要地方各部门的协调。

低碳城市治理，依托于"十一五"期间的工业为主的目标责任制，关注点逐渐转移到了建筑和交通领域。全国层面来看，低碳治理主要采用的是试点推广执行的方式，以城市为试点开展的自下而上的尝试。通过试点城市的探索，在全国不同区域展开尝试，以期经验可以全国推广。但是从城市层面来看，依然是属于一种自上而下的，以强制命令为主，经济激励工具为辅的一种政策执行模式。在城市层面上设定减排目标和评价指标，在空间、社会和技术角度进行推动。政策执行过程中存在着部门之间的沟通问题和区域差异性问题等。这种治理模式，是结合了当前我国原有政策框架上的一种调整。

具体操作来看，符合以下框架：

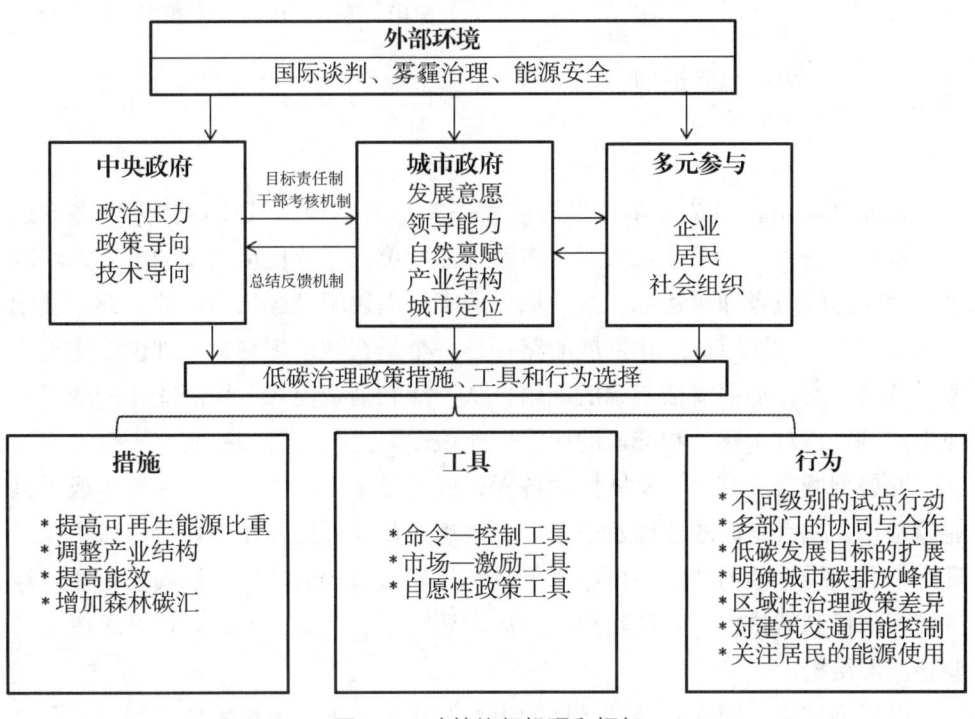

图3-5　政策执行机理和框架

3.4 区域性差异

低碳和经济发展是当前低碳城市建设中最重要的指标。结合目前我国政策执行情况，碳排放角度主要侧重碳排放总量和人均碳排放量，而发展则主要考虑GDP总量和人均GDP（照人均GDP和人均碳排放）。以此为基础，将第一批和第二批36个低碳城市分成四类，分别是领先型城市、发展型城市、后发型城市和生态农业型城市（表3-5）。正由于城市发展类型的差异性，也导致了其低碳治理的实现模式存在差异。讨论如下：

表3-5　不同类型的低碳城市试点分类

城市名称	分类指标	城市类型
领先型	人均GDP超过8000美元	武汉，杭州，苏州，宁波，青岛，上海，镇江，深圳，厦门，天津，广州，北京
发展型	人均GDP超过全国平均，低于8000美元	金昌，济源，秦皇岛，乌鲁木齐，吉林，南昌，晋城，石家庄，昆明，温州
后发型	人均GDP低于全国平均、人均排放高于全国平均	贵阳，遵义，重庆，景德镇
生态农业型	人均GDP和人均排放均低于全国平均	保定，大兴安岭，海南，赣州，桂林

领先型城市，多位于东部沿海或者主要的直辖市，其GDP接近中等发达国家水平，进入了后工业化阶段，多数地区的第三产业比重高于全国，人均碳排放已经达峰或者即将达峰。这些城市的碳排放领域已经从传统的工业转移到了建筑和交通。城市低碳化发展的路径，一个是在城市规划和基础设施建设中考虑低碳因素，加强清洁能源的利用，从生活和消费模式上控制能源的消费和使用，特别是对于建筑和交通的用能也应该逐渐进行监管和控制。

发展型城市，其经济发展模式各异，或者是重工业、老工业基地，或者是能源基地，或者是旅游业以及第三产业发达。其发展过程在工业化、城镇化过程当中，人均生活消费的碳排放水平较领先型城市较低。城市发展需要通过经济转型来控制碳排放，要调整产业布局，调整工业比重，实现产业升级改造并调整能源结构。

后发型城市，面临着经济发展的迫切需求，处于快速城镇化过程中。而这些城市的经济发展略晚于东部沿海地区。城镇化和工业化过程中受到更强的环境、能源和资源的约束，出现了重工业化发展的趋势，需要思考如何实现跨越式发展。其实现低碳发展的途径，需要重视能效，发挥其后发优势，走新型工业化道路。承接东部产业转移过程中，需要避免走"先污染后治理的"道路。同时需要尊重居民原有的生活方式，在城乡建设中，植入低碳理念。

生态农业型城市有较好的资源和环境条件，其可塑性强。城市需要发展经济，但是更多的是要注意生态和环境的保护。低碳发展过程中，需要结合当地的资源环境禀赋和生态优势，发展相关产业，比如农业和旅游业。而这些地区或者城市需要避免承接东部、中部转移的高排放、高污染产业，适当的控制经济发展速度，重视民生，保护原有居民的生活方式，这些城市不必盲目地追求扩大规模，而应注重维持本地特色，搞好社会主义新农村建设。

3.5　政策的执行和改进

党的十九大报告提出我国要建立健全绿色低碳循环发展的经济体系，成为全球生态文明建设的重要参与者、贡献者、引领者。开展低碳城市试点工作，是我国应对气候变化、推进生态文明建设的重要抓手。我国已陆续开展三批试点工作，在推动低碳发展方面取得成效，但在落实方面存在一些突出问题，主要表现在以下几个方面：政策目标缺少约束性和科学性、政策执行主体权责不匹配、政策内容过于宽泛、缺少专项资金保障以及对应的政策评价体系。为此提出以下建议：量化低碳城市试点的发展目标并增加其约束性；将低碳城市试点政策纳入生态文明体制中，重新定位，配套对应体制机制；构建多元的、可持续的资金保障机制；完善政策评价标准并建立试点退出机制。

3.5.1　政策落实的问题

国际上应对气候变化的压力以及国内能源产业的转型需求促进了低碳城市的发展。这一政策在降低城市单位GDP碳排放、形成碳排放峰值等方面取得了一定的进展，但是还存在以下几个普遍问题：

（1）政策目标缺少约束性和科学性

首先，城市层面的碳排放控制目标和地方承担的经济发展等目标相比，处于弱势，约束性不强。低碳城市试点的政策是在国家提出2020年控制温室气体排放行动目标后（单位GDP碳排放比2005年下降40%~45%），地方是在自主开展低碳行动的基础上提出的，比如发展低碳产业、倡导低碳生活等。个别省市主动向国家发展改革委申请低碳试点建设工作后，国家发展改革委才开始组织开展了低碳城市试点工作。政策执行后，其核心指标"单位GDP碳排放"普遍呈现了下降趋势，且绝大部分试点城市的碳排放下降率高于所在省份。但这一指标的约束性不强，经济发展模式没有发生根本变化。经济总量增加伴随着的是城市的能源消费总量和二氧化碳排放总量的上升。城市追求GDP总量增加的动力远大于追求单位GDP碳排放下降的动力，即求量不求质，城市能源消耗总量增加。这和长期以来地方政府形成的唯GDP的绩效观是分不开的。城市低碳目标背后的动机是借助低碳产业发展经济；但在单位GDP碳排放没有硬性约束的前提下，经济总量扩大的后果便是高的碳排放。最典型的如河北省保定市，其低碳目标之一是发展低碳能源体系，政策引导下形成了新能源产业并逐渐规模化。由于没有强调本地单位GDP碳排放下降这一指标，提高了经济总量的同时也造成了碳排放总量的上升。另外，试点城市通过编制低碳发展规划，将低碳发展理念融入城市建设过程中，并将发展目标分解到各个职能或产业部门。但是，低碳发展规划法律角度的约束性不高，在规划体系中处于弱势。大部分城市的减排目标是依托于国民经济发展规划、空间规划和土地规划等，同时与可再生能源规划、产业规划之间的关联性较弱。在制定这些专项规划的时候，并未将碳排放作为硬性的约束指标纳入，这也是碳排放约束力不强的一个因素。

约束性减排目标的制定大部分是参考城市过去经济发展的经验，其实现的科学性难以保障。这主要是由于缺少城市层面温室气体核算的统计基础、统一的标准或者方法论。就统计基础来看，城市层面的排放清单需要的基础数据和我国现在的统计数据之间难以衔接，即统计的边界和范围不清。而各地排放因子差异性较大，并不能直接采用政府间气候变化专门委员会（IPCC）的推荐值，需要根据各地的经济活动水平、地理条件等因素计算。另外，城市层面碳排放清单的编制人员在排放因子和活动水平的选取上有过大的自由裁量权，计算结果难免产生偏差。行业或者企业的实际减排量跟城市减排目标和任务之间的关系难以确定，较难绘制对应减排目标的技术路线图。比如交通行业具有移动性强、排放源种类多而杂、排放边界不固定等特点，导致城市层面碳排放核算困难。

（2）政策执行主体权责不对等，内容过于宽泛

低碳城市试点推进缓慢，政策过度依赖于地方政府负责人的态度，而并没有通过法律、规章制度等形式来明确。从国家层面成立的应对气候变化委员会，到地方城市层面的低碳发展领导小组，以及专门成立的应对气候变化部门（科）等，这些都是属于协调、咨询部门。低碳发展是一个路径选择的问题，很难由具体的某一个部门完全承担。大部制改革前，从各职能部门的参与角度看，低碳城市试点政策虽然由国家发展改革委牵头，但是其政策的主要推动部门应对气候变化司存在权责利不对等的情况，并且其低碳管理业务与资源节约与环境保护司节能减排工作存在重叠。另外，二氧化碳排放主要来自于工业、建筑、交通等行业，需要工业和信息化部、住房和城乡建设部、交通运输部等多个部门之间的协同。而此次政府机构改革中，将原环境保护部的职责，国家发改委的应对气候变化和减排职责归到新成立的生态环境部。这种职能的整合可以一定程度上缓和上述问题，但是改革效果还有待时间的检验。

尽管三批试点政策从内容上逐渐有所调整，但比较宽泛，对地方工作缺少指导性。其中，第一批低碳城市试点明确的任务包括：编制低碳发展规划、制定支持低碳绿色发展的配套政策、加快建立以低碳排放为特征的产业体系、建立温室气体排放数据统计和管理体系、积极倡导低碳绿色生活方式和消费模式；第二批低碳城市增加了要求领导高度重视、明确试点目标、发挥绿色低碳发展的示范带头作用以及试点申报地区编写并提交《低碳试点工作初步实施方案》的任务；第三批试点的任务则突出了积极探索创新经验和做法以及提高低碳发展管理能力的要求。这几个文件并没有给出更多的指导意见或者提供完成任务的政策工具，或具体操作方式、模式或指导性的机制等，而是依托于地方自下而上的探索。对低碳的概念认知不够的城市，很难确定目标的实现路径和操作方案。从实践看，低碳城市试点政策主要依托目标责任制和碳排放峰值目标的倒逼机制。城市制定本地区碳排放指标分解和考核办法，加强对各责任主体的减排任务完成情况的跟踪评估和考核。目标责任制是传统的中国政策体系中的管理办法，但是在温室气体减排考核方面缺少规范化、科学化的评价标准。另外，峰值倒逼机制是低碳城市的重大创新机制之一，绝大部分试点城市提出了二氧化碳排放峰值的目标。但是，这些峰值目标不是建立在城市碳排放清单的科学研究基础上，判定依据主要基于经济发展的经验或者借鉴同类城市的峰值目标。大多试点城市尚未形成全市范围内的具有指导意义和可操作性的

碳排放峰值路线图，未提出分领域、分地区、分部门的峰值目标分解落实方案，以至于政策落地具有不确定性。政策工具采取了强制—命令行政工具、激励市场工具和自愿工具相结合的模式。但是激励市场和自愿工具的可操作性不强。以从2011年就开始推进的碳交易为例，政策的执行十分缓慢，仅有电力行业纳入碳交易范围，而对于林业碳汇等方式还有待挖掘。

（3）缺少专项资金保障

低碳城市试点政策并没有中央和省里的专项资金支持。随着节能技术和管理水平的提高，节能技术改造成本逐渐增高。没有额外的资金，很难吸引企业展开节能改造。尽管部分城市设立了低碳发展基金，但地方政府对于如何运用最少的资金撬动最多的社会资本并没有很明确的切入点，没有形成良好的绿色投融资政策支持和市场化机制。这背后的主要因素在于政府和企业在低碳发展中的角色和定位不是很清楚，即政府和市场的边界不清。一方面，政府有必要通过补贴或者奖励等方式调动企业或者公众的参与，引导行业发展；另一方面，城市政府不可能为低碳发展相关所有基础设施建设和服务买单。城市政府较难找到低碳投资政策的切入点，也缺少支持产业、投资、金融、技术、消费等方面的配套政策。从节能角度来说，在国家的配套政策和扶持基金的支持下，企业出于自身利益易于参与到节能减排中；但是从低碳角度来说，企业缺乏对低碳理念的认知和对相关政策的了解，比如企业碳盘查、碳认证等，企业管理中对这些内容涉及较少。企业难以判定低碳对自身带来的是否是机遇，造成了发展路径与先进理念的脱节。

（4）缺少对应的政策评价体系

部分低碳城市确定了峰值、碳排放下降强度等目标，但是这些目标的实现大多是依托于煤炭消费总量和用电量等统计数据，缺少政策抓手。各城市将减排指标分配到区县、行业乃至重点企业层面，但是任务完成起来却困难重重。城市层面来说，地方政府对行业企业节能减排潜力的挖掘不够，没有同本城市产业匹配的边际减排曲线，难以科学指导实际工作。城市层面缺少统一、规范的低碳评价标准、数据库、信息管理系统和信息披露制度。而国家层面（政策的制定方）并没有就低碳城市政策给出明确的关于政策执行和效果的评价标准、约束机制和经验推广机制，其经验难以有效地使其他城市受益。至今该政策已经扩展到了第三批城市，但这批次仅就政策创新点提出了要求，政策目标的实现依然缺少合理而清晰的路径，对城市的指导意义有限。

　　目前低碳城市试点政策缺少政策执行方面的第三方客观评价以及动态跟进机制。随着国家或区域战略的调整，城市经济活动总量也在变化，其碳排放总量限制也应该随之调整。保定是研究低碳城市发展的重要案例，其2010年出台的《保定市低碳城市试点工作实施方案》所提及的相关工作实施方案中的任务目标已不具有参考性，至今缺少在第三方评价后的政策调整。随着雄安新区重大战略的实施，其低碳城市发展规划也有必要做出进一步的调整，体现绿色发展的理念，而这个层面的操作已经不在保定市或者河北省的权限范围。

3.5.2　政策建议

　　经济发展和土地财政引发了城市快速扩张，消耗了大量的钢材和水泥。规划不合理导致的生活区低密度蔓延、通勤距离变大、私家车数量上升。这些因素引发的高碳排放很难通过当前的低碳城市建设行动方案解决。城市属地化管理中存在的城乡差别、地区利益的不平衡以及部门职能角色的错位，加剧了城市发展对高碳化路径的依赖，增加了低碳转型的难度。低碳城市试点要解决的核心问题还是发展模式转变的问题，原有的政策路径难以取得更大的减排效果。就当前的实践经验而言，低碳技术、低碳资本、低碳资源能源等要素，并没有带来经济产出、效率或质量的明显提升，城市层面的政策制定者依然将"低碳"当作城市发展到较高程度才可以考虑的"高级"需求。城市缺少和低碳发展相关的顶层设计和制度体系，没有构建明确的发展路径，仅仅是在经济转型中归纳低碳特征作为低碳试点成果。针对我国低碳城市试点工作落实中存在的上述问题，需要从以下几个方面进行优化和提升。

（1）量化城市减排目标并增加其约束性

　　亟待国家层面出台统一、规范的城市级别碳排放（或温室气体）的监测、统计、核算方法，制订城市碳排放清单编制方法，由第三方承担数据监测和减排效果评价；设立清单编制和基础统计调查的专业岗位，建立企业、行业的碳排放统计和核算机制，完成各区县的碳排放清单编制工作，建立与之对应的碳排放控制指标分解和考核体系；和城市管理信息平台结合，并在此基础上形成碳排放管理体系，建立"可评价、可测量、可推广"的碳排放管理平台。

　　将减排目标纳入地方干部考核指标体系，构建城市层面推进低碳发展的驱动力。确定低碳发展目标和试验内容的同时，赋予试验区类型试点改革的权力

（比如设立容错机制、赋予绿色发展项目优先权等）以及资金、编制等方面的配套政策。

（2）加强顶层设计和体制机制建设

将低碳城市试点纳入生态文明体制改革中推进。以生态文明体制中的"多规合一"为契合点，结合建筑、交通等部门规划，将应对气候变化相关的规划落到土地利用规划上来。建立以碳管理为核心的，服务于政府、企业、第三方机构、公众等的信息化管理平台。加强对试点经验的总结，探索市场化、多元化的减排机制，逐渐减少行政命令式的减排工具，增加市场型和自愿型的减排工具。我国城市低碳治理主要是依赖于目标责任制这样的行政性命令，比如"拉闸限电"、"淘汰落后产能"等政策。这些尽管效果明显，但是干扰了正常的生产、生活，亟待调整。理顺资源环境的价格形成机制，建立反映能源稀缺的价值体系。将能源消费和资源总量管理以及全面节约制度结合，健全环境治理和生态保护市场体系，推行用能权以及碳排放交易制度。建立相应的交易系统、测量和标准体系，建立对应的用能交易和碳排放交易市场监管体系。

（3）构建多元的、可持续的资金保障机制

整合和统筹资金渠道，设立专项基金对低碳路径和技术进行引导，规避其技术前期投入过高而带来的风险。支持企业、金融机构参与低碳发展基金建设，拓宽其他资金渠道，比如社会捐赠、风险投资等。构建高效的专项基金使用管理机制，完善监督管理机制和基金使用评估机制。由专业第三方机构对不同类型项目减排技术和能力评估、管理和监督，提高低碳发展基金的透明度和使用效率。增加对节能减排、清洁能源开发、资源高效利用等方面的技术研发的投入，并建立对重点项目资金的追踪机制，提高监督评估的可操作性和透明性等。

重视金融业在低碳发展中的作用，要充分考虑本城市自身的市场和产业特色，丰富支持低碳发展项目的专业手段，推动低碳理念下的金融产品和服务方式，比如绿色信贷、绿色证券等。

（4）完善政策评价标准，建立退出机制

国家层面要设定低碳城市政策的评价标准，构建评价体系。低碳自身是一个协同效果，低碳试点也容易和生态城市等政策协同。全面梳理生态文明和绿色发展相关的试点政策，研究低碳发展的核心要素，将其纳入评价指标。各城市的发展阶段不同、资源特色各异，需要在一个标准下、有差异地考察各城市低碳政策完成的情况，可测量并且可对比，为今后减排目标的确定和实践提供指导。考虑地区发展阶段的差异性，差异化对待东部、中部和西部区域碳减排政策的评价机制。为防止自上而下评价体系下盲目追求政绩、谎报数据等情况，有必要引入第三方评价机制，保障政策评估的客观、公平。逐步建立评比机制和清退机制，对同批次的低碳城市绩效进行评比。否则低碳城市试点数量上逐渐增加，质量上难以保障，试点政策形同虚设，造成行政资源的浪费。

参考文献

［1］　王佃利.城市治理中的利益主体行为机制［M］.北京：中国人民大学出版社，2009.

［2］　顾朝林等.城市管治：概念，理论，方法，实证［M］//冯云延.城市公共服务体制：理论探索与实践.北京：中国财政经济出版社，2004：23-24.

［3］　朱介鸣.城市发展战略规划的发展机制：政府推动城市发展的新加坡经验［J］.城市规划学刊，2012(04)：30-35.

［4］　齐晔，刘志林，蔡琴.中国城市化发展中的公共治理与政府职能转变研究［M］//中国城市科学研究会.中国低碳生态城市发展战略.北京：中国城市出版社，2009.

［5］　刘天乐，王宇飞.低碳城市试点政策落实的问题及其对策［J］.环境保护，2019，47(01)：39-42.

第四章

案例分析 [①]

4.1 城市级别——北京市碳排放达峰路径及政策启示

2020—2030年，是我国大多数城市实现碳排放峰值的重要时期。以北京市为研究对象，计算了北京市1995—2016年能源燃烧相关的CO_2排放，总结了其达峰路径，分析了达峰过程中的各类驱动因素及其政策经验。研究结果显示：北京市人均碳排放峰值出现在2007年，碳排放总量峰值出现在2010年。人均GDP与人均碳排放呈现出明显的倒U型关系。实现人均碳排放峰值时的人均GDP约6.28万元（2000年不变价），人均碳排放8.8吨。工业部门碳排放峰值出现在2004年，煤炭产生的碳排放峰值出现在2005年，均早于碳排放总量达峰。2012年以来，交通部门是北京市碳排放增长的唯一部门。从碳排放达峰的路径来看，人口和GDP增长始终是北京市碳排放增长的主要驱动力；能耗强度是促进碳排放减少的主要因素，但能源结构的变动对于碳排放峰值的实现至关重要。各个城市可以借鉴北京市的政策经验，以经济转型、能源与环境协同治理为重点，保持政策定力，持之以恒地推动碳排放达峰。

4.1.1 引言

中国已经明确提出了2030年左右实现碳排放达峰的战略目标。在这一目标指引下，越来越多的城市开始考虑其碳排放达峰的问题。2015年召开的第一届中美气候智慧型/低碳城市峰会上，中国达峰先锋城市联盟宣告成立，包括北京、深圳、广州等在内的11个城市提出了各自的碳排放达峰目

---

① 李惠民博士对本文亦有贡献。

标，之后又有12个城市加入。2017年，国家发改委公布的第三批共计45个国家低碳试点，也都提出了相应的达峰目标。随着"2020年碳排放强度较2005年下降40%~45%"第一阶段温室气体减排目标的实现，中国已正式进入到实现碳排放峰值的战略轨道。越来越多的区域将必须考虑其碳排放峰值的实现问题。

在省市层面，学者们围绕如何达峰的问题开展了广泛研究，研究区域涉及东部地区、中部地区、东北地区、西部地区，几乎涵盖了中国的全部区域。在方法上，学术界探索了多种CO_2排放峰值的情景分析方法。尽管各方法体系建立的理论基础和构建思路存在一定差异，但最终都落脚在CO_2排放的影响因素上。由于各方法中选择的主要变量的不同、特别是情景设置中关键参数的设置不同，研究结果之间存在较大差异。基于情景分析的研究为各省市实现碳排放峰值提供了可选路径，但由于结果之间的不确定性，以及缺乏具体的可行性措施，这些研究尚不能满足决策者的需要。

从理论和国际经验的角度，学者们总结了发达国家实现碳排放峰值的基本特征，这些特征包括：人均CO_2排放峰值出现在基本完成工业化之后；CO_2排放达峰一般滞后于人均CO_2达峰，但早于能源消费量达峰；工业部门的排放达峰早于全国排放达峰等。这些研究为国家层面的碳排放达峰提供了重要的理论基础，但在城市层面缺乏实证性研究。

北京市是我国最早提出碳排放达峰目标的城市之一，在2015年召开的第一届中美气候智慧型/低碳城市峰会上，北京就提出了"2020年左右实现碳排放峰值"的目标。目前，北京市碳排放峰值已经基本实现并呈现出稳定下降趋势。从达峰先行者的角度，总结北京市碳排放达峰的实现路径，特别是达峰过程中的政策经验，对于大量即将进入达峰轨道的中国城市来说，具有重要的参考意义。

4.1.2　研究方法和数据来源

根据《中华人民共和国气候变化第三次国家信息通报》，2005—2014年，CO_2排放占到全部温室气体排放的79.6%~83.5%，能源活动产生的CO_2排放是近年来温室气体排放的主要增长源。学术界一般以能源燃烧的CO_2排放作为主要研究对象。通常说来，能源燃烧的CO_2排放可以通过IPCC参考方法进行计算。参考方法是一种自上而下的方法，根据各种化石燃料的表观消费量、各燃料品种的单位发热量、含碳量，以及消耗各种燃料的主要设备的平均氧化率等参数综合计算得出，计算公式为：

$$CO_2 = \sum C_i \times H_i \times I_i \times O_i \times {}^{44}/_{12}$$

其中，C_i为第 i 种能源的消费量，单位为 t；H_i为第 i 种能源的热值，单位为 J/t，I_i为单位热值的含碳量，单位为 t/J，O_i为能源的平均氧化率，单位为%。

能源平衡表为能源相关的碳排放核算提供了较为充分的数据基础。利用能源平衡表计算碳排放已有大量研究，如清华大学发布的《低碳发展报告》、中国人民大学发布的《中国城市温室气体清单编制指南》、世界资源研究所等发布的《城市温室气体核算工具》。本文采用《中国城市温室气体清单编制指南》中所提供的计算工具进行碳排放核算。相关数据来源于历年的《中国能源统计年鉴》。鉴于1995年前《中国能源统计年鉴》数据缺失、离散，本文确定的时间区间为1995—2016年。

根据KAYA公式，一个区域的碳排放可以写成人口、人均GDP、单位GDP能耗、单位能源碳排放这四个因素的乘积。由于这四个因素代表了人口、经济、环境、能源系统的变化，KAYA公式在碳排放研究领域被广泛使用。学术界一般通过KAYA公式及其变体来分析碳排放增长的驱动力，也经常用其来研究某区域未来的碳排放趋势。在KAYA分解的基础上，学术界经常使用LMDI分解技术来研究以上四个因素在碳排放变动中的贡献。本文使用KAYA公式和LMDI分解技术来分析北京市碳排放达峰的驱动力。相关的数据包括人口、GDP、能源消费量等均来自历年的《北京市统计年鉴》。

4.1.3　碳排放总量

图4-1显示了北京市1995—2016年CO_2排放曲线。北京市的碳排放可以分为三个阶段：第一个阶段是1995—1999年，这一时期碳排放增长较为缓慢，从8054万吨增长到8397万吨，增长了4.25%。这一阶段与全国碳排放的变化趋势较为接近。从2000年开始，北京市的温室气体排放进入了一个迅速增长的时期，从2000—2010年，北京市碳排放增长了88.78%。2010年碳排放1.69亿吨，达到了历史最高点。2010年之后，北京市碳排放开始呈现出减少趋势，2016年

碳排放较2010年减少约7.2%。从历史上来看，北京市碳排放已经达峰。从未来趋势上来看，随着北京市第一个减量化城市总规的出台，北京市温室气体排放快速增长的动力已经大大减弱。北京市能源相关的碳排放峰值已经实现。

从人均碳排放来看，1995—2016年基本呈现出倒U型曲线。2007年北京市人均碳排放达到峰值，约8.8吨，这一水平略低于欧盟的9.4吨和日本的9.5吨，远低于英国的11.7吨、德国的13.4吨，美国的22.2吨。经济发展方式和消费方式的变革对控制碳排放峰值水平有至关重要的作用，北京的碳排放达峰显示了明显的后发优势。从达峰时序上来看，人均碳排放达峰早于碳排放总量达峰，与发达国家的经验基本一致。

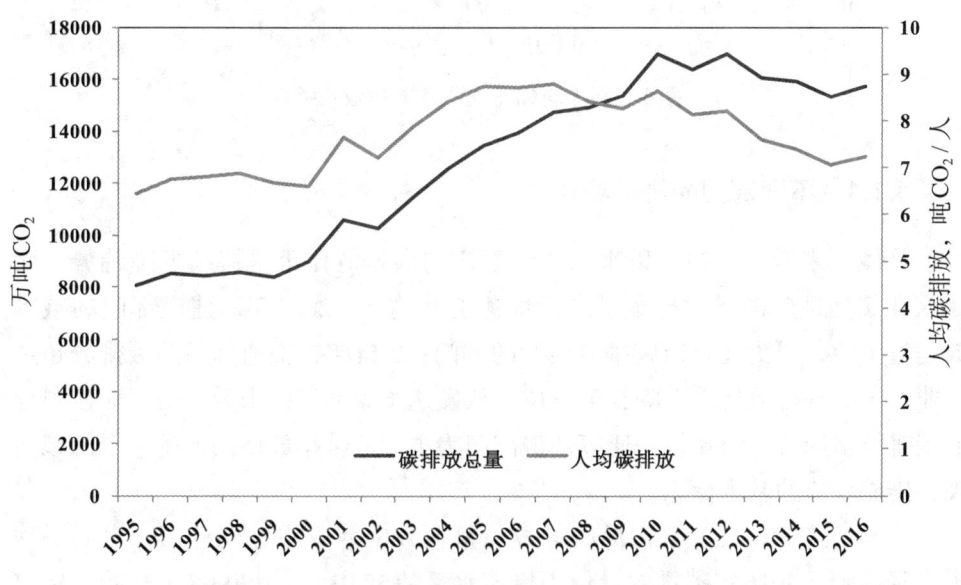

图4-1 北京市二氧化碳排放总量和人均碳排放

经济增长与碳排放关系密切。理论上来看，环境库兹涅茨曲线揭示了经济增长与污染物排放之间的倒U型关系；实践上来看，发达国家的历史也显示出这一规律。从北京市来看，人均GDP与人均碳排放呈现出明显的倒U型关系。实现人均碳排放峰值时的人均GDP约6.28万元（2000年不变价），不到1万美元，远低于OECD国家实现峰值时人均2.76万美元的平均水平。这说明尽管经济增长与碳排放峰值关系密切，但依然可以在较低的经济发展水平上实现排放峰值。

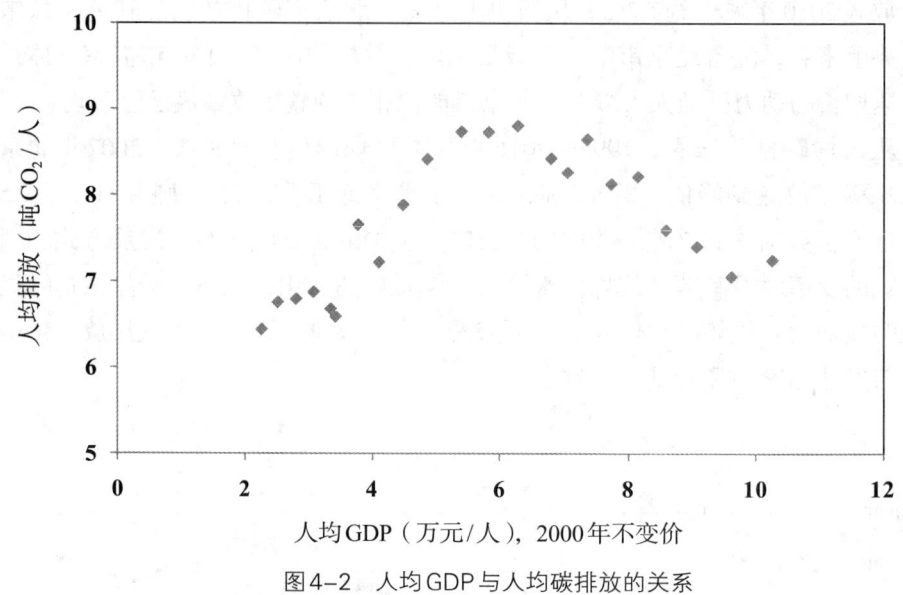

图4-2 人均GDP与人均碳排放的关系

4.1.4 不同部门的排放路径

总体上来看，1995年以来，工业部门的碳排放比重呈持续下降趋势，而建筑和交通部门的排放比重呈现出快速上升趋势。2007年，建筑部门的碳排放超过工业，成为北京市碳排放最大的部门；2014年，交通部门的碳排放超过工业，工业碳排放比重下降到第三位。从发达国家的经验来看，由工业占主导的碳排放格局转向由建筑交通等消费部门为主导的碳排放格局，是一个区域实现碳排放峰值的基本标志。

分部门来看，工业部门的碳排放总量在2004年左右达到峰值，之后呈现出下降趋势，2016年碳排放量仅为峰值水平的53.93%。从1998年开始，建筑部门的碳排放在各个部门中增长速度最快，增长幅度最大，2012年达到8307万吨，相当于1999年北京市全部的碳排放量。2012年以来，建筑部门的碳排放持续在高位波动。这种波动已经显现出达峰的一些基本特征，即驱动其碳排放增长的因素与促进其碳排放减少的因素已经基本平衡。交通部门的碳排放增速较快，从1995—2016年，交通部门的碳排放总量增长了6.29倍。1995年交通部门占总排放的比例仅为6.89%，2016年这一比例上升至25.55%。2012年以来，交通部门是北京市碳排放增长的唯一部门。

　　北京市各部门碳排放达峰的规律与发达国家基本一致。随着产业结构的调整和重工业的退出，工业部门率先达峰。工业部门达峰的时间早于碳排放总量达峰，北京提前6年，英国是2年，德国是7年，而美国相差将近34年。从发达国家的经验来看，建筑部门和交通部门的碳排放均保持了长时间的增长，这两个部门实现峰值将是一个长时间的挑战。

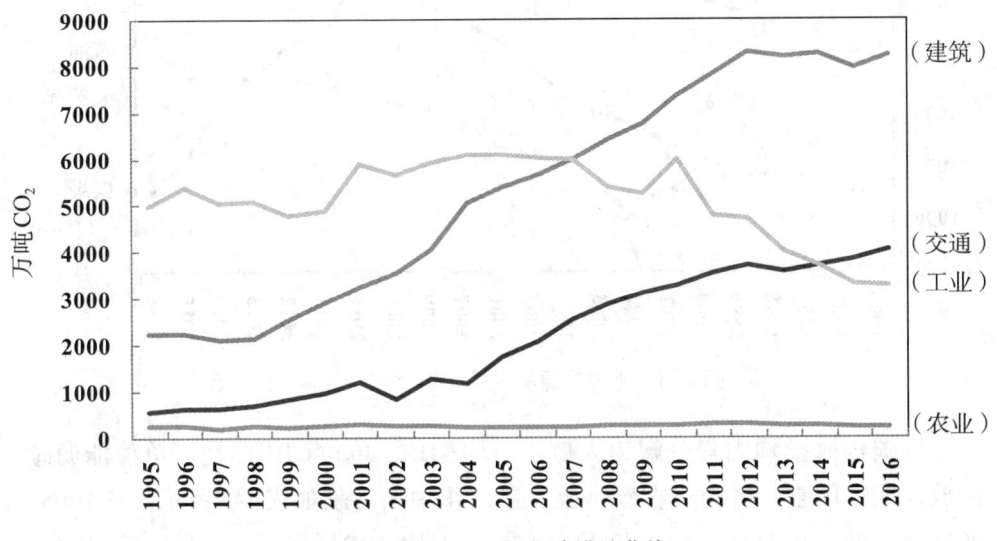

图4-3　不同部门的二氧化碳排放曲线

4.1.5　不同能源类型的排放路径

　　分能源品种来看，1995—2008年，煤炭始终是碳排放量最大的能源品种，2009年被外购电力超越，2013年被石油超越，2015年进一步被天然气超越。2009—2015年，煤炭由最大的碳排放部门成为碳排放最低的部门，成为碳排放实现峰值过程中的重要驱动因素。2016年，煤炭产生的碳排放量仅为峰值水平的23.72%。从排放量上来看，煤炭产生的碳排放在2005年达到峰值，早于人均碳排放和碳排放总量的达峰时间。

　　外购电力在北京市能源结构中具有举足轻重的地位。1995年以来，外购电力产生的碳排放呈现出快速增长趋势，2012年达到历史最高水平，占到北京市总排放量的41.48%。2012年以来，外购电力的排放略有减少，但这种变化与北京市碳排放总量的变化关系密切，在北京市能源结构持续深化的背景下，外购电力相关的排放是否已经实现峰值还有待进一步观察。

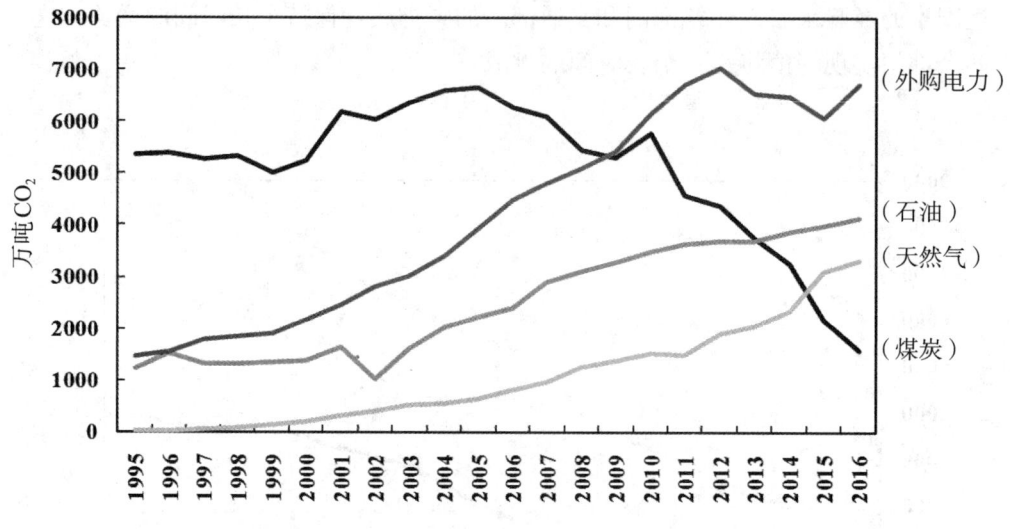

图4-4　不同能源品种的二氧化碳排放量

将碳排放影响因素分解为人口、人均GDP、单位GDP能耗、单位能源碳排放这四个因素，各因素在碳排放总量变化中的贡献如表4-1所示。从1995-2016年，北京市常住人口增长了73.67%，人均GDP增长了3.52倍，除极少数年份外，人口和GDP增长始终是北京市碳排放增长的主要驱动力。同一期间，北京市单位GDP能耗下降了74.91%，成为驱动碳排放减排的主要因子。值得关注的是，虽然北京市能源结构发生了重大变化，煤炭占比不断下降，但由于外购电力（主要是煤电）的不断增长，能源结构的低碳化趋势并不是十分明显，1995—2016年，单位能源的碳排放变化并不明显。

表4-1　北京市碳排放变化的因素分解　　　　　单位：万吨CO_2

时间	碳排放变化量	人口贡献	人均GDP贡献	能耗强度贡献	能源密度贡献
1995-1996	454.10	54.75	883.59	-479.79	-4.45
1996-1997	-84.60	-131.43	922.97	-826.30	-49.84
1997-1998	138.90	38.27	786.68	-624.32	-61.73

（续表）

时间	碳排放变化量	人口贡献	人均GDP贡献	能耗强度贡献	能源密度贡献
1998–1999	−165.60	78.61	698.74	−560.79	−382.16
1999–2000	583.40	705.66	200.81	−394.05	70.98
2000–2001	1616.90	152.80	954.10	−908.12	1418.13
2001–2002	−324.70	283.15	880.75	−665.51	−823.09
2002–2003	1203.40	250.52	961.25	−704.38	696.01
2003–2004	1080.20	295.64	968.39	−57.22	−126.61
2004–2005	870.50	388.27	1347.55	−1964.74	1099.42
2005–2006	539.40	549.80	1038.89	−672.20	−377.09
2006–2007	779.30	657.09	1071.65	−831.25	−118.19
2007–2008	168.20	817.64	1177.45	−1896.08	69.20
2008–2009	446.40	742.17	562.25	−733.53	−124.48
2009–2010	1594.00	861.10	677.64	−622.41	677.67
2010–2011	−559.80	475.03	823.58	−1199.80	−658.61
2011–2012	591.50	413.99	870.40	−854.83	161.94
2012–2013	−936.20	359.17	865.81	−827.78	−1333.40
2013–2014	−134.70	275.72	865.28	−887.96	−387.74
2014–2015	−611.10	136.50	904.91	−992.59	−659.92
2015–2016	429.60	17.15	1003.75	−775.78	184.48

　　为了更好地显示各驱动因素在碳排放变动中的贡献，将1995—2015年分为4个时期进行分析。这四个时期代表了"九五"到"十二五"四个五年规划。从五年规划的角度来分析碳排放变动，在地方政府的政策实际中更具参考意义。可以看出，能耗强度是促进碳排放减少的主要因素，但能源结构的变动对于碳排放峰值的实现至关重要。我国政府高度重视节能工作，在多个五年规划中均提出了明确的单位GDP能耗下降目标，"十一五"以来更是作为一项约束性指标。从全国各地的实践来看，单位GDP能耗持续下降已经成为常态。

在这种情况下，能源结构低碳化就显得尤为重要。从北京来看，"九五"和"十二五"是碳排放增长较慢或者下降的时期，这两个期间能源结构都呈现出低碳化趋势，是碳排放减少的驱动因素；相反在"十五"和"十一五"时期碳排放快速增长的十年中，能源结构并未得到实质性改观。"十二五"期间，由于煤炭总量的快速下降，北京市单位能源碳排放下降了16.22%，为碳排放峰值的实现发挥了重要作用。

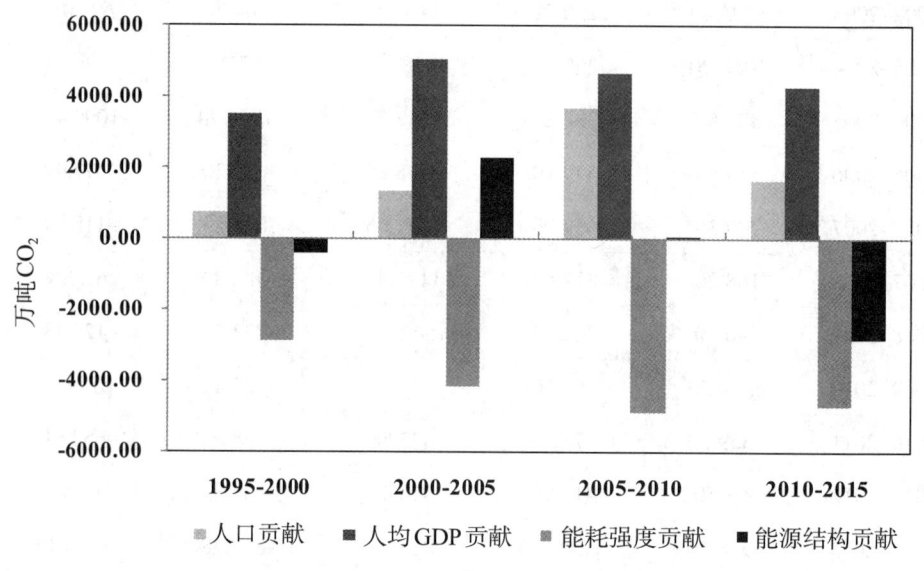

图4-5 不同驱动因素对碳排放的贡献

（1）经济转型是碳排放达峰的基本条件

经济转型既包含增长速度的放缓，也包括增长质量的提高。经济转型对碳排放达峰的影响既表现在人均GDP这一驱动力上，也表现在单位GDP能耗下降上。从增速上来看，2007年达到最高水平14.4%，之后开始缓慢下降，"十二五"以来一直保持在6.8%~8.1%的水平。增长速度的放缓为碳排放达峰创造了基础性条件。从增长质量上来看，1995年以来，北京市第二产业占比持续下降，由1995年的23.68%下降到2016年的19.26%；第三产业占比持续上升，由1995年的52.52%上升到2016年的80.23%。产业结构的调整成为单位GDP能耗下降的重要驱动因素。

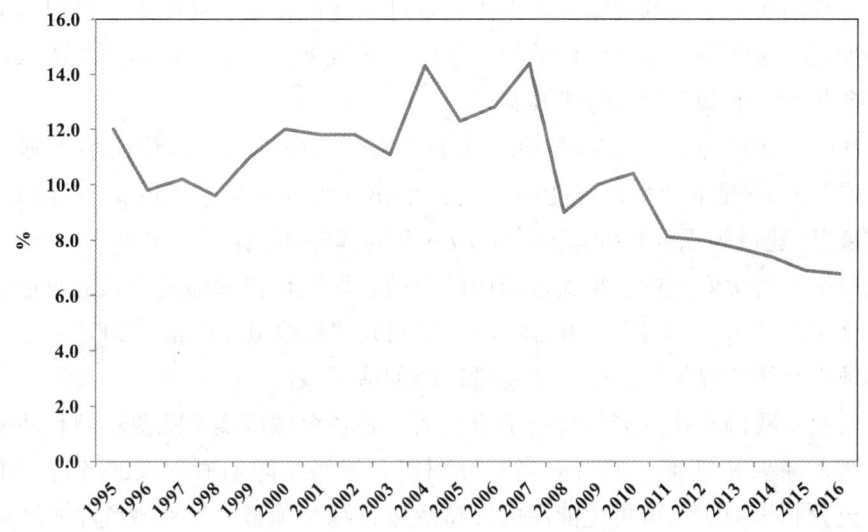

图4-6　1995—2016年北京市经济增长速度

北京市经济转型并非一日之功。1983年批复的第五版《北京城市建设总体规划方案（草案）》开始，就已经明确提出"重工业基本不再发展"的城市发展战略。从2005年批复的第七版《北京城市总体规划（2004—2020年）》开始，经济中心逐渐淡出北京市的核心发展目标。2017年批复的最新版《北京市城市总体规划（2016—2035年）》，更是成为国内第一个减量化发展规划。在一系列城市总规的指引下，北京印染厂、首都钢铁厂、北京焦化厂、北京化工厂等一大批高能耗企业分别被关停或搬迁，为以中关村科技园为代表的的高精尖产业创造了更多的发展空间。

党的十九大报告明确指出，"我国经济已由高速增长阶段转向高质量发展阶段，正处在转变发展方式、优化经济结构、转换增长动力的攻关期，……必须坚持质量第一、效益优先，以供给侧结构性改革为主线，推动经济发展质量变革……""2020—2030年，越来越多的城市，特别是经济发展水平较高的城市将履行其峰值承诺。城市应以十九大精神为指导，持续推动经济增长方式的转变，通过适当下调GDP增长预期、协调好经济增长与环境之间的关系，为碳排放峰值的实现和生态文明体系的建立奠定基础。

（2）能源与环境协同治理是碳排放达峰的核心措施

从发达国家以及北京市的达峰经验来看，很少有国家或城市单纯地为了碳排放达峰而制定专门的政策。将碳排放管理与能源转型、环境综合治理等事务协同治理，是实现碳排放峰值的核心措施。客观来看，北京市碳排放达峰，是20多年来大气污染治理的重要成果。

1998—2017年，北京市连续印发了十六个阶段性大气污染防治措施以及清洁空气行动五年计划，将能源结构转型作为大气污染控制的核心行动。以"无煤区"建设为重点，北京对中心城区几万座燃煤大灶、茶炉和锅炉进行了清洁改造，集中供热中心覆盖区域内的分散燃煤锅炉被逐渐关停，工业企业燃煤设施于2017年"清零"，20万农户逐步完成"煤改电"改造。2005年，北京市实现煤炭排放峰值，为碳排放总量达峰创造了条件。

目前，我国正在开展污染防治攻坚战，是各个城市实现能源转型和环境综合治理的重要机遇期。城市应当充分利用大气污染防治所形成的各种政策工具，充分利用国家对可再生能源的支持政策，综合施策，推动城市能源结构的转型，率先推动煤炭消费达峰。通过煤炭消费的下降和光伏、风电等可再生能源的增长，促进能源体系的低碳化。

（3）政策执行机制是碳排放达峰的根本保障

实现碳排放峰值是一项长期任务，政策机制应当持之以恒。以北京市控煤政策为例，尽管1998年就已经制定了煤炭减量化措施，并在最初的几年实现了总量下降，但在2000—2005年，也就是"十五"时期又开始反弹。这与"十五"期间能源与环境政策的放松是分不开的。从能源管理的角度上来看，"十五"时期是唯一一个在五年规划中未提出明确节能目标的时期；从经济增长的角度上来看，这一时期是经济增速最高的一段时期。能源管理的松懈与经济的过快增长，使较为平稳的碳排放开始快速增长，错过了尽早达峰的窗口期。

当前，我国许多城市已经进入碳排放达峰的窗口期，保持政策的定力对于碳排放峰值的实现尤为重要。日益严格的大气污染防治压力并不能从根本上改变地方政府对经济增速的热衷，很多地区往往是低碳产业与高碳产业同时发展，极大地制约了低碳效应的发挥。城市应充分认识到经济增长方式、建设生态文明的重要意义，将其作为一项长期的战略任务，在各类产业政策中长期坚持。

（4）应尽早实施消费行为引导

尽管北京市碳排放已经达峰，但建筑、交通等消费领域的排放正成为制约碳排放持续下降的重要因素。与工业相比，生活领域相关的碳排放更为复杂，存在地域广、人口多、地点分散等特征，生活领域的减碳存在更大的难度。生活领域的碳排放与消费行为密切相关，而消费行为一旦形成，其改变就非常困难。对于大量未实现碳排放的城市来说，尽管工业领域是碳排放达峰的关键部门，但尽早实施消费行为引导非常重要。通过消费行为引导，可以放缓生活领域碳排放的增速，为碳排放尽早达峰创造空间。更重要的是，通过消费行为引导，可以避免锁定效应，为达峰后碳排放的持续下降奠定基础。

4.1.6　结论

2015年北京市提出了2020年实现碳排放峰值的战略目标。事实上，从能源燃烧相关的二氧化碳排放来看，北京市在2010年已经达峰。北京市碳排放达峰的路径可以归结为以下几个方面：① 人均碳排放峰值出现在2007年，早于碳排放总量达峰时间；② 人均GDP与人均碳排放呈现出明显的倒U型关系。实现人均碳排放峰值时的人均GDP约6.28万元（2000年不变价），人均碳排放8.8吨。③ 工业部门碳排放峰值出现在2004年，早于碳排放总量达峰。2012年以来，交通部门是北京市碳排放增长的唯一部门。④ 煤炭产生的碳排放在2005年达到峰值，早于碳排放总量的达峰时间。从因素分解来看，人口和GDP增长始终是北京市碳排放增长的主要驱动力。能耗强度是促进碳排放减少的主要因素，但能源结构的变动对于碳排放峰值的实现至关重要。持之以恒地推动经济转型、实施能源与环境协同治理是北京市碳排放达峰过程中总结出来的政策经验。

2020—2030年，是我国大多数城市实现碳排放峰值的重要时期。北京市作为我国的首都，在各类资源方面具有其他区域无法比拟的优势，但从碳排放的达峰的路径上来看，其发展经验对于计划在下一个十年实现峰值的城市来说，依然具有较大的参考价值。各个城市可以借鉴北京市的经验，绕过发展中的一些弯路，更好地设计碳排放达峰路径。

4.2　行业角度——武汉市低碳交通发展[①]

武汉市是我国中部和长江中游重要的交通枢纽城市。武汉市低碳交通的

---

① 刘天乐对此部分亦有贡献。

发展得益于以下几方面措施：重视交通规划的作用、争取了多个国家层面交通试点、多层次推进交通系统的优化、发展智慧交通系统、实施差别化的交通管制政策以及鼓励公共交通和慢行交通。行业低碳发展也存在一些问题，比如路网结构不合理；基础设施不完善以及出行效率偏低。主要是由于城市发展不注重质量、缺少系统化、精细化的规划和管理、节能减排不是行业主管部门的工作重点等造成的。针对上述问题，可以在以下几个方面改进：精细化管理城市交通体系；完善区域和部门协调合作机制；改进部门行动计划并建立节能评价制度。

武汉是我国中部以及长江中游的中心城市，人口过千万，地区生产总值超过万亿，是集铁路、公路、水运、航空于一体的交通枢纽城市。武汉市正处于交通机动化快速发展期，初步完成了大规模的城市基础设施建设，构建了由综合交通枢纽、快速路和轨道交通为骨干的城市骨架交通系统，基本满足了市民多样化的交通出行需求。武汉能源需求总量将继续增加，低碳转型成为城市发展的必然选择。交通行业是今后城市控制碳排放的关键领域之一，要通过适当的政策引导交通的低碳发展，避免其陷入北京等城市"拥堵—治理—拥堵"的恶性循环。

4.2.1　武汉交通发展的现状和低碳措施

当前武汉市城镇化率已经达到了80%左右，经济发展带动了家庭收入的增加，2018年人均GDP达到13.5万元[①]。家庭年收入的增加促进了武汉私家车保有量逐年上升，大约每户拥有一辆车。与同等规模城市比，武汉市私家车总量较低，但是按趋势看其总量还会继续上升，并且构成了交通用能和碳排放的绝对主力。在2007—2016年，私家车碳排放从128.6万吨增长到了676.5万吨；占同期综合交通碳排放的48%和79%。

武汉专门制定了交通发展的总体战略规划，设定了"构建以公共交通为主导的综合交通运输体系，引导城市空间结构调整和功能布局优化，实现各种交通方式高效衔接、安全便捷、公平有序、低耗高效、舒适环保；促进区域交通、城乡交通协调发展，将武汉建成为国家级综合交通枢纽城市"的发展目

---

① 　来自2018年武汉市国民经济和社会发展统计公报。

标。交通低碳发展方面也取得了一定的效果，比如"十二五"期间，使用天然气等清洁能源的出租车比例提升到90%以上；公交出行的分担率达46.2%（不包含步行出行）并累计推广10539辆新能源汽车。

尽管武汉交通低碳发展战略的初衷是为了服务于出行或运输的舒适度或便利度，但是这些措施有效地控制了能源消费以及碳排放：

（1）重视交通规划对城市发展的引导

武汉市重视交通发展战略和相关规划的编制工作，颁布了《武汉市综合交通规划（2009—2020年）》《武汉市城市轨道交通近期建设规划（2010—2017年）》《武汉城市总体规划（2010—2020年）》等，有效指导了城市交通发展，调节了职住不平衡的矛盾。以《武汉市城市总体规划（2016—2030年）》为例，它围绕国家中心城市建设，提出了"竞争力提升、空间格局优化、枢纽城市打造、文化魅力彰显、宜居城市建设"的要求。实际上，武汉市早在2015年就意识到要"让城市安静下来"，政府转变了城市管理的理念，希望减少交通拥堵及施工带来的噪音，其中一个措施就是要借助规划引导武汉市交通的健康有序、绿色低碳发展。

（2）争取多个交通领域的国家级试点

除国家低碳城市试点外，武汉市先后申请了新能源汽车试点城市、综合运输服务示范城市、"公交都市"建设示范城市、全国综合交通枢纽示范城市、现代物流创新发展试点城市和中国快递示范城市等，并依托试点方案，推进具体领域的低碳工作。比如为配合全国节能与新能源汽车示范推广试点城市以及新能源汽车充电示范站和推广点，武汉市先后颁布了《关于鼓励新能源汽车推广应用示范若干政策的通知》以及《新能源汽车推广应用地方财政补贴资金实施细则》。《武汉市碳排放达峰行动计划（2017–2022年）》提出，到2022年，武汉将基本形成覆盖三镇、通达新城的轨道交通网络体系，计划推广近4万辆新能源汽车，建成150个以上集中式充换电站以及7万根以上的充电桩。

另外，武汉市于2014年加入C40全球城市气候领导联盟，随后签订了"气候适应性城市建设合作协议"。其中，交通行业是控制碳排放、应对气候变化的重要领域。2017年"未来的城市低碳交通国际论坛——第二届C40城市可持续发展论坛（中国武汉）"在武汉召开，来自全球12个国家的城市积极为武汉打造低碳智慧交通样板建言献策。

（3）打造智慧交通系统，引导绿色出行

首先，武汉要建立"国际交通中心""绿色出行楷模"为核心的综合交通体系，提出要建设"轨道+慢行"为主导的"442"交通出行结构（公交以及轨道出行比例40%、慢行出行比例40%、小汽车出行比例20%以内）。在规划编制的时候和手机大数据相结合，优化道路骨架网络，完善微循环支路系统。建设智慧公交系统、开展公共交通车载硬件设备整合示范，提升公交数据的采集能力。收集诸如公共交通车辆在站的集散人数等指标信息，进而促进动态运营调度、车辆到站时间预测以及车辆拥挤度信息的动态发布等，方便乘客选择出行时间、更舒适的出行方式。其次，武汉获得了世界银行贷款的支持，实施了武汉智能交通示范项目。该项目对武汉城市交通管理软实力的提高起到了重要作用。项目主要通过城市交通信息化建设，将物联网用于交通安全设施，为交通管理提供决策支持。电子化的交通标志使道路交通安全设施实现了可视、可感、可控，具体包括：全生命周期的交通设施信息化管理、对突发事件等及时发现和处理、为临时交通管制提前预警以及为地图导航和交通指挥提供数据支撑等。另外，武汉市对路边停车位编号并展开智能化系统监测，同时减少了停车位数量、加大了执法力度，有效的控制了私家车出行量。

（4）实施差别化的交通管制政策

武汉结合区域特点以及人口特征等，因地制宜地采取了差异化的交通管制政策。主要包括：① 交通设施建设差别化。按照武汉城市总体规划，依据不同的交通需求和出行特征划分为中央活动区、滨江活动区、主城居住组团、新城组群四个区域，分别施以不同的交通设施建设和交通管理措施；② 过江费差别化。武汉市在"六桥一隧"启用ETC，按次征收车辆通行费，实施差别化的过江收费政策，采取了中心区高收费、过江通道高峰高收费等方式，以调整和均衡过江的车流量；③ 停车费差别化。二环以内"停车泊位适度从紧，停车配建指标较低"、二环以外"停车泊位充分供给，停车配建指标较高"。在城市中心区，特别是行政办公区以及商业区停车矛盾突出的区域，实施较高停车费；区域以外，停车收费施行较低标准；④ 公共交通票价差异化。为提高公共交通的吸引力，对于老年人、残疾人、军人、伤残警察等特殊群体实行免费乘车（船）等政策。

（5）优先发展公共交通并鼓励慢行交通

武汉积极完善轨道交通等公共交通方式，制定了优先发展公共交通的政策

和文件。为此，武汉市出台了《市人民政府办公厅关于优先发展城市公共交通的意见》《武汉市城市公共客运交通管理条例》《关于加快武汉市轨道交通建设的若干意见》等政策。明确了要加大财政补贴力度、制定公共交通鼓励政策、推进公交企业改革、优化轨道交通等。具体措施包括：设计了公交APP和电子站牌；安装了公交车GPS系统；淘汰了全部黄标公交车；将80%~90%的传统公交车辆替换为新能源汽车；对新能源汽车给补助；纯电动汽车不收过桥费；新能源汽车不限号等。为鼓励公交出行，政府还给公交公司财政补助，支持市民常规公交90分钟之内一次换乘免费。

武汉市60周岁以上的老龄人口已占总人口的近20%，老龄化程度高，未来城市对慢行生活和慢行交通的需求将增加。武汉市积极规划绿道系统，比如东湖绿道是国内最长的5A级城市核心区环湖绿道，被联合国人居署列为"改善中国城市公共空间示范项目"，为市民的"慢享生活"起到了较好的带动作用。

4.2.2　武汉低碳交通发展存在的问题

整体看，武汉市交通方面的突出问题主要在于路网结构不均；基础设施不完善以及出行效率偏低，这些都造成了不必要的能源消耗和碳排放。具体来说，受江河、山体、单位大院、铁路等限制和分隔，武汉城市道路格局存在路网分布不均的问题，例如武昌和汉阳居民为方便通勤更倾向于选择私家车出行。城市开发过程中倾向大型的路网建设，忽视小区域的道路微循环。单体交通发展过于强势、盲目扩张、缺少衔接和合作；公交、轨道交通、自行车等缺少优化、接驳。交通服务设施不够的问题也比较突出，比如停车设施、交通指示系统、立体过街设施和慢行生活道路供给不足。另外，道路新建、翻修等多项工程同时进行、私家车侵占公交专用道等问题突出。

上述现象主要有以下几个方面的因素导致：

（1）城市面积扩张导致出行需求增加

和其他城市类似，武汉同样存在城市低密度蔓延的情况。尽管城市总面积变化不大，但是核心区面积向外扩张情况严重，"土地城镇化"快于"人的城镇化"，促进了交通总的需求量不断扩大。上述情况根本还是由于土地财政等制度因素造成；从行业管理角度看，主要是由于城市管理不够精细化而引发的不必要的能源需求。比如，交通基础设施和管理服务供应不足；规划中并没有考虑居民出行的便利、绿色、低碳；过于强调发展轨道交通和公共交通的数量、里程，并没有突出质量；缺少应用先进的管理理论以及技术，比如路网监测、线路优化等技术等。

（2）节能减排不是主管部门的主要工作内容

《关于印发武汉市低碳城市试点工作方案的通知》提出交通运输委（以下简称"交委"）是主要的责任部门。但是，它主要负责交通行业的规划、优化、管理等，并不直接负责节能和低碳。交委推动力度比较大的方面仅限于清洁能源出租车、公交车等；难以管控私家车和货车的用能状况。而武汉市发展改革委员会更多的负责能源统计、监测、核算等。武汉市发展改革委设立了低碳城市试点工作领导小组，负责制定低碳相关的战略和政策，但是该小组主要起协调作用，也不直接负责减排和低碳发展的具体事务性工作。另外，武汉市交委无权管理区域内全国性的铁路中心、高速路枢纽等的节能工作。

（3）地方政府利己思维不利于低碳发展

地方政府以获得竞争优势为目标，其政策制定的出发点更多的是服务于自身利益，经常忽视多方合作与协调，导致生产效率低下、资源浪费等，造成了高的碳排放。比如，地方为了低碳城市发展目标，不考虑新能源车的实际保有量，盲目修建新能源充电桩，将带来能源浪费。另外，武汉市和同级别的城市以及长江沿线一些城市存在争夺资源和市场的情况，城市间较难统筹，容易出现基础设施的重复建设等问题。原先武汉城市圈"8+1"的协调机制执行力度不够并且规划机制形同虚设；长江经济带战略下新的区域协调机制还有待建立。

4.2.3 武汉市交通低碳发展的建议

（1）精细化管理城市交通体系

武汉市需要继续优化交通行业发展规划以及城市空间布局，并增设资源环境、节能、低碳相关的约束性指标。重视交通用能管理以及先进技术的应用，在大数据和智慧交通基础上精细化管理城市。实行私家车总量控制政策，可以考虑限购或者限行。鼓励公共交通和慢行交通，提高公共出行的舒适程度，减少市民对私家车的需求。提高交通微循环的质量，推进高铁、地铁以及公共交通之间的合作和接驳。

（2）完善区域和部门协调合作机制

长江经济带发展战略下，武汉有必要以沿线高铁为中心和其他城市构建区域间的合作机制，促进城市之间错位竞争、协调发展，避免竞争过度、资源浪费等情况。构建部门之间的协调统筹机制。武汉市交委的权限仅限于公路、轨道等，对铁路、高速路等并无管理权。交委在项目执行中地位比较弱、话语权不强，要通过更高层面力量的介入才能在重大项目规划中保障公交优先以及低碳理念落实。对应权责要明确写入低碳城市交通规划中，并以地方立法等形式肯定。

（3）改进部门行动计划并建立节能评价制度

现阶段交通节能工作更多地依赖于部门领导的主观能动性。将节能、低碳纳入主管部门行动计划中，明确和其他部门之间的协调、配合关系，特别是要理顺交委和发展改革委在节能和低碳方面的权责差异。完善节能减排的统计、监测、评价和考核制度，将低碳交通发展目标纳入武汉市国民经济发展规划的约束指标中，将节能工作绩效纳入领导干部考核体系。

4.3　技术角度——加强低碳技术知识产权布局

4.3.1　低碳技术与全球气候治理、经济贸易关系

（1）低碳技术及其气候治理作用

产业结构调整、能源结构调整和低碳技术都可以实现二氧化碳减排目标，其中低碳技术是最根本的解决途径。低碳技术是指为实现低碳经济而采取的技术，涉及电力、交通、建筑、冶金、化工、石化等部门，它的发展将直接影响国民经济。以国际能源署（International Energy Agency, IEA）为代表的多个权威机构已经做了大量工作。IEA将低碳技术划分为具体的10类技术，并详细指出了各个国家在低碳技术方面的研发投入情况。低碳技术可系统性的分为三类：第一，清洁能源技术——源头控制的"无碳技术"，具有无碳排放的特征，是对化石能源的彻底取代。主要包括风力发电技术、太阳能发电技术、水力发电技术、生物质燃料技术、核能技术等。第二，节能技术——过程控制的"减碳技术"，是指实现生产消费使用过程的低碳，达到高效能、低排放。主要包括超燃烧系统技术、高效发光技术、高效节能型建筑技术、天然气发电技术等。第三，碳排放降低技术——末端的"去碳技术"，比较典型的就是二氧化碳捕获。低碳技术开发与转让是全球气候治理的基础和关键。

很多研究结果表明，低碳技术转移对降低发展中国家的碳减排成本具有显著地促进作用。《联合国气候变化框架公约》和《京都议定书》都明确规定了发达国家有责任和义务向发展中国家转让环境有益技术，并且是发展中国家履行减排承诺的先决条件。

（2）低碳技术对经济的影响

低碳技术涉及巨大的经济利益，备受国际关注。全球气候博弈的本质是各个国家的既得利益维护与潜在利益和成本的比较分析，包含减排任务的承担成本和在减排过程中由低碳技术带来的经济利益分摊。低碳技术发展引起国际博弈的重要原因在于，低碳技术的大量推广将不可避免地带来制造业的巨变。低碳技术相关联的产业链也会受到冲击，这些变化将通过投入产出关系影响到整个国家的经济面貌，并最终导致全球经济新格局的出现。由于全球低碳技术的分布并不均匀，在全球 CO_2 减排的目标下，极有可能会开启新一轮的世界财富瓜分。全球的贫富差距可能就此增大。Kahn 以经济学视角分析气候变化的地缘政治问题，认为全球资本将引领企业乃至国家发展低碳技术以解决气候变化问题，中国企业大力发展风能和太阳能就是鲜明例证。气候变化是影响地缘政治的最活跃的因素，而以新能源为核心的低碳技术成为地缘政治影响力和权力转移的关键因素。何建坤等指出了全球低碳潮流表现为绿色复苏，将长期推动新的全球竞争格局，具体表现为激烈的国际政治、经济、技术、贸易和金融等方面的竞争。以太阳能行业为例，从专利申请趋势可以判断太阳能产业已经在全球形成较为成熟的生产体系，国际市场已经形成。在低碳经济理念下，发展以太阳能为代表的低碳能源技术已经成为全球热门，全球走低碳经济发展路线的潮流已经形成，很难逆转。且美国，无论在太阳能技术申请的数量还是质量上都具有优势。因此，即使美国退出《巴黎协定》，也并未影响技术发展。太阳能技术将随着碳中和目标的提出以及美国重返《巴黎协定》而得到更多支持。

即便不考虑温室气体减排问题，低碳技术仍然是一种有益于环境治理的生产技术。并且由于更高的能源效率，生产成本也将更低，产品竞争力也更强。因此，低碳技术对发展中国家的气候治理及经济发展都有利。发展中国家虽然可以通过自主研发以发展和更新低碳能源技术，但这依赖于研发基础和研发投入，低碳技术研发同样也需要成本，包括资金成本和时间成本。因此，引入低碳技术无疑是发展中国家解决温室气体减排的重要选择。

（3）低碳技术转移的困境

为实现低碳技术转移机制，国际上提供了一些相关的机制。《京都议定书》提出了CDM机制，即发达国家通过包括技术转移在内的项目合作方式在发展中国家实现温室气体减排，然后购买其减少的温室气体排放量作为本国的减排量。之后，《哥本哈根协定》提出要建立技术机制以加速技术开发和转让。《巴厘行动计划》进一步明确了技术转移与减缓、适应及资金一起构成的气候进程四要素。2010年通过的《坎昆协议》建立了新的技术机制，包括技术执行委员会（TEC）和气候技术中心与网络（CTCN）两个机构，以解决低碳技术转移过程中的技术机制问题，如技术需求以及技术转让制度和政策等问题。在最近的巴黎会议和波恩会议上，技术转移问题仍然是会议讨论的重点问题，然而并没有实质性进展。

CDM是低碳技术转移中最重要的机制，但其低碳技术转移的执行效果并不理想。执行的实际情况是发达国家往往只通过森林碳汇以及水电站等方式开展CDM，真正的低碳技术却很少转移。陈晓燕在梳理低碳技术转移机制时，认为CDM设计的初衷是促进各国实现减排目标，而不是促进低碳技术的国际转移，因此造成了低碳技术转移效率低下。换言之，发达国家企业追求商业利益最大化的目标与低碳技术无偿向发展中国家转移是相悖的。

实际上，发达国家和发展中国家在低碳技术转移事宜上都各执一词。从温室气体减排责任划分角度看，发达国家强调的是发展中国家作为温室气体排放主体，应该承担更多的减排责任，并进口低碳技术；而发展中国家强调的是发达国家应该无偿的转让低碳技术，以承担温室气体的历史排放责任。从技术转移的技术壁垒角度看，知识产权是低碳技术转移机制中发展中国家和发达国家对立分歧最严重的议题。Ockwell Haum等指出，关于低碳技术的专利保护和为应对气候变化而向发展中国家转移低碳技术是一组矛盾。发展中国家强调应通过强制许可、联合研发与知识产权共享、技术基金补贴知识产权购买成本等方式减少知识产权对国际技术转让的负面影响。发达国家否认知识产权是技术转让的障碍，认为强有力的知识产权保护制度为激励发达国家企业向发展中国家转让技术提供了制度保障。

由此可见，虽然低碳技术对应对气候变化极其重要，国际相关组织上也一直在努力推动低碳技术转移。但出于经济利益的原因，发达国家严重延缓低碳技术转移承诺。这也造成了发展中国家温室气体排放量大，却无法通过发达国家的技术转移实现全球温室气体减排的困局。全球在气候变化问题上的博弈主要集中在低碳能源技术。发展中国家致力于积极跟进低碳能源技术变化，提高能源效率，降低环境污染，并获得相应的融资。发达国家积极力推发展中国家减排，在减缓气候变化的同时，助推低碳产业发展，借助技术优势促进经济发展。

4.3.2　我国低碳技术产业发展及其问题

低碳技术对我国气候治理，环境治理以及经济发展都具有积极意义，但在低碳技术的全球经济博弈格局中，通过技术转移实现我国低碳技术发展的途径受到限制，尤其是在当前发达国家贸易保护主义的思潮下，我国应该注重低碳技术的自主研发。早在"十二五"期间，科技部研究并制定了《节能减排与低碳技术成果转化推广清单》，以促进低碳技术的推广应用；国家发改委公布的第四批《国家重点节能技术推广目录》中，确定了涉及煤炭、电力、钢铁等行业的22项节能技术为国家重点节能技术推广项目；工信部编制完成了钢铁、石化、有色等11个重点行业节能减排先进适用技术目录、应用案例和技术指南，产业化推广重大节能技术共计30余项。

目前，我国在核能发电等低碳技术领域形成了一定的优势，获得了国内自主知识产权和共有国际市场知识产权，并实现了一定的产业化目标。在太阳能产品和生产装备制造、风力发电机组及零部件制造、太阳能光伏发电运营维护几个产业上，中国的专利申请量均已突破了1万件。同时，中国还实施了重大科技示范工程，以煤层气开发利用、油气资源高效开发、高效清洁发电、智能电网等技术领域为重点，促进科技成果尽快转化为生产力。在"十三五"规划中，我国提出要将低碳发展作为新常态下经济提质增效的重要动力，推动产业结构转型升级，运用高新技术和先进适用技术改造传统产业，延伸产业链、提高附加值，提升企业低碳竞争力。并且加快发展绿色低碳产业，打造绿色低碳供应链，积极发展战略性新兴产业，大力发展服务业。

总体来看，我国低碳技术产业发展模式仍有不足。从专利申请权利人看，在全球太阳能技术领域中企业是技术创新的主体。日本拥有最多的掌握太阳能技术专利的高产专利权人；美国申请的太阳能核心专利最多，以3家公司排名全球太阳能核心专利权人榜首；法国在太阳能技术领域同样具备明显的研发优势，尤其是道达尔公司拥有最多的有效专利和核心专利。相比之下，中国太阳能技术领域的研发以高校和科研机构为主，尽管产学研三位一体的合作模式产生了较为明显的积极效果，但尚未形成以企业为主导的创新格局，从而在全球竞争中缺乏技术创新优势。

另外，从知识产权布局看，我国低碳技术发展已经处于劣势。从专利技术布局看，亚太地区是全球太阳能领域技术布局的主战场，美国、日本、韩国和法国的专利家族都在中国布局了除本国之外最多的专利量。其中美国和日本的专利国际化战略明显，分别以源于本土50%和30%的专利技术发明在全球进行了广泛布局，且在中国市场掌握多数核心专利技术，对我国发展低碳技术和专利申请形成了压力。而目前我国基础原创型的核心专利数量相对比较少，缺乏知识产权的竞争优势这也成为我国发展低碳技术的一大障碍。

在低碳经济环境下，发展低碳技术是国际贸易竞争的战略焦点。从低碳技术市场的角度看，这也是一项新的国际贸易对象，它涉及研发、技术转移及交易，其背后牵涉的国家和行业也十分广泛。可以说，它正在改变全球的贸易格局。而低碳能源技术，正是破解资源环境污染以及气候变化的利器。面对严峻的挑战与复杂的形式，我国需要努力在低碳技术的产业提升战略上合理布局，以迎合低碳经济时代的发展诉求。

4.3.3　总结与建议

在全球应对气候变化的形势下，我国面临着较大的减排压力。而此时积极发展低碳技术，无疑可以提高我国的能源使用效率、减少碳排放并且实现环境治理的积极目标。结合低碳技术在全球气候治理中的作用及国际发展形势而言，当前我国更加需要通过低碳能源技术来参与全球气候治理，并且在由低碳技术引起的相应产业结构调整、国际贸易规则重塑乃至全球竞争格局中处于有利位置。

虽然近年来我国陆续出台了多项政策鼓励发展低碳经济，支持自主研发，推动我国低碳技术产业进入了快速发展期，但目前在核心技术方面我们仍缺乏竞争优势。主要表现为在知识产权方面处于被动，特别是本土专利在全球布局的情况不容乐观。尤为重要的是，中国的基础型、原创型、高价值的核心专利比较少，面对日趋激烈的国际竞争和气候变化等全球性挑战，本土研发机构仍然缺乏国际竞争力。

我国政府需要在低碳技术的发展战略上进行长远布局，科学合理地制定以通过低碳技术为途径实现减排目的、进而在相应的经济领域拥有话语权的长期规划；在低碳技术产业发展模式上，提升产学研的合力效用；同时加强企业的研发参与，形成以企业为主导的创新格局；结合当前开展低碳技术的不利因素，我国尤其需要重视知识产权的深刻意义，进一步提升专利的质量并积极实施专利国际化战略，努力突破专利优势国带来的围锁压力，全力向核心技术高地进军，逐步向国际市场渗透。此外，也需防止我国在由低碳技术发展引起的国际贸易的冲突中出现不良影响，并提前思考应对策略。

4.4 社区角度——北京市民安社区

4.4.1 低碳社区的基本情况

家庭和社区在未来低碳时代会扮演更重要的角色。虽然气候变化是全球性的，但是与地方和社区尺度内的个人以及家庭活动也是密不可分的。应对气候变化的一个重要方面就是生活方式的改变，从消费侧进行能源革命。

低碳社区指社区内将所有活动的碳排放降到最低，并且通过生态化等达到零排放的目标。全球知名低碳社区包括英国的贝丁顿、德国的弗班和瑞典的维克舍。这些社区有计划的以低碳或者可持续发展的理念来改变居民的行为模式，在不影响居民舒适度的前提下，采用新能源、节能技术、材料等，最终降低能源消耗和减少二氧化碳排放。

2004年，国务院提出了"绿色社区"的理念，成为文明城市考核的重要内容。2014年，国家发改委为落实《"十二五"控制温室气体排放工作方案》要求在全国范围内开展低碳社区建设，这是低碳城市建设的重要组成部分。"低碳社区"是指通过构建气候友好的自然环境、房屋建筑、基础设施、生活方式和管理模式，降低能源资源消耗，实现低碳排放的城乡社区。到"十二五"末，国家发改委要求在全国建设1000个左右的低碳社区，并且将择优建设一批国家级低碳示范社区。通知要求低碳社区建设主要应该围绕6个方面：以低碳理念统领社区建设全过程，将社区碳排放指标纳入社区规划和建设指标体系；培育低碳文化和低碳生活方式，普及低碳知识、引导居民树立生态文明理念；探索推行低碳化运营管理模式，使试点社区公交分担率达60%以上，非传统水源利用率达40%以上，垃圾分类收集率达30%以上、资源化利用率达到50%

以上；推广节能建筑和绿色建筑，新建住房应全部达到绿色建筑标准，既有建筑也要进行低碳化改造；建设高效低碳的基础设施，大力发展低碳公共交通工具等；营造优美宜居的社区环境，建设适合本地气候特色的自然生态系统。

为了配合低碳社区建设，2015年2月，国家发改委颁布了《低碳社区试点建设指南》，指出了低碳社区试点的基本要求和组织开展的形式。要求在城市新建社区、城市既有社区和农村社区开展试点，解释了每类社区试点的选取要求、建设目标、建设内容及建设标准。并且把这一试点开展的情况，纳入了对各个省和市碳强度下降目标责任考核体系，计划选择一批示范效果特别突出的社区，授予"国家低碳示范社区"称号。

2014年2月7日，北京市发展改革委印发了《关于组织申报低碳社区试点建设的通知》。随后，北京市在东城民安社区、西城丰汇园社区、朝阳泛海国际南社区、昌平新龙城社区、房山加州水郡社区5个社区开展了低碳社区的创建工作，主要考虑这几个社区的发展基础条件好、改造潜力较大、创建思路明确、创建积极性高。五个社区一共2.2万户，6.4万人，通过创建活动，预计每人每年可以减少0.7吨的二氧化碳排放，每年可减少4.5万吨二氧化碳排放。

4.4.2 民安社区的基本做法

下面以北京东城区民安社区为例，介绍实践过程中如何开展了低碳社区建设。

民安社区地处东城区北新桥街道东北角，辖区面积0.4平方千米，社区办公及居民活动场地660平方米，居民楼22栋。常住户数3452户，常住人口8425人，流动人口3831人、社区志愿者1113人。民安社区低碳社区建设始于2006年，2011年以后开始全面推广智能化低碳社区建设。

该社区在"2014年度低碳中国行优秀低碳案例"活动中，被北京市发改委推荐为优秀低碳社区；社区的党委书记、居委会主任吴治民被推荐为优秀低碳人物；社区也在北京市低碳社区试点申报工作中入选低碳社区试点名单。

社区设立了以下目标：全部厨余垃圾实现资源化就地处理，人均用水量低于全北京平均3立方米/月，人均用电量低于北京市60度/月，社区居民低碳出行率高于北京平均40%，人均绿化达到5平方米，污水处理和中水利用率达到90%以上，初步实现低碳生活社区的建设。

社区的低碳建设过程中，选取了一部分的社区志愿者。培训内容包含了志愿者责任、低碳社区建设、志愿者组织及工作开展等，这些志愿者在垃圾分类等方面起到了非常积极的作用。

为提高资源利用，社区举办了闲置物品交换大集，鼓励居民将图书、玩具、家电、五金、首饰、服装等日常生活用品进行交易，一次活动可以吸引大概200多位居民的参与，实现了垃圾减量化。该活动坚持了近五年一共举办了八届，社区反响良好。

垃圾处理是环保以及低碳发展的重要方面。民安的主要措施就是厨余垃圾的就地资源化利用。2011年开始，社区开展了"垃圾分类进家庭"活动，对居民宣传垃圾减量、垃圾分类、低碳生活等，并对社区居民培训，多次进行垃圾分类暨厨余垃圾资源化处理主题宣传活动。为了鼓励居民参与，社区与公益组织开展"电子IC环保积分卡"活动，制作IC卡400余张，通过刷卡积分，提高厨余垃圾资源化率。而为鼓励末端的处理，民安社区建立"绿厨小屋"（如图），实现厨余垃圾集中就地资源化处理，从源头解决了厨余垃圾运输、处理等问题，提高垃圾的资源化（肥料）利用程度，减少垃圾运输过程中对环境的影响。这一项目造价较高，得到了多方支持（东城区发改委、北新桥街道、街道环保所、北新桥街道心手相牵志愿服务中心、燕厦物业）。

小屋设备在2013年全年累计运行7820小时，累计处理厨余垃圾3820千克，产出有机肥料210余千克，全部发放给社区居民用于绿色种植。这其中很重要的一个因素就是社区有社区志愿者和专门垃圾分类指导员。社区计划在2017年前争取把社区全部厨余垃圾就地资源化。

图4-7　厨余垃圾处理

民安社区雨水回收再利用项目是万通基金会在民安社区第一个落地的硬件建设项目。为了充分利用雨水，社区请第三方专业技术人员设计了雨水再利用系统。从2009年9月开始，每套系统的最大储水量为2吨，收集到的雨水居民用于洗车、浇花、家庭养殖等。2016年计划为每户居民发喷洒式水龙头，降低居民的水耗。

图4-8　民安小区的雨水收集系统

为鼓励市民低碳出行，社区建立了自行车租赁系统5处，可以提供150辆出租车，办理自行车租赁卡网点1处。社区为减少私家车的出行，在LED屏幕上宣传绿色出行，提示尾号限行信息等。

太阳能作为重要的可再生能源，在小区中得到了充分的利用。比如LED屏、家庭用太阳能洗澡、供电照明宣传栏、自行车存储处等。

小区建设之初，民安社区中水处理系统就可以将社区居民所排废水全部进行处理，日处理量640立方，处理后的中水主要用于造景绿化及道路降尘。

图4-9　小区的中水处理系统

4.4.3　低碳社区建设的一些思考

低碳社区主要是为了减少小区内居民活动对煤炭、石化能源的依赖，最终降低能源使用以及二氧化碳排放量。通过能源、资源、交通、用地、建筑等多方面进行控制，减少社区规划建设和使用管理过程中的温室气体排放，鼓励和提倡居民从衣食住行等各方面降低能源的消耗。

低碳社区规划也是小区建设中很重要的一部分，要求考虑工作区和居住区的职住平衡。北京市很多小区实际上已经成了睡城，比如回龙观小区等。城市的交通系统要遵循TOD原则，减少私家车的使用。家庭内部的建筑用能，包括家电等，也需要考虑绿色能源、绿色材料和绿色技术等。社区内的绿化也是很重要的减碳措施，社区内的水资源利用等都是其生态系统的一部分，需要得到充分的重视。但是目前能源梯级利用和水资源的集约利用在各社区的体现都不是很明显。

北京实行垃圾分类政策已经有近20年的历史了。在北京市3000多个垃圾分类小区中，能做到良好的分类的只有一家，而且这一家是有专门的监督人员负责分类。主要原因有两个方面，一是居民对垃圾分类的方法很困惑，没有垃圾分类的意识或者知识。二是垃圾即使分类以后，也是重新被混装，打击了居民垃圾分类的积极性。作为低碳社区建设的重要部分，民安小区能在小区内部建立"绿厨小屋"的主要原因在于其低碳行动发起人自身的社会关系，得到了企业的资助，获得垃圾处理的基本设施并且维系其运转，即基本运行费用30万/年。目前这部分是企业为了做宣传而资助，并没有找到很好的融资模式。而垃圾焚烧等这些可能引发公共治理问题，并且小区范围内难以保证足够量垃圾的供给。北京市于2020年5月1日开始了新一轮的垃圾分类政策，执行效果不佳，社会反响不高，需要反思。

政府主要通过政策引导影响和规范社区低碳行为。制定标准及规范，比如低碳住宅设计标准、技术标准、施工工艺规范、评定标准及认证等。但是根据当前的实际，家庭用能的基本情况的数据很少，也难以做到对小区家庭的用能统计和排放清单的编制，这样就很难去客观评价减排的实际效果。民安小区属于旧式小区，建筑节能方面还有较大进步空间。

在我国低碳社区试点中，设定了基本的评价指标。它覆盖了既有建筑、基础设施的改造和社区环境、运营管理和生活方式的提升等方面。新建小区设定了10类一级指标和46个二级指标，覆盖了社区低碳规划、建设、运营管理的全过程（表4-2）。其中，约束性指标是试点建设必须要达到目标参考值要求的指标，引导性指标是试点建设可根据自身情况确定目标参考值的指标。既有小区共设定了9类一级指标和32个二级指标。农村社区主要围绕村庄规划、建设和管理设定了10类一级指标和28个二级指标。

表4-2　城市新建社区试点建设指标体系

一级指标	二级指标	指标性质	目标参考值
碳排放量	社区二氧化碳排放下降率	约束性	≥ 20%（比照基准情景
空间布局	建设用地综合容积率	约束性	1.2—3
	公共服务用地比例	引导性	≥ 20%
	产业用地与居住用地比率	引导性	1/3—1/4

（续表）

一级指标	二级指标	指标性质	目标参考值
绿色建筑	社区绿色建筑达标率	引导性	≥ 70%
	新建保障性住房绿色建筑一星级达标率	约束性	100%
	新建建筑产业化建筑面积占比	引导性	> ≥ 2%
	新建精装修住宅建筑面积占比	引导性	≥ 30%
	新建商品房绿色建筑二星级达标率	约束性	100%
交通系统	路网密度	约束性	≥ 3 千米 / 平方千米
	公交分担率	约束性	≥ 60%
	自行车租赁站点	约束性	≥ 1 个
	电动车公共充电站	约束性	≥ 1 个
	道路循环材料利用率	引导性	≥ 10%
	社区公共服务新能源汽车占比	引导性	≥ 30%
能源系统	社区可再生能源替代率	约束性	≥ 2%
	能源分户计量率	约束性	≥ 80%
	家庭燃气普及率	约束性	100%
	北方采暖地区集中供热率	约束性	100%
	可再生能源路灯占比	引导性	≥ 80%
	建筑屋顶太阳能光电、光热利用覆盖率	引导性	≥ 50%
水资源利用	节水器具普及率	约束性	≥ 90%
	非传统水源利用率	引导性	≥ 30%
	实现雨污分流区域占比	引导性	≥ 90%
	污水社区化分类处理率	引导性	≥ 10%
	社区雨水收集利用设施容量	引导性	≥ 3000m³ / 平方千米

（续表）

一级指标	二级指标	指标性质	目标参考值
固体废弃物处理	生活垃圾分类收集率	约束性	100%
	生活垃圾资源化率	约束性	≥ 50%
	生活垃圾社区化处理率	引导性	≥ 10%
	餐厨垃圾资源化率	引导性	≥ 10%
	建筑垃圾资源化率	引导性	≥ 30%
环境绿化美化	社区绿地率	引导性	≥ 8%
	本地植物比例	约束性	≥ 40%
运营管理	物业管理低碳准入标准	约束性	有
	碳排放统计调查制度	约束性	有
	碳排放管理体系	约束性	有
	碳排放信息管理系统	引导性	有
	引入的第三方专业机构和企业数量	引导性	≥ 3 个
低碳生活	基本公共服务社区实现率	约束性	100%
	社区公共食堂和配餐服务中心	约束性	有
	社区旧物交换及回收利用设施	约束性	有
	社区生活信息智能化服务平台	约束性	有
	低碳文化宣传设施	约束性	有
	低碳设施使用制度与宣传展示标识	引导性	有
	节电器具普及率	引导性	80%
	低碳生活指南	约束性	有

　　我国低碳社区建设的模式主要有以下两种类型：一是政府主导型的低碳社区建设。低碳社区试点就是通过政府主导型这种"自上而下"的参与方式。二是环保社会组织、企业发起的低碳社区。如通过环保NGO建设。除去发改委外，科技部还组织专家开展了《全民节能减排潜力量化指标》，从节能量来分析衣、食、住、行、用等六个方面的36项日常行为，提出每一项日常行为对

减排的作用。但是，这些参与模式，作用并未充分发挥。尽管低碳社区的核心在于减少碳排放，很少有小区对能源或者碳排放进行基本资料的收集，碳排放量的统计非常困难。今后应该在调动居民积极性，发挥居民自治、调动社会组织参与等方面进一步努力。

参考文献

［1］ 李惠民，张西，张哲瑜，王宇飞.北京市碳排放达峰路径及政策启示 [J].环境保护，2020，48(05)：24-31.

［2］ 陈丽君，吴红梅，范玲，吴洁珍，陈达祎.浙江省碳排放峰值判断及其对策研究[J].中国能源.2017，39(04)：43-47.

［3］ 卢娜，蒙萌萌.碳减排情景下江苏省碳排放达峰时间测算[J].中国经贸导刊(理论版).2018，(05)：25-26.

［4］ 钟良，王红梅，刘之琳.北京碳排放尽早达峰及未来路径研究[J].中国能源.2019，41(11)：42-47.

［5］ 朱宇恩，李丽芬，贺思思，李华，王云.基于IPAT模型和情景分析法的山西省碳排放峰值年预测[J].资源科学.2016，38(12)：2316-2325.

［6］ 陈志建，张立，刘月梅，孔凡斌.湖南省能源碳排放峰值预测的研究[J].华东交通大学学报.2018，35(02)：137-142.

［7］ 吴青龙，王建明，郭丕斌.开放STIRPAT模型的区域碳排放峰值研究：以能源生产区域山西省为例[J].资源科学.2018，40(05)：1051-1062.

［8］ 毕莹，杨方白.辽宁省碳排放影响因素分析及达峰情景预测[J].东北财经大学学报.2017，(04)：91-97.

［9］ 邓小乐，孙慧.基于STIRPAT模型的西北五省区碳排放峰值预测研究[J].生态经济.2016，32(09)：36-41

［10］ 许广月.中国二氧化碳排放峰值研究述评[J].重庆工商大学学报（社会科学版）.2019，36(04)：11-24.

［11］ 李惠民，齐晔.中国2050年碳排放情景比较[J].气候变化研究进展.2011，7(04)：271-280.

［12］ 杜祥琬，杨波，刘晓龙，王振海，易建.中国经济发展与能源消费及碳排放解耦分析

[J].中国人口·资源与环境.2015，25(12)：1-7.

［13］ 何建坤.CO_2排放峰值分析：中国的减排目标与对策[J].中国人口·资源与环境.2013,,（12）：3-11.

［14］ 丛建辉，王晓培，刘婷，杨晓俊.CO_2排放峰值问题探究：国别比较，历史经验与研究进展[J].资源开发与市场.2018，34(06)：774-780.

［15］ RASHIDI, K., et al.Valuing co-benefits to make low-carbon investments in cities bankable: the case of waste and transportation projects[J].Sustainable Cities and Society,2017,34: 69-78.

［16］ IEA (2009). Global Gaps in Clean Energy Research, Development, and Demonstration [M]. France.

［17］ LWMA A, LEMA R. Low-carbon innovation and technology transfer in latecomer countries: Insights from solar PV in the clean development mechanism[J].Technological Forecasting and Social Change,2016,104: 223-236.

［18］ HALDEN P. The geopolitics of climate change[J]. Challenges to the International System. Stockholm: FOI,2007.

［19］ CHATURVEDI S D. Geopolitics of Climate Change and Australia's "Re-engagement" with Asia: Discourses of Fear and Cartographic Anxieties[J]. Australian Journal of Political Science, 2010,45(1): 95-115.

［20］ KAHN M E. The geopolitics of climate change: An economist's perspective[J]. Political Geography,2013, 37: 53-55.

［21］ 何建坤，周剑，刘滨，等.全球低碳经济潮流与中国的响应对策[J].世界经济与政治，2010，4：20-22.

［22］ SREEKANTH K J. Review on integrated strategies for energy policy planning and evaluation of GHG mitigation alternatives[J].Renewable & Sustainable Energy Reviews, 2016,64: 837-850.

［23］ LO A Y, CONG R. After CDM: Domestic carbon offsetting in China.[J].Journal of Cleaner Production,2017,141: 1391-1399.

［24］ 陈晓燕.碳交易与碳金融市场：低碳经济发展的资金机制[J].科技创新与应用，2015，(10):259-261.

［25］ HASELIP J., et al. Governance, enabling frameworks and policies for the transfer and diffusion of low carbon and climate adaptation technologies in developing countries[J]. Climatic Change,2015,131(3): 363-370.

［26］ OCKWELL D G, HAUM R, MALLETT A, WATSON J.Intellectual property rights and low carbon technology transfer: Conflicting discourses of diffusion and development[J]. Global Environmental Change,2010, 20(4): 729-738.

第二篇

生态文明之
国家公园篇

第五章

生态文明与国家公园

5.1 生态文明基础制度是国家公园体制设计的基础

国家公园是生态文明改革的先行先试区，具有率先推进改革的可能。

我国生态文明体制改革的纲领性文件《生态文明体制改革总体方案》，提出了生态文明八项基础制度，（即健全自然资源资产产权制度、建立国土空间开发保护制度、建立空间规划体系、完善资源总量管理和全面节约、健全资源有偿使用和生态补偿制度、建立健全环境治理体系、健全环境治理和生态保护市场体系、完善生态文明绩效评价考核和责任追究制度）。国家后续颁布的《关于设立统一规范的国家生态文明试验区的意见》及《国家生态文明试验区（福建）实施方案》系列文件，明确指出了这八项制度的重要性和试点政策的操作模式。中国的国家公园体制建设存在四方面的特殊国情，即："地"的约束、"人"的约束，从体制整合来看还存在"权""钱"难题，这也是体制机制改革的重点。而生态文明八项基础制度与国家公园管理"钱""权"制度设计密切相关，借助生态文明基础制度的构建，对解决国家公园"权""钱"的难题至关重要。

国家公园是生态文明建设的重要物质基础，是生态文明制度建设的先行先试区和生态文明基础制度因地制宜地创新实践区。因此，在国家公园体制机制建设中，生态文明基础制度是其重要方面，是改革的操作措施和改革方案的基础。有必要结合生态文明基础制度和生态文明示范区的要求对国家公园体制机制进行优化设计：一方面，体现国家公园体制机制在落实生态文明基础制度的领先性和代表性；另一方面，只有借助生态文明基础制度的构建，才能有效保障国家公园各项基础制度的落实，保护好自然资源。另外，生态文明制度是国家公园体制机制改革操作措施和实施方案的重要基础，作为重要的试点先行区，国家公园配套的制度建设对生态文明制度改革有重要意义。

其中的产权制度、规划制度、生态补偿制度和产业发展制度是国家公园体制机制的重要方面。

5.1.1 产权制度

目标导向下,《生态文明体制改革总体方案》明确指出要"探索建立分级行使所有权的体制"。在国家公园内,建立这个体制有两方面约束:(1)以生态系统的原真性和完整性为保护目标,国家公园所涉及的资源类型更为多元,包含或可能包含土地、水、矿产、生物、气候和海洋六大类自然资源;(2)与任何一类保护地相比,涉及的利益相关者更多,有地方政府行使的职能,更有中央政府的直接参与管理。上述制度也存在一定的挑战:(1)自然资源资产产权制度中如何确保归属清晰、权责明确、监管有效?(2)不同层级、不同资源类型的确权过程中如何确保效率和公平的统一?结合《生态文明体制改革总体方案》的要求,在如何行使所有权的问题上,也需要进一步考虑。(3)是否都需要封闭、隔离式保护?(4)如何体现"行使所有权"(在集体所有的土地上,在土地已经承包到户后,土地的产权、治权能否根据保护需要分离?)

依据《生态文明体制改革总体方案》和《三江源国家公园体制试点区实施方案》[①],国家公园试点区产权制度设计可以从以下两个角度着手:

(1)针对国家公园内的多种资源,国家公园的所有权应该由若干个不同的相互独立的所有权束所构成,国家公园所有权由国家享有是有效率的。但是国家所有权的主体有事实的缺位,由各级政府或者政府的各个部门行使,从而形成多个利益主体的情况,有进一步明晰产权、完善国家所有权管理机制的必要。现实中自然资源国家所有权往往附属于行政管理权之中,降低了资源物权交易的效率和行政权的威信,甚至可能成为行政机关设租和寻租的手段,是低效率的制度安排。依据国家公园分级管理而设定由不同级别的政府行使所有权、所有权与经营权相分离以及所有权与行政管理权相分离是有效率的选择。

(2)在集体所有的土地上,部分管理权可以通过地役权方式体现,对生态和景观上连续的土地资源因为权属不一、人口密集及基础设施过多造成的破碎化进行再统筹,通过经济手段对特定行为进行限制或鼓励,分离土地的产权和

---

① 青海三江源等国家公园试点重点探索以国家公园作为独立的登记单元,开展全要素的自然资源确权登记,并着力解决自然资源跨行政区域登记的问题。

治权，实现从重要保护目标而言的原真性、完整性保护，也有利于资源的可持续性全面利用。只要能真正实现归属清晰、权责明确、监管有效，并通过地役权、特许经营等方式实现权属的灵活高效管理，国家公园并非都需要封闭、隔离式保护。

5.1.2 规划机制

生态文明制度八项基础制度中，借助规划提出了空间要求。在一般的保护地规划中，往往是笼统地提出保护需求或面面俱到地分析生物多样性和生态系统服务各种属性的状态和变化，而忽略主要保护对象的关键属性，忽视人们从生态系统的存在和过程中受益的局地差异性，甚至难以开展可实际操作的保护行为。因此，就国家公园范围内的空间规划制度提出一个基于细化保护需求的保护地管制思路：（1）对一定区域内保护对象的界定，其属性包括关键的生物和非生物因子，从而建立能够反映保护对象关键属性的可量化的评估因子体系；（2）经过分析以得到关键保护对象现状的空间差异，结合空间上多样化的土地利用需求，设置在空间上的符合以及背离保护需求的行为清单；（3）结合土地管理调控的制度设计以达到目标明确、针对性强、动态灵活的保护地空间管制。这种空间管理理念与自然保护区和风景名胜区功能区划的主要区别总结如下（表5-1）。

表5-1 规划框架对实现"保护为主，全民公益性优先"目标的支撑

	分区问题	主要的突破点
自然保护区	管理目标不明	保护为主，全民公益性优先
	三区划分，每区功能笼统	"保护一致性"活动清单应用于具体保护空间
	缺乏动态管理	考虑保护对象的时空动态
	分区不易落地	与土地权属和用地结合的制度设计
风景名胜区	总体区划和专项区划并存	从综合管理目标出发
	区划保护需求不明	空间上根据关键保护对象现状细化保护需求
	"景源"评价主观性强	受益人选择与生物物理评估共存
两者皆有	缺乏利益相关方参与	充分考虑利益相关方的需求和选择

国家公园体制机制建设中有必要展开"多规合一"的相关探索，它既是生态文明八项基础制度中的重要组成部分，也是制度的操作措施。可以借鉴浙江钱江源国家公园在"多规合一"方面取得的经验，构建协调生态红线等国土空间规划，让全民资产有偿使用有法可依。

5.1.3 生态补偿制度

《总体方案》中提出了要健全生态保护补偿制度。建立健全森林、草原、湿地、荒漠、海洋、水流、耕地等领域生态保护补偿机制，加大重点生态功能区转移支付力度，健全国家公园生态保护补偿政策。鼓励受益地区与国家公园所在地区通过资金补偿等方式建立横向补偿关系。

与其他保护地类型不同，国家公园在拥有较大范围面积和较高保护价值资源的同时，也通常都分布有较多的社区居民。在"保护为主，全民公益性优先"的目标之下，无论是从科学性而言，还是从必要性而言，都必须兼顾社区的全面发展，对社区在保护事业上的贡献以及为保护工作所做的牺牲给予补偿。然而，面对范围广、数量多的社区居民，有限的资金并不能满足一般意义上的生态补偿或购买生态服务（PES）。因此，要在国家公园范围内实施生态补偿，必须以细化保护需求为前提，将补偿的对象和限制的行为予以精准定位。

5.1.4 绿色品牌发展制度

《关于设立统一规范的国家生态文明试验区的意见》提出，要"有利于推动供给侧结构性改革，为企业、群众提供更多更好的生态产品、绿色产品的制度"。而《国家生态文明试验区（福建）实施方案》提出生态产品价值实现的先行区是重要的战略定位之一，要开辟实现绿色惠民新路径。结合生态文明基础制度，国家公园要建立一套以国家公园品牌为代表的具有特色的绿色产业品牌发展制度，来作为筹资渠道中的重要一环，应注重平台的高端全面和制度的成龙配套，实现品牌的增值和体系化发展。本部分仅以"自然保护地友好产品增值体系[①]"为基础予以说明。

保护地友好产品增值体系通过在自然保护地周边社区推广有机农业、推广

---

① 保护地友好体系是构建国家公园品牌体系的基础和重要方面，最早由中科院解炎博士提出。

保护地友好产品的生产，并为产品搭建完整的产业链和配套制度，确保在保护的前提下完成产品增值。除了要求产品生产过程不得使用农药、化肥、转基因、激素等有害化学物质，遵循有机农业的原则之外，保护地友好体系还要求，不得种养有入侵风险的外来种，不能导致生态系统单一化，如果是采集野生产品，必须要保证采集后还可再生。如果从事养殖，需采取措施应对养殖动物与野生动物竞争，以及捕食或者食用野生生物等问题。生产过程对野生植被的影响、对土壤和水源的影响、废弃物的处理方式等，都需要申请者在评估问卷上做出详细的回应。产品生产对于当地社区收入的影响、与当地传统文化的联系，也是评估当中重要的考察内容。另外，该体系还要求："当地自然保护地要达到一定的保护管理水平要求"，即当地的保护地管理机构必须要愿意监测保护地友好产品生产对保护地造成的影响。

5.2 国家公园体制试点是生态文明制度配套落地的捷径

从"美丽中国"被首次写入十八大报告到绿色发展位列"十三五"规划建议的"五大发展理念"，试点方案则成为具体的工作指导。而同时也要认识到国家公园体制试点也是生态文明制度配套落地的捷径。国家公园试点区是先行先试区，易于推动制度配套落地并看到成效。中央对生态文明制度建设、绿色发展不仅有决心，而且有明确要求，如《生态文明体制改革总体方案》提出制定生态文明建设目标考核评价办法并要求2016年完成。12月底颁布的《生态文明建设目标评价考核办法》明确突出公众获得感，对各省区市实行年度评价、五年考核机制，以考核结果作为党政领导综合考核评价、干部奖惩任免的重要依据。这就给地方政府提出了一个现实问题：在什么区域，通过什么办法，可以推动生态文明制度先行配套落地？在目前的发展阶段，要在大部分区域配套建立生态文明制度，中央既难支持、地方也少需求。所以生态文明体制的先行先试必须要找资源价值较高、建设需求迫切、改革难度较小的区域。

中国仍处于工业化发展中后期，全面推行生态文明制度且这个过程中保持全民公益有点勉为其难，《全国主体功能区规划》①划出的国土中，人口分布最

---

① 《全国主体功能区规划》中，我国国土空间按开发方式分为优化开发区域、重点开发区域、限制开发区域和禁止开发区域。

多的区域仍然是重点开发区和优化开发区，即大多数人居住的区域仍然要把工业化、城市化作为主要任务，并且在这些地区，"权"和"钱"相关的制度障碍突破起来难度较大。那什么样的区域可以先行先试呢？这只能从禁止开发区中找。根据《全国主体功能区规划》，这些区域主要是保护地，而在保护地中进行的影响最大的体制改革就是国家公园体制试点。

国家公园试点区，从合理性和可行性而言都应作为生态文明制度建设的特区：合理性指资源价值高，可借助保护优先并转变区域发展方式。可行性指相关制度建设条件好，国家公园试点的终极目标"保护为主、全民公益性优先"也正是生态文明制度建设的终极目标。从目前开展国家公园体制建设试点的地区来看，大多数是资源价值较高且已经开展了生态文明相关建设试点的区域。如三江源国家公园试点区的核心玛多县，也是全国生态建设重点实施县；开化国家公园试点区，是全国主体功能区和"多规合一"的试点县；仙居国家公园试点区，是浙江省唯一的绿色化发展试点县。另外，国家公园是需求最迫切同时也是条件最好的区域。（例如，三江源国家公园目标定位是：建成青藏高原生态保护修复示范区，建成三江源共建共享、人与自然和谐共生的先行区，建成青藏高原大自然保护展示和生态文化传承区）。

图5-1 浙江仙居国家公园

国家公园试点区是先行先试区，体制改革难度较小，易于推动制度配套落地并看到成效。目前初见成效的浙江开化：（1）试点改革统筹推进。其深入推进国家公园体制、国家主体功能区建设试点、国家生态旅游示范区、"多规合一"试点、国家生态公园试点和省重点生态功能区示范区建设试点、省生态小城市培育试点等多项国家、省级试点，研究国家、省级改革试点的目标任务、政策体系、制度供给，争取相关生态、金融等政策支持，释放更多的试点红利。其通过构建统一衔接的规划体系。结合"十三五"规划编制，构建由21个重点规划组成的"1+3+x"县域规划体系，使生态文明制度建设首先在空间上被统筹起来；（2）制度建设配套进行。其从不动产确权开始，同步开展自然资源负债表编制、"多规合一"、生态补偿、环境审计等多方面的制度建设，将上级政府的放权都体现到改革上，在生态文明的多项基础制度上小有所成；（3）改革实施落到实处。其被列为全国主体功能区试点县后，其上级政府衢州市不仅名义上取消了对领导干部的GDP考核和排名，"多规合一"在县域范围内实现了一张蓝图管理。同在浙江的仙居国家公园试点区，是浙江省绿色化发展试点县。一方面，拿到了较多的省内转移支付资金；另一方面，在没有得到高层级政府转移支付的情况下，利用法国开发署生物多样性保护项目的政策性贷款，进行国家公园及相关制度的建设。浙江地方生态文明改革进展较快，根本因素还是其本身固有的治理能力和较高的领导干部素质。

解决国家公园的难题，与生态文明制度之间存在着互为基础、相辅相成的关系：国家公园试点目前的共性难点在钱、权相关制度上。一个是要明晰政府和市场的权责范围；一个是要明晰不同层级政府的事权。对第一方面，如果能够提供相关关联的产品，则市场可以发挥更大的作用。但是大部分的国家公园并没有很好的地方财力，具体操作角度：（1）国土空间分功能使用并统一规划；（2）依托国家公园实现规模扩大或效益增值发展事宜的产业，使多数居民在经济上受益；（3）充分体现绿色发展和生态文明建设成果的干部绩效考核制度，使倡导和善于实现绿色发展的干部在政治上受益。这三个方面，依然是以浙江省表现非常突出，体现为以下三方面制度建设：（1）主要是生态、生产和生活空间的确立和多规合一制度形成保障。以仙居为例，其确立生态化的空间格局，基本建立统筹融合的城乡规划、建设、管理机制，建立经济社会发展规划、城乡规划、土地利用规划、生态环境规划互相衔接协调的规划体制，形成全县一本规划、一张蓝图。全面落实主体功能区战略，构建以永安溪绿色生态发展轴、都市产业经济带和南部生态旅游产业带为骨架的城乡空间格局，统筹优化生产、生活、生态空间。（2）包括产业内容的丰富、产业业态的进化、产品品牌的打造、产品配套的衔接，最终实现资源—产品—商品的升级，使相关产品参与度高、附加值高，这样就能实现内涵扩大式再生产。如开化主动顺应"旅游+"发展趋势，发展培育生态旅游、健康休闲养生产业，实行生态富民目标。以创建全国有机农产品认证示范区和全国休闲农业与乡村旅游示范县为契机，积极培育发展创意农业、有机农业，大力发展中药材等林下经济，努力提高综合效益。而仙居发力于杨梅等绿色农产品标准化基地建设，建立农产品标准化生产和品牌化、电商化营销机制，建立农产品可追溯制度和质量标识机制，构建生产、流通、消费全过程实施质量监控的管理机制，打造国内一流的高端农业。（3）建立健全相关评价考核体系。这是中央着力的改革，从十八大报告中"要把资源消耗、环境损害、生态效益纳入经济社会发展评价体系，建立体现生态文明要求的目标体系、考核办法、奖惩机制"，到三中全会《决定》"探索编制自然资源资产负债表，对领导干部实行自然资源资产离任审计，建立生态环境损害责任终生追究制"，到中组部《关于改进地方党政领导班子和领导干部政绩考核工作的通知》"完善政绩考核评价指标，设置各有侧重、各有特色的考核指标，把有质量、有效益、可持续的经济发展和民生改善、社会和谐进步、文化建设、生态文明建设、党的建设等作为考核评价的重要内容……加强对考核的统筹整合，切实解决多头考核、重复考核、繁琐考核等问题"，再到《生态文明体制改革总体方案》"根据不同区域主体功能定位，实行差异化绩效评价考核"。仙居将这方面的制度建设明确为率先确立现代化的治理机制，包括率先建立并实施绿色化指标和统计体系、绿色项目引导目录制度和国家公园体制，政府管理体制和区域协调机制改革全面推进，资源要素实现优化配置。这方面的制度建设是层层递进的：建立自然资源资产负债表制度，准确把握自然资源的存量、增量和减量等，为划定生态保护红线和干部绩效评估提供基础性依据。建立绿色化发展指标和统计体系。按照生态文明、绿色发展的理念，从绿色生产、绿色生活、绿色城乡、生态环境等方面，建立绿色化发展指标体系和评价机制，对绿色化发展的各项重点进行科学评价。建立绿色化发展考核机制，制定科学合理的目标责任制考核办法，把绿色化发展的各项目标落实到各执行部门和乡镇街道。

第六章

国家公园试点区建立生态文明制度的关键举措

整体上看，国家公园体制建立的关键包括以下几个方面：（1）明确的目标：即国家公园需要明确具体的保护对象和保护范围，这些要借助国家公园对"权"的确定来明确。（2）以机构改革为抓手，整合现有管理机构，破除多头管理的现状，明确具体的管理单位和管理职责。这样才有可能使得国家公园管理机构专心保护和从事公益。而每一个园区都有各自的自然和文化遗产、区位、人文因素等，因此不能一刀切，而要采用一区一策（即一园一法）。（3）确定总资金，即明细政府和市场的职责范围，确定不同层级政府的事权，考虑自然资源产权等基础性制度以及地方政府的财政困难和既得利益结构，确定具体的资金需求并且创新资金机制。（4）国家公园体制的利益相关方需要搭建责任对等的谈判平台。生态文明试验区统筹的平台需要有具体的内容填实。其中，利益相关方多元参与和治理的平台是统筹的重要基础。

不同类型的国家公园，地方结合其各自特点，采取不同的举措，突破原有的宏观政策不支持等方面的难点，中央给予相应的支持，破除地方要稳增长、保民生的难题，通过激励机制和支持政策相关的改革，解决当前试点区体制和机制所面临共性和个性的问题，进行发展方式的转变，最终落实生态文明制度。

破解上述难点，需要将国家公园体制试点区视为生态文明建设特区，将国家公园定位在落实中央《生态文明体制改革总体方案》的先行示范区的高度，在制度设计、考核指标、奖惩措施、资源调配（土地等）等方面均体现出特殊性，以彻底转变试点区内的发展方式。从具体操作角度，更好地推进国家公园体制机制，针对地方政府的疑虑和偏颇的理解，需要中央尽快提出国家公园管理机构不同层级的"三定"方案，明确中央财政对国家公园试点区建设和运行的支持方式、力度以及与试点区国家公园管理机构的对接方式，出台立足生态文明体制建设和绿色发展的考评机制，比如类似浙江开化取消GDP考核，侧重对地方领导干部绩效中生态文明相关的考核，使之获益；又如武夷山试点区

图6-1　武夷山国家公园

优先展开管理单位体制改革，为规避不同保护地和地方政府之间的矛盾，将武夷山国家公园管理局由省政府垂直管理。但是尽管如此，省级的生态文明试验区平台依然难以解决武夷山现有的管理问题，有待由中央统筹解决。

　　试点区则关键需要明确国家公园体制试点区建设所涉及的各项事务权责，机构统筹如何在现有保护地管理体制下逐步有序推进，体现国家公园体制试点区公益性的产品和服务应该以何种机制供给，社区发展怎样与保护需求协同而不成为国家公园管理的包袱，并且将国家公园体制建设置于生态文明改革目标下，遵循生态系统方法，以国家公园试点区建设来统筹大范围的保护，进行土地、水和生物资源的可持续管理。同时，国家公园体制机制建设也是在生态文明制度保障下实现绿色经济发展的重要措施。考虑小面积利用、大范围保护，可以允许搞土地占补平衡，在国家公园外获得平衡性建设用地，使很多地方在保护生态平衡、确保粮食安全的情况下获得建设用地指标，平衡产业发展。

　　国家公园体制试点的建立，也需要分类解决。从管理的角度，可将国家公园体制试点区按照范围内的资源一致性和地权造成的统一管理的难度看，划分为不同的类型，下面重点介绍下三江源和钱江源国家公园。

6.1 三江源国家公园试点区生态文明制度建设情况

三江源国家公园地处青藏高原腹地，是长江、黄河、澜沧江的发源地，由黄河源园区、长江源（可可西里）园区、澜沧江源园区组成。园区总面积为12.31万平方千米，占三江源地区面积的31.16%。其中：冰川雪山833.4平方千米、湿地29842.8平方千米、草地86832.2平方千米、林地495.2平方千米。涉及玉树藏族自治州杂多、治多、曲麻莱3县和果洛藏族自治州玛多县以及青海可可西里国家级自然保护区管理局管辖区域。3个园区涉及12个乡镇，53个村，16793户牧民，约6万多人，其中贫困人口2.4万人。三江源地区是高原生物多样性最集中的地区，是亚洲、北半球乃至全球气候变化的敏感区和启动区，三江源地区特殊的地理位置、丰富的自然资源和生态功能构成了我国青藏高原生态安全屏障的重要组成部分。作为"中华水塔"——我国乃至亚洲重要淡水供给地，属于优质清洁水。区域内自然资源景观典型为独特，发育和保持着世界上原始、大面积的冰川雪山、草原草甸、湖泊湿地等高寒生态系统，具有极其重要的水源涵养功能。雪豹、藏羚羊、黑颈鹤等特有珍惜物种比例高，素有"高寒生物自然种质资源库"之称。三江源具有极其重要、不可替代的生态地位，生态系统服务功能、自然景观、生物多样性具有全国乃至全球意义保护价值。三江源具备国家代表资源、独特景观和重要生态服务功能的特质，具有国家层面的自然资源和自然文化遗产保护意义，是国家形象代表和民族自豪感的具体体现。

图6-2 三江源国家公园 动物栖息

由于体制机制、政策措施、人力资源、保护资金等问题，三江源自然保护地未能充分发挥其在保护生物多样性、重要生态系统和独特景观资源等方面的作用。该区域存在着以下问题：（1）保护地交叉重叠、多头管理、管理不到位；（2）保护地与当地居民生活之间的矛盾日益突出；（3）自然资源保护面积大，资金投入不足，生态保护任务重。因此，从生物资源价值、保护管理和开发利用的现状来看，其既具有生态安全保护、生态系统完整性和资源独特性保护的代表性，也具有解决保护地多头管理、破碎化的代表性，是国家公园体制试点的理想区域。

6.1.1　青海省生态文明制度建设政策及措施

党中央明确要求：加强自然保护区建设，搞好三江源国家公园体制试点，加强环青海湖地区生态保护，确保"一江清水向东流"。为贯彻中央对生态文明建设的要求，青海省通过了《青海省生态文明制度建设总体方案》（下文简称《总体方案》）、《青海省生态文明建设促进条例》等政策措施。《总体方案》提出以青海三江源国家生态保护综合试验区为重要平台，争取用5到7年时间基本建立起覆盖生态文明决策、评价、管理和考核等方面比较系统完备、具有青海特色、可供复制推广的生态文明制度体系，并确定其生态文明制度建设的六个方面重点领域和主要任务：全面落实主体功能区制度，优化国土空间开发格局；健全自然资源资产产权制度，实现管理和监管体制创新；强化生态补偿制度，激发生态保护的内生动力；完善资源有偿使用制度，依靠市场主体保护生态环境；探索国家公园制度，统筹生态保护和人的全面发展；建立生态文明评价和考核制度，实行最严格的生态保护和责任追究。

此外，青海省被列入国家首批生态文明先行示范区，并制定了《青海省生态文明先行示范区建设实施方案》（下文简称《实施方案》）。《实施方案》确立了生态环境保护优先区、循环经济发展先行区、制度建设改革试点区"三大"战略定位，提出主体功能布局基本形成，资源综合利用和产出率显著提高，生态文明制度先行先试取得重大成果等目标。提出要加大生态屏障保护和建设力度和三江源生态保护和建设，要落实《青海三江源国家生态保护综合试验区总体方案》，实施三江源生态保护和建设二期工程。如青海省玛多县积极开展生态文明先行区创建活动，为三江源国家公园打下了良好的基础，活动主要内容包括：（1）坚持保护和恢复植被相结合；（2）加强生态文明制

图6-3　三江源国家公园　雪山

度建设；（3）加大环境综合整治力度；（4）加快生态移民后续产业发展步伐；
（5）强化防灾体系建设。

6.1.2　三江源国家公园试点的特色

三江源国家公园试点区以突出并有效保护生态、率先开展生态补偿试点、
完善的管理管护体制为全国试点区中的特色。

突出并有效保护生态。三江源由于其极重要的生态屏障地位，以及其敏感
和脆弱的生态环境，一直以来都被全国甚至全世界所重点关注。坚持生态保护
优先是三江源国家公园体制试点的第一原则，将各园区划分成不同的功能区，
实行差别化保护政策；实施严格的禁牧休牧轮牧、草蓄平衡制度；对山水林
草湖进行一体化管护等。自2005年三江源生态保护与建设一期工程实施以来，
三江源先后开展生态保护与建设一期二期工程，累计完成投资76.5亿元，一期
工程重点保护和建设任务已全面完成，三江源地区重点治理区生态状况明显好
转，主要体现在草地和湿地面积增加、草地退化趋势得到初步遏制、水源涵养
功能提高、生态系统土壤保持服务功能提高等方面，环境治理与生态保护的成
效显著，群众的环保意识提高。如今三江源国家公园仍旧把生态保护作为首要
任务，保护三江源国家公园的生态环境。

率先开展生态补偿试点。2011年制定出台了生态补偿政策，在全国率先制定了《关于探索建立三江源生态补偿机制的若干意见》和《三江源生态补偿机制试行办法》，确定生态补偿政策11项。先后启动实施了"1+9+3"教育经费保障、异地办学奖补、农牧民技能培训和转移就业补偿、草畜平衡和农牧民生产性补贴补偿政策等，共下达补偿资金近40亿元，确保三江源生态补偿机制工作扎实推进。

完善的管理、管护体制。率先开展国家公园体制试点并审议通过了《三江源国家公园体制试点方案》，制定《三江源国家公园体制试点机构设置方案》并率先挂牌成立三江源国家公园管理委员会，设置了完善的管理体制来对园区内实行统一规划、统一管理，实现了三江源自然资源资产管理与国土空间用途管制"两个统一行使"，逐步改变了"九龙治水"的局面。同时，设立完善的网格化管护制度，将保护生态与精准扶贫相结合，创新生态管护公益岗位机制。依托从公园管理局—园区管委会—县管理处—乡镇管理站—村管护队—社管护队—管护员的管理体制，对现有公园内草原、湿地、林地等进行了网格化管护。对各自辖区内湿地、水源、林地、草地和野生动物进行日常巡护，形成组织化管理、网格化巡查的生态管护，构建了"点成线，网成面"的管护体系。

6.1.3　三江源国家公园体制试点在生态文明建设中的体现

2015年1月，国家发改委、国家林业局等十三个部委联合发布《建立国家公园体制试点方案》，同年12月，中央全面深化改革领导小组第十九次会议审议通过了《三江源国家公园体制试点方案》，2016年4月青海省印发了《关于实施<三江源国家公园体制试点方案>的部署意见》。遵循"创新、协调、绿色、开放、共享"的发展理念，三江源国家公园目标定位是："建成青藏高原生态保护修复示范区，建成三江源共建共享、人与自然和谐共生的先行区，建成青藏高原大自然保护展示和生态文化传承区。"体制试点的主要任务是"突出并有效保护修复生态"。

三江源国家公园体制试点的生态文明建设主要通过以下方案来体现：

（1）自然资源资产产权制度建设

实现所有权与经营权、所有权与行政管理权分离。三江源国家公园所有权为全民所有，试点期间由中央政府委托青海省政府代行所有权，各有关部门依法行使自然资源监管权。国家公园范围内的土地所有权全部为全民所有，可可西里国家级自然保护区管理局拥有保护区范围内土地使用权，公园其他的草地使用权全部承包落实到牧户。实行与国家公园体制相适应的草原承包经营权流转制度，探索将草场承包经营转化为园区特许经营，实现权属的灵活高效管理。

（2）生态保护管理体制建设

建立健全管理体制。青海省的《总体方案》在强调健全自然资源资产产权制度的基础上，还提出要实现管理和监管体制创新。在生态保护管理体制方面，三江源国家公园积极进行制度创新，根据《三江源国家公园体制试点机构设置方案》，2016年6月，三江源国家公园管理局成立，其内设生态保护、执法监督等5个综合处室，现有编制39名，其中行政编制26名，政法专项编制13名。通过建立统一的管理机构来探索实现国家公园范围内自然资源资产管理和国土空间用途管制"两个统一行使"。三江源国家公园属中央事权，园区建设、管理和运行等所需资金逐步纳入中央财政支出范围。州县层面，组建成立了长江源、黄河源、澜沧江源三个园区管理委员会和长江源园区治多、曲麻莱、可可西里3个管理处，各园区委员会之间生态环境和自然资源管理局及资源环境执法局，实行集中统一的资源管理和综合执法，从根本上解决政出多门、职能交叉、职责分割的管理弊端。

合理划分管理职责。将涉及的杂多、治多、曲麻莱、玛多县政府有关部门机构职责和部分人员划转到管委会，公园内各类保护地管理职责并入管委会，合理划分管委会与州县政府的管理职责。对国家公园所涉4县政府进行大部门制改革，分别整合公园范围内原森林公安、国土执法、环境执法、草原监理、渔政执法机构，设立了资源环境执法局，打破了传统执法模式，解决了"九龙治水"和管理碎片化的问题。乡镇层面，国家公园范围内的12个乡（镇）政府挂保护管理站牌子，增加了国家公园相关管理职责。村社层面，各村社设有管护队，聘用一定数量的村民为管护员，对园区进行直接管护。

（3）主体功能区划分

为建立完善国土空间开发保护制度，优化国土空间开发格局，三江源国家公园按照生态系统功能、保护目标和利用价值对各园区进行功能分区，主要分为核心保育区、生态保育修复区和传统利用区。各功能分区实行差别化保护、管控策略和利用方式。核心保育区以强化保护和自然修复为主，保护好冰川雪山、江源河流、湖泊湿地、草原草甸和森林灌丛，着力提高水源涵养和生

图6-4　三江源国家公园　藏羚羊

物多样性服务功能；生态保育修复区以中低盖度草地的保护和修复为主，实施必要的人工干预保护和恢复措施，加强退化草地、沙化土地治理、水土流失防治和天然林地保护，实行严格的禁牧、休牧、轮牧，逐步实现草畜平衡，使湖泊湿地草地得以休养生息；传统利用区适度发展生态有机畜牧业，合理控制载畜量，保持草畜平衡。按照山水林草湖系统治理的要求，统筹实施三江源二期、湿地保护、良好湖泊保护、生物多样性保护等工程项目，系统保护，综合治理。

（4）网格化管护制度

网格化管护制度是三江源国家公园在国土空间开发保护制度层面上的重要探索。三江源地区幅员辽阔，自然生态资源丰富，但人口相对较少，且贫困人口较多，如何以少量的人力资源对广阔的国土面积进行管控是一大难题。

建立网格化管护制度。形成了组织化管理、网格化巡查的生态管护制度，管护岗位统一归并为生态管护员公益岗位。主要由乡镇管护站、村级管护队和管护小分队三级组织，以村为基本单元，就近划分覆盖辖区的若干网格，每个网格均落实责任人和管护队，负责对各自辖区内湿地、水源、林地、草地和野生动物进行日常巡护，构建了"点成线，网成面"的管护体系。以治多县为例，治多县管理处下设乡镇管护站，乡镇再下设村级管护队，村级管护队再下设社级管护队直至基层管护员，逐级分解任务进行生态管护。管护员负责对园区内的湿地、河源水源地、林地、草地、野生动物进行日常巡护，每天记录管护日志，开展法律法规和政策宣传，发现报告并制止破坏生态行为，监督执行禁牧和草畜平衡情况。并对园区治理情况、灾害情况、动物迁徙情况及时监控上报，做到每一寸土地都有人管护，杜绝了盗猎和乱采乱挖的现象。交通不便的地方有的管护队还成立了马队和摩托车队进行巡查。这样既确保了山水林草湖的统一管理，又合理扩大了生态管护公益岗位规模。

建立管护岗位生态保护业绩与收入挂钩机制，将公益岗位落实与"精准脱贫"相结合，从园区范围内贫困户入手，新设置综合生态管护岗位7421个，加上已有的草地、林地、湿地管护岗位，总数已达到9975个，越来越多的牧民放下牧鞭当上生态管护员，织就一张覆盖三江源广袤大地的生态保护网。这种全方位的管护制度有效地实现了对广阔自然资源的管理和保护，也体现了国家公园建设"保护为主、公益性优先"的终极目标。

（5）空间总体规划

作为生态文明八项基础制度之一，在总体规划方面，三江源国家公园以规划编制为基本路径，加快调研编制总体规划工作。以已经印发的长江源、黄河源、澜沧江源3个园区实施方案为框架，在集中调研、专题研究、广泛座谈、

图6-5 三江源国家公园 湿地

多方征求意见的基础上，形成规划编制的总体要求，并已委托中国国际工程咨询公司牵头编制《三江源国家公园总体规划2016—2025》。目前《规划大纲》已通过专家委员会审查，规划编制已进入实质阶段。此外，祁连县、贵德县、河南县、格尔木市等四个市县"多规合一"试点工作也在进行中。

（6）生态补偿制度

青海省政府印发了《关于探索建立三江源生态补偿机制的若干意见》和《三江源生态补偿机制试行办法》，确定生态补偿政策11项。现阶段重点突出减人减畜、农牧民培训创业和教育发展等方面的补偿。进一步强化生态保护的政策支撑，完善草原生态补偿机制，实施严格的禁牧、休牧、轮牧和草蓄平衡；探索建立野生动物损害补偿和保护补偿。

（7）环境治理体系构建

坚持以自然修复为主，生物措施和工程措施相结合，着力维持并提升三大源头区水源涵养生态服务功能，提高生态产品供给能力；加强生物多样性保护，构建野生动物保护长效机制。具体实施如下：

① 按照生态系统功能、保护目标和利用价值将各园区进行功能分区（以黄河源园区为例），实行差别化保护、管控策略和利用方式。核心保育区以强化保护和自然修复为主，保护好冰川雪山、江源河流、湖泊湿地、草原草甸和森林灌丛，着力提高水源涵养和生物多样性服务功能；生态保育修复区以中低盖度草地的保护和修复为主，实施必要的人工干预保护和恢复措施，加强退化草地、沙化土地治理、水土流失防治和天然林地保护。

② 实行严格的禁牧、休牧、轮牧，逐步实现草畜平衡，使湖泊湿地草地得以休养生息；传统利用区适度发展生态有机畜牧业，合理控制载畜量，保持草畜平衡。

③ 按照山水林草湖系统治理的要求，统筹实施三江源二期、湿地保护、良好湖泊保护、生物多样性保护等工程项目，系统保护，综合治理。

④ 实施"保护生态与精准扶贫结合"的共建机制。将保护生态与精准扶贫相结合，与牧民转岗就业、提高素质相结合，与牧民增收改善生产生活条件相结合。为此，该试点建立健全当地牧民参与国家公园的共建机制，鼓励支持牧民从事公园生态体验、环境教育服务、生态保护工程劳务、生态监测等工作，优先安排园区内牧民群众和周边的无畜户、少畜户和贫困户，使牧民在参与生态保护、公园管理和运营中获得稳定收益。

（8）生态文明绩效评价考核和责任追究制度

科学合理的考核评价机制也在三江源国家公园建设中有了充分的体现。从2006年起，青海省政府决定对三江源地区不再考核GDP，而把生态保护和建设列为三江源区各级政府工作的主要考核内容。三江源国家公园试点区正在探索以自然资源资产负债表和产权确定制度为基础，建立以生态和文化为主要方向、充分反映资源消耗、环境损害、生态效益等方面的考核体系。由"指挥棒"引导"严格保护"落地生根，开展离任审计，加强对领导干部和领导班子目标考核。

此外，三江源国家公园体制试点还做了其他与生态文明建设相关的探索和尝试：

① 资金保障机制。建立资金保障长效机制。资金保障机制是国家公园体制建设中的财力保障，也是国家公园体制建设中的难点之一。三江源国家公园建立以财政投入为主、社会积极参与的资金筹措保障机制。三江源国家公园属中央事权，园区建设、管理和运行等所需资金今后要逐步纳入中央财政支出范围。试点期间由青海省财政统筹；中央财政通过现有渠道加大支持力度；中央财政加大重点生态功能区转移支付规模，继续实施生态补偿政策，适当提高补偿标准；支持三江源国家公园涉及的县域开展野生动物保护补偿；探索管理权和经营权相分离，制定特许经营办法，确定特许经营内容和项目，采取收支两条线。安排专项资金用于基础设施建设和生态管护公益岗位劳务报酬；整合三江源二期等项目资金，下达年度投资计划，加大资金和项目支持力度。目前，省财政已安排专项资金4000万元，用于项目前期、园区门禁设施建设、国家公园形象标志和宣传语征集等；从地方政府债券资金中统筹安排1亿元，用于园区保护站、公共服务和环境教育设施等建设。

② 协调国家公园与当地农牧民的关系。如何处理好国家公园与当地社区居民之间的关系是国家公园建设的一个重点和难点。这也是实现国家公园自然资源的严格保护和永续利用的必然要求，核心是处理好当地牧民群众全面发展与资源环境承载能力的关系，将保护生态与精准扶贫相结合，与牧民转岗就业、提高素质相结合，与牧民增收改善生产生活条件相结合。主要做法有：

a. 按照山水林草湖一体化管理的要求，进一步科学合理扩大生态管护公益岗位规模，使牧民由草原利用者变为保护生态者，兼顾草原适度利用，建立牧民群众生态保护业绩与收入挂钩机制。

b. 建立健全当地牧民参与国家公园的共建机制，鼓励支持牧民从事公园生态体验、环境教育服务、生态保护工程劳务、生态监测等工作，优先安排园区内牧民群众和周边的无畜户、少畜户和贫困户，使牧民在参与生态保护、公园管理和运营中获得稳定收益。

c. 建立牧民群众、社会公众参与特许经营的机制。按照有关法律法规，保持草原承包经营权不变，发展生态畜牧业合作社，探索特许经营方式对园区草原进行经营利用。

d. 生态体验、游憩服务和环境教育等实行特许经营的领域重点向当地牧民群众倾斜。鼓励支持牧民群众以投资入股、合作、劳务等多种形式开展家庭旅馆、牧家乐、民族文化演艺、交通保障、旅行社等经营项目，促进当地第三产业发展。

e. 加强县城及周边重点乡镇公共设施建设，引导牧民向城镇转移就业，老人和小孩向城镇集中，让牧民群众更多地享受国家公园建设发展带来的实惠。

青海省政府先后拿出基础设施建设专项资金1.56亿元，土地购置费7721万元，加强生态移民社区供排水、供电、道路、教育、卫生等基础设施建设，使搬迁牧民的生产生活条件得到改善。青海省政府设立了生态移民创业扶持资金，大力扶持生态移民发展后续产业，安排项目16个，吸纳生态移民劳动力1683名，人均年增加收入5000元。同时，为保障生态移民基本生活，青海省拿出专项资金对生态移民发放生活补助和燃料补贴，2009年至2013年共发放三江源生态移民生活补助资金4.17亿元，2007年至2015年发放燃料补助资金近3亿元。

③ 社会参与。坚持国家所有、全民共享原则，建立社会广泛参与保护管理、科研监测、特许经营、志愿者服务、社会监督等方面的机制。

a. 建立健全社会投资与捐赠制度。以园区作为平台和载体，制定社会投资与捐赠制度和相关配套政策，广泛吸收企业、公益组织和个人参与国家公园生态保护、园区建设与发展，给投资捐赠方予以荣誉和信誉保障，鼓励支持社会资本领办生态恢复治理区块和项目，开展特许经营。

b. 推行志愿者服务机制。建立志愿者招募、管理、培训、参与、保障、奖励制度，广泛吸引社会各界志愿者，特别是青少年志愿者参与国家公园志愿服务工作，通过志愿参与活动提升社会各界的生态环保意识，扩大国家公园影响力。

c. 建立社会参与合作机制。秉持开放、合作、包容、共建共享的理念，建立公开透明的信息平台，推动社会组织和个人参与到国家公园生态保护、社区共建、特许经营、授权管理、宣传教育、科学研究等合作领域。

d. 建立大专院校和科研机构合作参与机制。搭建合作发展平台，鼓励支持大专院校和科研机构参与国家公园的规划设计、生态保护、科研监测、社区共建等，为国家公园建设与发展提供科技支撑和技术服务。

e. 建立健全社会监督机制。建立国家公园信息公开制度，搭建公众参与平台，建立举报制度和权利保障机制，保障社会公众的知情权、监督权，接受各种形式的监督。不断扩大影响力和受众面，提升国家公园的社会化管理水平。

6.2 钱江源国家公园试点区生态文明制度建设情况

钱江源国家公园体制试点区位于浙江省西部边境，地属浙江省衢州市开化县，是钱塘江的源头，与常山县、淳安县、江西省婺源县、德兴市和玉山县，以及安徽省休宁县接壤。试点区包括古田山国家级自然保护区、钱江源国家森林公园、钱江源省级风景名胜区以及上述自然保护地之间的连接地带（大部分为生态公益林）。试点区面积252平方千米，涉及开化县苏庄、长虹、何田、齐溪共四个乡镇，包括19个行政村、72个自然村、人口9744人。区内生物资源丰富、资源价值较高、景观资源丰富，涵盖中亚热带常绿阔叶林、常绿落叶阔叶混交林、针阔叶混交林等5中类型，具有多种珍稀濒危物种，是中国东部重要的生物基因库。钱江源区是浙江乃至华东地区的生态屏障和水源涵养区，对维持区域的生态安全和水资源保障具有重要的作用。

土地资源保护与开发的矛盾在此区域较为突出，存在保护度多头管理与交叉管理、人为分割破碎化等问题；且面临着地区产业转型的困境。从生物资源价值、保护管理和开发利用的现状来看，其既具有生态安全保护、生态系统完整性和资源独特性保护的代表性，也具有解决保护地多头管理、破碎化的代表性。它将探索我国东部地区国家公园体制建设和运营管理模式，形成可复制、可推广的国家公园体制建设经验，并为浙皖赣及其周边地区，特别是江河源头区域的生态文明建设提供创新示范作用。

图6-6　钱江源国家公园

6.2.1　浙江省生态文明制度建设政策及措施

浙江的环境容量相对较小，生态环境的承载力十分有限。随着工业化、城镇化的快速推进，资源环境与经济社会发展的矛盾日益突出。在中央关于生态文明建设的总体要求下，浙江省在全国较早地开展了生态省建设，致力于探索生态文明的科学发展之路：2002年，提出了建设绿色浙江的战略目标；2010年，做出了推进生态文明建设的决定；2012年，提出坚持生态立省方略、加快建设生态浙江。为此，浙江省从以下方面做出努力：一是坚持立足科学发展全局来统筹生态文明建设，健全完善组织领导体系，建立严格的考核机制，制定生态文明建设评价体系。二是坚持把解决突出环境问题作为生态文明建设的突破口，着力改善环境质量，部署实施了三轮"811"行动，针对群众反映最强烈的水环境问题，又做出"五水共治"的重大决策。三是推进转型升级，从经济发展根源上解决环保问题，不刻意追求GDP的增速，强力推进重污染、高耗能行业整治提升，努力以污染治理和环境保护的倒逼机制推动产业转型升级，实现环保优化发展。四是坚持"生态兴则文明兴"的理念，积极营造共建共享生态文明的良好氛围。设立省级生态日，大力推进各类生态示范创建，大力推行健康文明的生活方式，积极引导绿色消费，拓展公众参与的平台和载体，努力营造共建共享生态文明的良好氛围。五是坚持把制度建设作为生态文明建设的基础，以制度保护生态环境，建立环保参与综合决策机制。在全国率先编制实施县级生态环境功能区规划，开展国民经济和社会发展环境资源承载能力评估。建立空间、总量、项目"三位一体"，专家评议、公众评价"两评结合"的新型环境准入制度，实行跨界河流水质目标管理考核和环境空气质量管理考核。探索创新环境经济政策，率先在全省范围实行生态补偿、开展排污权有偿使用和交易试点。创新环境执法监管机制，省市县三级实现了环保公安环境执法联动。

6.2.2 钱江源国家公园试点的特色

钱江源国家公园试点区以改革率先、取消GDP考核、多个试点为全国试点区中的特色。

改革率先：以打造全国生态文明制度改革特区为目标，全县已初步形成生态文明相关制度框架，从不动产确权开始，同步开展自然资源负债表编制、"多规合一"、生态补偿、环境审计等多方面的制度建设，将上级政府的放权都体现到改革上，在生态文明的多项基础制度上小有所成。

取消GDP考核：浙江省和衢州市都取消了对开化县GDP的考核（全省第一批），省财政给予开化的省专项补助、专项性一般转移支付、一般性转移支付和特扶项目资金每年合计达10亿元以上，浙江在财政体制上坚持实行省直管县的体制，"多规合一"在县域范围内实现了一张蓝图管理。

多个试点：深入推进国家公园体制、国家主体功能区建设试点、国家生态旅游示范区、"多规合一"试点、国家生态公园试点和省重点生态功能区示范区建设试点、省生态小城市培育试点等10项国家、省级试点，研究国家、省级改革试点的目标任务、政策体系、制度供给，争取相关生态、金融等政策支持，释放更多的试点红利。通过构建统一衔接的规划体系。结合"十三五"规划编制，构建由21个重点规划组成的县域规划体系，使生态文明制度建设首先在空间上被统筹起来。

6.2.3 钱江源国家公园体制试点在生态文明建设中的体现

针对开化在建设国家公园试点区时面临着资源保护交叉管理、多头管理、投入机制的稳定性不足、社区发展无序混乱等问题，并考虑在生态保护和水源保护的要求，在中央《生态文明体制改革总体方案》的要求下，开化率先试点，编制并评审通过了《钱江源国家公园体制试点区实验实施方案》，其国家公园体制建设的生态文明建设主要体现在以下方面：

表6-1 钱江源国家公园试点体制机制改革和生态文明建设八项基础之间的对应关系

生态文明建设八项基础制度	钱江源国家公园试点区采用的方案
健全自然资源资产产权制度	成立开化国家公园管委会，统一管理，行使资源使用权和管理权，实行严格的用途管制；对自然资源确权登记，明确权属利益关系，开展土地流转工作
建立国土空间开发保护制度	区域整合，将保护地统一规划管理。科学划定主体功能区与环境功能分区
建立空间规划体系	"多规合一"
完善资源总量管理和全面节约制度	扩大生态公益林面积，建立水资源管控体系。特许经营中选择与消耗性利用重点保护资源无关的经营项目
健全资源有偿使用和生态补偿制度	生态补偿机制和社区发展中的拆迁安置补偿
建立健全环境治理体系	实施"机构整合，职能增强"的保护管理机制、"双向接口，有效共管"的部门协调机制；构建山水林田河立体保护体系、着力推进农村清洁工程、提升环境质量，实现五水共治
健全环境治理和生态保护市场体系	开展土地银行试点，探索碳排放交易制度建设；丰富产业内容、进化产业业态、打造产品品牌、衔接产品配套
完善生态文明绩效考核和责任追究制度	取消干部考核，有关部门继续依法各自行使自然资源监管权；实施《开化县领导干部自然资源资产审计实施办法》、《开化县生态环境损害责任追究办法（试行）》

（1）自然资源资产产权制度建设

结合中央生态文明建设在自然资源资产产权制度中的方案和要求，针对钱江源国家公园试点区实际情况，开展了以下工作：

资源统一管理。国家公园体制试点区内所有的自然资源资产委托由管委会统一管理，行使资源使用权和管理权，实行严格的用途管制。同时，管委会负责试点区的各项经费收支管理、协调处理试点区的相关经济社会事务、负责试点区的人事管理和人才队伍建设、负责试点区宣传交流与统计工作，以及其他相关工作。实施"机构整合，职能增强"的保护管理机制、"双向接口，有效共管"的部门协调机制以及"统筹结合，环境友好"的社会管理体制。有关部门则继续依法各自行使自然资源监管权。

自然资源统一确权登记。围绕试点区内资源类型、数量、品级、分布与利用情况调查，进行试点区动植物资源、水资源、自然与文化景观资源的本底清查。根据资源普查结果，梳理并建立试点区重点保护资源目录，按照"摸底调查—权属勘界—信息建库与管理审核—结果公示—确权颁证"的工作方法，对森林、山岭、水流、草地、荒地、滩涂等自然生态空间进行统一的确权登记，逐步建立和完善自然资源统一确权登记的制度体系。

土地流转。对试点区集体所有土地及其附属资源，通过租赁、协议、股份合作等方式实现使用权流转，明确用途管制。钱江源国家公园土地权属的总体目标是核心保护区内的所有土地实现国有权属（难度过高，成本过大），其中试点期征收核心保护区古田山片区的集体林地，核心保护区剩余集体林地将在国家公园正式批复后三年内全部征收。试点期内采取分区、分类补偿的原则，主要补偿对象为核心保护区和生态保育区的集体林地资源，补偿标准结合生态公益林、地方居民生活标准确定，并参照浙江省和国家相关条例办法执行。

（2）管理体制建设

管理单位体制建设是国家公园体制试点的重要内容，构建科学合理的管理单位体制也是落实生态文明制度建设的捷径。开化在管理体制建设上主要开展了以下工作：

开展国家公园管理体制建设。整合开化国家公园管委会、古田山国家级自然保护区管理局、钱江源国家森林公园管委会、钱江源省级风景名胜区管委会，建立钱江源国家公园管理委员会（下文称管委会），由浙江省政府垂直管理，接受各级林业、环保、国土资源、水利等相关职能部门的业务指导与监督。

此外，还建立了浙江省国家公园体制试点工作联席会议制度，突破资源管理的部门交叉与条块分割带来的制度障碍；建立管委会与地方政府相关部门的日常联系机制，负责与各级政府相关部门的日常联系与协调工作；成立开化国家公园体制试点咨询专家委员会，发挥国内外知名国家公园及相关领域优秀专家的智库作用。

确定人员编制。按照财政供养人员只减不增的要求，初步确定人员编制总数70名，人员编制从开化国家公园党工委管委会办公室、古田山国家级自然保护区管理局、钱江源省级风景名胜区管委会、钱江源国家森林公园管委会等单位划转。

（3）国土空间整合

根据中央生态文明建设在国土空间开发保护上的要求，开化对钱江源国家公园试点区内的国土空间进行区域整合、统一规划管理：开化国家公园体制试点区首次尝试将古田山国家级自然保护区内原始中亚热带常绿阔叶林原始森林系统和钱江源国家森林公园部门核心保护区集中连片带划入国家公园试点区的核心区，稍微碎片化的划入连片保护地带，实现两个保护地的统一规划管理，保持了山、水、林、田、湖的有机统一，从而达到保护生物多样性和生态系统完整性的目的。

开展功能分区。根据试点区保护对象的敏感度、濒危度、分布特征和遗产展示的必要性，结合居民生产、生活与社会发展的需要，将试点区划分为核心保护区、生态保育区、游憩展示区和传统利用区。严格按照《自然保护区条例》、《风景名胜区条例》等相关规定强化保护，确保保护面积不减少、保护强度不降低。核心保护区以强化保护和水源保护为主，禁止新建、改建和扩建任何与防洪、保障供水和保护水源无关的建设项目，禁止从事可能污染饮用水体的活动，以及其他对生态系统具有干扰和破坏的人为活动。生态保育区为核心保护区的生态屏障，不得建设污染环境、破坏资源或者景观的设施，加强对区域的控制和管理，受损区域以自然恢复为主。游憩展示区是承担国家公园集中游憩、展示、教育功能的区域，具有观光游憩、科普教育、社区引导等功能。传统利用区在不影响自然资源、文化遗产和主要保护对象的前提下，可开展生态林业、农业、传统文化展示等利用活动。

（4）空间规划

为保障钱江源国家公园体制试点区的保护优先和全民公益性，促进自然生态资源的科学保护与合理利用，制定编制包括《钱江源国家公园总体规划》《钱江源国家公园生态保护与利用专项规划》《钱江源国家公园科研发展专项规划》《钱江源国家公园控制性详细规划》，形成指导试点区科学保护与有序发展的规划体系，并探索一张蓝图管到底的规划管理模式。

另外，开化县也正开展国家主体功能区建设、"多规合一"等国家级试点，按照形成"一本总规""一张总图"和"一套体系"的试点思路，确定了逐步实现"六个统一衔接"的总体目标，目前，已编制形成《推进"多规合一"改革方案》和《发展总体规划框架思路》，成效初显。同时，科学编制发展总规和专项规划，已经科学编制统领性、综合性、空间管制性的《开化县发展总体规划》，作为全县"多规合一"的顶层规划。编制完成《开化县环境功能区规划》，报批《开化县土地利用总体规划（2006—2020年）》，修编《开化县域总体规划（2006—2020年）》，结合中长期发展需求，测算城镇扩张规模需求，并与生态红线和永久基本农田保护边界相结合，确定城镇增长边界。这些县域范围内的空间规划试点探索也为国家公园空间总体规划提供参考和依据。

（5）开展资源总量管理和全面节约

进行生态公益林扩面，减少林木采伐量，促进森林覆盖率增长。2014年新增省级生态公益林17.6万亩，2015年完成造林更新3.05万亩、油茶良种造林4708亩、低产低效2.5万亩，"十二五"期间消减林木采伐量40%，森林覆盖率达到80.54%。

开展资源调查、监测及动态评估工作。围绕动植物和水资源类型、数量、品级、分布和利用情况进行本底调查；根据普查结果，建立资源保护动态数据库与信息管理系统；针对试点区重点保护对象，建立试点区保护工作的长效机制，有序开展钱江源水源地珍稀濒危动植物、文化遗产专项保护行动；动态评估试点区动植物资源、水资源、生态系统的保护价值和生态服务价值，定期发布资源监测和评估报告；根据重点保护资源名录制定保护方法和措施，落实保护责任制和责任追究制度；编制并落实试点生态保护与利用规划，明确试点区自然、文化和景观资源等的旅游利用、特许经营及社会发展方式与措施；形成资源利用定期通报制度。

开展科学研究。成立试点区研究机构，创建省级、国家级实验室或研究基地；鼓励开展特色稀有动植物资源为对象的濒危动植物研究、资源可持续性研究等专项研究项目；加强公园网站建设，定期发布评估报告和研究年报；通过公园解说系统宣传科普教育。

（6）生态补偿制度建设

探索建立生态补偿机制。围绕探索建立县域乡镇生态补偿机制这一重点调研课题，自2015年5月份开始，由县人大牵头，调研组深入全县各乡镇，采取情况交流、座谈讨论、实地考察等方法，详细了解掌握了开化县在生态补偿机制建设方面的基本情况，初步形成了加快建立健全生态补偿机制的基本思路。完成了《开化县生态补偿调研报告》（初稿），确定了生态补偿主体、对象、范围及补偿方式等要素，将通过调研，进一步完善、明确各项补偿要素。

（7）建立环境治理体系

实施"机构整合，职能增强"的保护管理机制。调整优化乡镇行政区划，推行"政区合一"模式，19个乡镇、园区撤并整合成14个乡镇。钱江源风景名胜区管委会与齐溪镇、古田山管理局与苏庄镇、现代农业综合区管委会与池淮镇、工业园区管委会与华埠镇分别实行"政区合一"管理，与乡镇合署办公，领导干部交叉任职。在全县所有乡镇设立生态环境保护办公室，赋予其环境保护和行政执法等职责。建立钱江源国家公园管理委员会，加强对要素资源的有效整合和综合利用，实现全县"一盘棋"管理。

构建山水林田河立体保护体系。制定实施《开化国家公园山水林田河管理办法》《开化县主要通道两侧林地林木管理细则》等，构建保护有力、利用有度、管理有序的全县域山水林田河立体管理、保护体系，着力保护发展森林生态资源，强化水资源保护，加强全县天然水域渔业资源保护，促进全县渔业可持续发展，达到经济建设与生态文明协调发展，推动国家公园建设。

实行全县域五水共治。全力推进污水治理。生活污水治理受益户实现所有行政村"全覆盖"；全力推动工业污染整治。对排污企业建立了监控网，实行24小时监控。推进环境监测体系项目建设，建成2座水站和1个气站，提升了环境质量监控和预警功能。

着力提升环境质量。全力推动百里黄金水岸线建设。将治水造景、治水美村、治水富民有机结合，全力推进马金溪百里黄金水岸线建设，全面完成沿线绿化彩化；常山港华埠段治理工程全速推进，打造美丽乡村升级版。成功创建市级示范乡镇2个、市级精品村7个、精品村提升村8个，环境综合改造提升村58个；按照"点上出彩、线上美丽、面上整洁"的建设要求，进一步提升了"马金溪百里黄金水岸线"和"古田山田园风情线"2条精品线。

（8）生态保护市场体系

开展土地银行试点。按照县土地银行试点方案，杨林镇积极开展土地银行试点——土地预流转工作，有效耕地面积增加。探索碳排放交易制度建设。编制完成《开化县碳汇林业建设总体规划（2013—2020）》初稿，对全县碳汇增量可行性及途径进行了前瞻性的探索，同时探索在南方林区建设碳排放交易制度的可行性和可操作性。

（9）完善生态文明绩效考核和责任追究制度

建立了体现生态文明要求的考核机制。衢州市委、市政府对开化实施单列考核，取消了工业经济和GDP的考核，加大了对森林覆盖率、森林蓄积量、出境水水质等生态文明建设方面指标的考核力度、考核比重。开化县积极适应市对县的考核，制定了更加严格的国家公园建设综合争先考核办法、生态文明建设和环境保护工作考核办法，层层传导生态文明建设压力。制定实施《开化县领导干部自然资源资产审计实施办法》，积极探索自然资源资产负债表编制，更加全面评价领导干部的任期工作实绩。制定实施《开化县生态环境损害责任追究办法（试行）》，强化领导干部生态环境和资源保护职责，加快推进开化县生态文明建设，健全生态文明制度体系。

图6-7　浙江省自然风光

第七章

借助法制化推进国家公园体制改革

为探索中国东部地区国家公园体制建设和运营管理模式，浙江省钱江源区域被确定为国家公园体制试点区之一。为了规范钱江源国家公园体制试点区的保护、建设和管理活动，促进以国家公园体制为抓手的生态文明建设，有必要根据相关上位法律和行政法规的具体规定，并结合钱江源国家公园的实际情况，构建符合钱江源管理实际的法制化体系（主要包括管理机构、管理办法和管理机制等内容）。在行政跨界的背景下，形成以《钱江源国家公园体制试点区管理条例》为龙头，《钱江源国家公园体制试点区地役权和生态补偿技术规范》《钱江源国家公园体制试点区产品品牌管理办法》等相关专项管理办法、技术标准为配套的制度化、标准化的管理体系，形成可复制、可推广的经验，为未来国家公园建设管理提供依据。

钱江源国家公园通过构建地方法律体系，主要作用有三：为突破既有政策法规障碍提供依据，解决原国家级自然保护区、风景名胜区和森林公园管理之间的法律冲突和不合理问题；肯定自身改革成果，其创新性和难以落地的制度探索成果需要通过法律法规来保障，比如地役权、多规合一、跨省管理等；地方政府在参与国家公园建设中，将"权责利"同步转移给国家公园管委会的同时，部分诉求需要通过地方立法来反映，以及高级别政府给予更多的支持，包括：资金、土地指标的倾斜，执法权、审批权的下放等。总之，要反映当前国家公园体制建设中的冲突点、创新点和诉求点，突破改革过程中法律滞后所带来的障碍，明确改革措施的行政效力并构建连通上级的沟通机制。

为探索东部地区国家公园体制建设和运营管理模式，积累和推广相关经验，浙江省钱江源区域被确定为第一批国家公园体制试点，并于2015年12月由国家发展和改革委员会组织评审通过了《钱江源国家公园体制试点区试点实施方案》。钱江源国家公园体制试点区与江西婺源县毗邻、北接安徽省休宁县，是国家发改委几个试点中唯一的跨省域试点。钱江源国家公园体制试点

（以下简称"试点区"）总面积252平方千米，空间范围包括古田山国家级自然保护区、钱江源国家森林公园及其连接两地的生态廊道（大部分为生态公益林）。试点区范围内有3处保护地、4个乡镇19个行政村。试点区管理中所遇到的问题具有非常明显的代表性和典型性：①保护与开发矛盾较为突出；②生态系统的完整保护亟待加强，即如何解决跨界保护管理问题。这两个问题是国家公园管理的基础性问题，也是难点问题。为了规范钱江源国家公园试点区的保护、建设和管理活动，保护国家重要生态安全屏障，促进生态文明建设，实现自然资源的持久保育和永续利用，根据有关法律和行政法规，结合国家公园的实际情况，有必要探索相应的技术路径和管理办法。在行政跨界的背景下，借助《钱江源国家公园体制试点区管理条例》和相关技术标准的制定与颁布，实现管理制度化、标准化，形成可复制、可推广的经验，充分体现国家公园试点的示范作用。

7.1 钱江源国家公园法制化的必要性

7.1.1 建设规划和评价标准是国家公园管理的基础

"国家公园"这一概念最早由美国早期自然保护运动的发起人之一、艺术家George Catlin于1832年提出的，其中寄托着自然保护主义者保护自然，尤其是保护原生态的朴素理想。John. J. Pigram和John. M. Jenkins（1999）认为，设置国家公园的目的是保护和保存自然资源，这一目的也是整个国家公园的中心主题，但是保护的目的是使这些资源开发出来以满足国家公园的游憩需求。《生态文明建设标准体系发展行动指南（2018—2020年）》要求："坚持生态需求、突出重点。紧密围绕生态文明建设瓶颈问题和需要，结合各行业、各地方自身特点，着力提高生态文明建设相关标准的适用性和有效性"。国家公园肩负自然资源保护和利用的双重任务，由于保护与利用两者往往是一对矛盾，因此，协调保护与利用的矛盾是国家公园建设的关键所在。

自世界上第一个国家公园成立以来，从将近两百年跨度的美国国家公园体系发展历程中，可以清晰地看到国家公园的设置宗旨是围绕着保护和游憩利用这条主线而丰富和发展的。随着世界国家公园运动的深入，许多国家把保护典型生态系统的完整性作为一项战略，通过设立国家公园这一载体落实生态环境、自然资源保护和适度旅游开发的基本策略，通过较小范围的适度开发实现大范围的有效保护，既排除与保护目标相抵触的开发利用方式，达到保护生态系统完整性的目的，又为公众提供了旅游、科研、教育、娱乐的机会和场所。国家公园逐步由一个为生态旅游、科学研究和环境教育提供场所的自然区域，发展成为一种处理生态环境保护与资源开发利用矛盾的行之有效的模式。

国家公园模式的形成表明人类的自然保护行动得到强化，也标志着一套渐趋合理的自然管理体系的形成。在此体系中，建设规划和评价标准是国家公园设置的基础。以美国为例，美国在1910年前后即开始公园规划实践，规划部署国家公园内资源与环境保护、合理建设和科学管理的内容，规定公园管理的程序，为公园内开展活动提供依据。1971年，美国国家公园管理局成立了丹佛规划设计中心，负责国家公园规划设计的专业研究与规划编制工作。美国国家公园规划体系由总体管理规划、战略规划、实施规划与年度工作计划四个部分组成，内容全面，层次具体清晰，不仅体现了国家公园规划建设的前瞻性、科学性和可操作性，且强调了国家公园保护环境条件下的合理地、可持续地利用资源的宗旨。

7.1.2　学界研究提供了国家公园管理模式的基础

从学术角度来看，学者对国家公园管理模式的理论分析视角各有不同，周武忠（2014）作了较为详尽的梳理，其梳理分为人地关系、政府规制、生态经济和系统视角四个不同视角（详见下表7-1）。接下来，我们将先以其分类的四个视角分别对目前学界对国家公园管理模式理论分析的基本观点作简单介绍，接着关键词"法制化"，重点介绍政府规制视角中相关性较大的管治理论。

从人地关系视角来看，国家公园管理模式的有效性评判在于能够兼顾生态地理环境维度和人类游憩需求，促进和协调人与自然的和谐发展关系，主要代表有生态服务理论和协同演化理论。生态服务理论从生态系统为人类提供生命支撑的功能角度出发，强调国家公园侧重保护生态系统的完整性和维护生命的多样性，最终为人类提供环境服务，人类的自然游憩和旅游也建立在原生自然生态环境基础上，而根据协同演化理论的观点，国家公园的构建和运营需要体现自然资源系统和社会系统之间的适应性演化的互动过程。

从政府规制视角来看，政府职责在国家公园这种公共资源的管理决策中起至关重要的作用，主要代表有政府干预理论、管治理论和善治理论。这三个理论的共同点是强调政府对市场机制的补充作用，认为政治权威制度能够弥补市场失灵、提高资源配置效率，防止"公地悲剧"的发生。只有通过制定和实施相应的法律政策，进行科学的规制设计并实践合理的管理体系，国家公园正是实践这种管理体系的理想场所。

从生态经济视角来看，国家公园的有效管理可以实现其经济效益反哺自身的保护体系，主要代表有生态经济平衡理论、生态经济效益理论和休闲经济学理论。这些理论共同点在于，都从系统的视角出发，将国家公园视为一个生态经济复合体，存在生态系统与经济系统的物质、能量和信息交换，而这些交换是存在一个"有效水平"的，通过优化管理，可使这个系统达到"最优"，即实现国家公园生态效益与经济效益之间的平衡。

从系统发展视角来看，其将国家公园的管理模式研究放置于更加宏观和长远的情景之下，主要代表有系统理论和可持续发展理论。系统理论为国家公园的管理模式提供"整体、关联、等级结构、动态平衡、时序的系统思考方法"；可持续发展理论建立在人类资源的延续伦理之上，建立为现代人类和后代子孙提供完整生态资源的管理模式。

表7-1　国家公园的管理模式理论分析视角梳理

分析视角	基础理论举例
人地关系视角	生态服务理论、系统演化理论
政府规制视角	政府干预理论、管治理论、善治理论
生态经济视角	生态经济平衡理论、生态经济效益理论、休闲经济学理论
系统发展视角	系统理论、可持续发展理论

上述各种不同的分析视角往往是针对国家公园体制面临的不同方面的问题，以不同的视角产生不同的观点，进而可以对国家公园体制进行全方位的分析，更好地解决实践中的问题。本部分与"法制化"息息相关，所以聚焦政府规制视角，尤其是其中的管治理论，以下将作详细介绍。

张海霞等（2017）认为，国家公园是在既有制度框架下，促进自然生态空间的科学、有序保护与利用的保护地类型。其在研究中根据Dudley提出的"CGT选择矩阵"，将保护地体制分析分为"管理"和"治理"两个维度，并将之对应到国家公园管理机构设置之中，即国家公园相关机构职能可以分为权力（治理）职能和专业（管理）职能两个核心职能。在治理维度上，政府应以"在既定范围内运用权威维持秩序，满足公众需要"为目标，通过"规则秩序"的理性安排来促进机构正义，具体包括国家公园的立法、行政管理、安全、监督、协调等行政治理性职能；在管理维度上，国家公园管理机构应当是自然生态环境保护与利用等目标管理职能的执行者，通过管理过程的专业化来提高机构效能，履行与国家公园建设目标直接相关且是有效达成目标所必需的生态与环境保护、游憩服务、社区发展、教育研究等技术管理性职能。前者侧重权力架构，隐喻着政治元素的行政过程，因而不同秩序原则下会出现不同的国家公园治理模式；后者侧重目标管理，强调专业保护功能的划分；前者是后者实现的基础和保障，后者是前者的目标指向。

钱江源国家公园的"制度创新"是为了解决诸如如何整合已有的保护地统一管理、如何进行跨界保护管理、如何解决保护与开发的矛盾等问题而发展的，钱江源国家公园管理委员会则是"生态环境保护与利用等目标管理职能的执行者"，其运行侧重目标管理；"法制化"，体现的则是前述的"权力治理"，通过所谓"规则秩序"的理性安排来促进机构正义，即通过当地立法、制定并颁布相关技术标准、对已有保护地管理机构进行人事整合等，使钱江源国家公园管理委员会的有效管理能够得到充分保障。

7.1.3　现实背景要求构建法制化的国家公园管理体系

（1）顺应顶层设计的需要

顺应中央的相关改革要求（包括生态文明体制改革及具体的国家公园体制建设总体，也包括与国家公园管理相关的财税体制、大部制和事业单位体制改革等），是钱江源国家公园制度创新顺利推进并落地的重要保障。

从生态文明建设的角度和高度看，国家公园是我国生态文明建设的重要物质基础、生态文明制度建设的先行先试区、生态文明建设领域国家技术标准的创新基地、生态文明八项基础制度因地制宜的创新实践区；而国家公园体制建设是国家公园事业的基础，国家公园体制试点是我国推进国家公园事业的起步工作。为此，钱江源国家公园制度创新应有以下考虑:（1）钱江源国家公园的建设必须与"五个发展"理念、《生态文明体制改革总体方案》《建立国家公园体制总体方案》等中央的顶层设计紧密结合，必须按照中央的相关文件要求进行，才可能确保这项工作朝着正确的方向有序推进，即钱江源国家公园体制建设必须是目标导向；（2）在钱江源已经存在三种保护地类型，保护地管理问题繁多且保护地优化管理存在多方面约束的情况下，钱江源国家公园体制建设需要找到针对问题且与当前的各类保护地体制衔接的改革路径，才可能形成符合当地情况的"统一、规范、高效"的国家公园体制，即国家公园体制建设是问题导向。

《生态文明体制改革总体方案》中生态文明建设的四梁八栋，即健全自然资源资产产权制度、建立国土空间开发保护制度、建立空间规划体系、完善资源总量管理和全面节约制度、健全资源有偿使用和生态补偿制度、建立健全环境治理体系、健全环境治理和生态保护市场体系这八项生态文明基础制度。从目标导向看，国家在《生态文明改革总体方案》后续颁布的《关于设立统一规范的国家生态文明试验区的意见》《国家生态文明试验区（福建）实施方案》《建立国家公园体制总体方案》《生态文明建设标准体系发展行动指南（2018-2020）》等系列文件，明确指出了这八项制度的重要性、试点政策的操作模式以及国家公园试点区标准建设指南。从问题导向看，中国国家公园体制建设的特殊国情——"地"和"人"的约束以及体制整合的重点和难点——"权""钱"。而生态文明八项基础制度与国家公园管理"权""钱"制度设计密切相关，构建生态文明基础制度对解决国家公园"权""钱"的制度难题至关重要。

从生态环境保护领域的"大部制"改革的角度来看，2018年公布的机构改革方案提出"组建自然资源部，实现山水林田湖草整体保护、系统修复、综合治理……组建国家林业和草原局，加大生态系统保护力度，统筹森林、草原、湿地监督管理，加快建立以国家公园为主体的自然保护地体系，保障国家生态安全"。该方案明确了生态环境保护"大部制"管理的要点：（1）各类自然资源统一管理，自然资源部统一行使自然资源资产管理和国土空间用途管制职责；（2）国家公园管理局统一管理自然保护地体系，将国土资源部、住建部、水利部、农业部、国家海洋局等部门的自然保护区、风景名胜区、自然遗产、地质公园等的管理职责进行整合，由国家林草局（加挂国家公园管理局牌子）进行统一管理；（3）生态环境部按照相关法律进行监管。总而言之：自然资源部通过规划使国土空间的各类资源合理、有序使用；国家公园管理局直接管理部分国家公园；生态环境部依据《环境保护法》等监管这些国土空间和自然保护地。

（2）解决现实问题的需要

① 保护地的空间和管理的碎片化以及机构的多头化是突出问题。

"统一"是国家公园体制试点首要目标，这个改革目标源自问题导向。中国自然保护区事业60周年工作总结的《国务院关于自然保护区建设和管理工作情况的报告》指出了问题："有的风景名胜区、森林公园与自然保护区交叉重叠，存在多头管理等问题。一些自然保护区按照行政区界划建，导致同一生态系统内分设不同的自然保护区，影响了生态系统的完整性。部门间的协作配合还需进一步加强。多数自然保护区管理机构集行政、事业和企业职能于一身，政企不分、事企不分"。

《建立国家公园体制试点方案》中也专门说明"保护地交叉重叠、多头管理，自然生态系统被人为切割、碎片化比较严重……按照设立层级、保护目标等，对试点区内各类保护地的交叉重叠和碎片化区域进行清理规范和归并管理……实现一个保护地一块牌子、一个管理机构，由省级政府垂直管理……探索将试点区内的全民所有的自然资源资产委托由已经明确的管理机构负责保护和运营管理"。

结合钱江源情况，解决现存的三个保护地的空间和管理碎片化问题和机构的多头化突出问题是重中之重，因此在国家公园体制试点中应通过整合着力解决。

② 没有一个有权有钱的机构对保护地统一管理，导致保护不力等一系列问题。

整合从空间上看是连通，从机构上看是合并，从职能上看是集权。要整合的，从空间而言不仅是现有的保护地，也包括同属于一个生态系统的其他区域（如钱江源国家公园体制试点区与江西婺源县毗邻、北接安徽省休宁县，比原来的保护地更能体现生态系统完整性）；从体制而言不仅是现有的保护地管理机构，也包括这片区域内的地方政府的某些职能乃至机构（如执法队伍）。通过整合，将完整的生态系统由一个机构整体统一保护管理。事实上，只有通过整合实现了体制统一和空间统一，才可能确保国家公园的"保护为主、全民公益性优先"，这个逻辑关系是：保护不力的重要原因是现有的各类保护地不以完整的生态系统作为管理目标，而仅关注生态系统的某个片段或要素，导致其建设不成体系，一地多牌多主、交叉重叠、权责不清的现象普遍存在，与地方政府的关系也不清不顺，以致保护难以形成合力反而会给不当开发留下漏洞。

国家公园体制建设要实现保护为主、全民公益性优先，就必须抓住碎片化和多头管理这一基础性问题，打破部门和地域的限制，强调以一个生态系统的视角来整合各类保护地，使日常监测、保护管理、综合执法、经营监管等都政出一门。如果不能在一个完整的生态系统内实现一地一牌、一地一主且整体用公益性的体制保障，国家公园就只是原有保护地机构基础上再挂一块牌子。同时，"整合"涉及既有利益结构调整，直接影响到"权、钱"，所以也是建立国家公园体制的难点所在。

7.1.4 其他试点的法制化进程

《建立国家公园体制总体方案》在第（八）条中指出："可根据实际需要，授权国家公园管理机构履行国家公园范围内必要的资源环境综合执法职责。"除了常规的法规之外，还应针对特定的国家公园制定适应其特点的法律作为资源环境综合执法的依据。目前，已有《武夷山国家公园条例（试行）》由福建省十二届人大常委会第三十二次会议于2017年11月27日表决通过，自2018年3月1日起施行；《湖南南山国家公园条例》已列入湖南省2018年立法计划；《大熊猫国家公园体制试点实施方案（2017-2020年）》指出，"今后四年，将建立统一的管理机构和管理体系，制定相应的法律条例和管理办法"；甘肃省祁连山国家公园体制试点区已启动整合国家公园所在地资源环境执法机构工作，制定了生态保护整改方案。而早在2014和2015年，《云南省迪庆藏族自治州香格里拉普达措国家公园保护管理条例》和《云南省国家公园管理条例》就已经颁布实施，尽管当时这两部条例对国家公园的功能定位等基本问题与十九大报告和《总体方案》的要求存在一定差异，但其立法思路、框架设计以及立法实施过程中出现的问题仍值得总结和借鉴。

《神农架国家公园保护条例》由湖北省第十二届人民代表大会常务委员会第三十一次会议于2017年11月29日通过，自2018年5月1日起施行，在机构改革、管理制度建设、规划编制方面取得了较大进展，拟定了涉及综合管理、机关运行和业务管理三大类共55项日常管理规章制度，细化了管理要求，使机构运行有章可循。《条例》要求，建立神农架国家公园生态保护补偿制度，将生态保护补偿资金纳入省级财政预算，明确对森林、湿地等重点领域以及生态移民等事项予以生态保护补偿，鼓励受益地区通过转移支付、对口协作等方式，支持神农架林区生态保护、产业优化和民生改善；鼓励国家公园管理机构与神农架国家公园内乡镇人民政府、村（居）民委员会等建立社区共管共建制度，通过联户参与、签订管护协议等形式，协助开展自然资源保护工作；建立健全生态管护制度，设置公益岗位，优先聘用神农架国家公园内居民为生态管护员，实行管护考核与奖惩制度，合理确定管护报酬与绩效奖励标准，管护所需经费纳入省级财政预算。这些制度的制定与实施能够为国家层面国家公园管理的制度安排提供借鉴。

三江源试点区由于试点启动时间较早，土地权属关系相对简单，而且受到中央和青海省的高度重视，体制改革进展较大，在机构整合、管理制度建设、资金保障机制、社区发展机制等方面取得了较快进展。试点整合了园区国土、环保、水利、农牧等部门编制、职能及执法力量，建立覆盖省、州、县、乡的4级统筹式"大部制"生态保护机构。并于2017年6月2日由青海省第十二届人民代表大会常务委员会第三十四次会议通过《三江源国家公园条例（试行）》，自2017年8月1日起施行。截至2017年底，三江源国家公园体制试点任务已全面完成。打破"九龙治水"，将辖区内林业、环保、国土、水利、农业等部门的生态管理职责划归国家公园管理局，统一履行自然资源资产管理和国土空间用途管制职责；法律政策体系、标准体系和规划管理体系初步建立；初步摸清自然资源资产本底，权责清晰、公开共享平台初步形成。同时，对3个园区所涉4县进行大部门制改革，县政府组成部门由原来的20个左右统一精简为15个，生态管理归管委局，其他社会管理归地方政府，各司其职、相互配合。并组织制定了关于三江源国家公园科研科普、生态管护公益岗位、特许经营、预算管理、项目投资、社会捐赠、志愿者管理、访客管理、国际合作交流、草原生态保护补助奖励政策实施方案等10个管理办法。

1996年，云南省就开始基于国家公园建设的新型保护地模式的探索研究。2003年起，省政府研究室与大自然保护协会（TNC）组织高校科研院所针对云南省建设国家公园开展系列研究。2008年6月，国家林业局批准云南省为国家公园建设试点省，2008年8月，云南省人民政府常务会议进行了专题研究，明确了云南省林业厅为云南省国家公园主管部门，省委编办批准成立了云南省国家公园管理办公室。2008年9月，云南省林业厅与云南省政府研究室共同启动了《云南省国家公园发展战略研究》，促进国家公园建设工作有序开展。2009年，云南省人民政府组建了云南省国家公园专家委员会，批准了《云南省国家公园发展规划纲要（2009—2020年）》，同时下发了《国家公园申报指南》。2010年起，经国家质量监督检验检疫总局备案、云南省质量技术监督局发布了《国家公园基本条件》《国家公园资源调查与评价技术规程》《国家公园总体规划技术规程》《国家公园建设规范》和《国家公园管理评估规范》等9项国家公园地方推荐性标准以及关于申报指南、管理评估指南、巡护办法、生物多样性监测办法的4项管理政策，对国家公园的审报、建设、管理等方面进行规范。为解决"九龙治水"困局，云南省结合自然保护区管理体制改革，对试点区现有的普达措国家公园管理局和碧塔海省级自然保护区管护局进行整合，实行"两块牌子一套班子"的管理体制，组建省政府垂直管理的机构，履行试点区范围内国有林、自然保护区、风景名胜区、世界自然遗产等的管理职能，对试点区域实行"统一规划、统一保护、统一管理"。2015年11月26日，《云南国家公园管理条例》经云南省第十二届人大常委会第二十二次会议通过，对国家公园的定义、国家公园的管理体制、国家公园与其他保护地衔接以及国家公园的特许经营活动都做出明确规定。

7.1.5　以"法制化"巩固制度创新的必要性

现行的各自然资源单行法，有相当一部分是在计划经济体制下制定的，缺乏可持续发展的立法理念。这样的法律下，缺少的是对经济、社会、资源和环境保护的协调发展的强调。我国的自然资源单行法尽管大多进行了修订，更加关注资源的合理利用和保护，但总体来说，还没有树立可持续发展的立法理念。故此对钱江源国家公园的制度法制化是有必要的，主要体现在以下几个方面：

（1）现行保护地管理办法之间的矛盾和冲突

随着新中国成立以来，特别是改革开放以来，中国自然生态系统和自然遗产保护事业快速发展，取得了显著成绩，建立了自然保护区、风景名胜区、森林公园、地质公园等多种类型的保护地，面积约占陆地国土面积的18%，基本覆盖了我国绝大多数重要的自然生态系统和自然遗产资源。但同时，自然保护地存在的问题也相当突出，例如，由于缺乏统一的空间规划，多处自然保护地"一地多牌"、交叉重叠，管理部门多头管理、各自为政、效率不高。又例如，由于产权不够明晰，一些保护地存在全民所有自然资源产权人缺位、社会公益属性和公共管理职责不够明确、土地及相关资源产权不清晰、保护管理效能较低等问题，导致盲目建设和过度开发的"公地悲剧"现象时有发生。这些问题有其深层次的制度因素，例如管理体制上条块分割、不同管理主体之间权责划分模糊、不同规划之间"相互打架"、资源权属复杂不清等。

对于钱江源试点而言，原有的三类自然保护地的管理主要由《自然保护区条例》《风景名胜区条例》以及《国家级森林公园管理办法》这三个管理办法进行规定，以下将分别进行分析并对比：

①《自然保护区条例》中存在的问题

《自然保护区条例》是国务院1994年根据当时的国情制定的行政法规，共五章44条。其对自然保护区的建设、管理、保护等方面做出的规定简单而抽象，存在大量的立法漏洞，如自然保护区的土地权属未完全厘定，自然保护区的资金保障制度未完全落实，公众参与制度未得到充分体现等。《条例》在诸多法律规定上都较抽象、原则，缺乏与之配套的实施细则，实践操作性较差；且《条例》虽然对相关管理机构的设置及其主要职责做出了规定，但没有明确这种机构是属于行政主管部门的派出机构还是纯粹的事业性单位以及是否具有执法权等具体问题。

借鉴国际上对保护区的分区方法，我国《自然保护区条例》将自然保护区划分为核心区、缓冲区和实验区。应当说，《自然保护区条例》确立的分区制，尤其是关于禁止任何单位和个人进入自然保护区核心区的规定，其立法意图是更好地维护保护区内的自然原始特性和风貌。鉴于我国巨大的人口基数与资源环境承载的压力，这种规定从总体制度设计上来看无疑是必要的。然而在实际的保护区管理工作中却出现了一些问题：一方面，《自然保护区条例》关于进入保护区的禁止性和限制性规定在实践中并不能得到良好实施。尽管在保护区规划中通常相对明确地标志了一个自然保护区的地理位置及其边界，以及保护区内各个分区的界限，但为保证保护区内物种迁徙自由，现实中的自然保护区往往是开放性的。因此，尽管条例明文规定禁止进入，但除勘界定桩外，多数保护区（核心区）没有围墙或者栅栏阻挡人们进入其中。而与现实中不具任何限制性和执行力的"开放式"管理相比，《自然保护区条例》书面条文所规定的严格的、与世隔绝的"孤岛化"与"片断化"保护模式却可能造成人们在情感上对自然保护区的漠视，从而采取一种漠不关心的态度。而往往越是远离公众视线，自然保护区极其珍贵的资源越容易遭到侵犯与破坏。缺乏公众监督和保护参与的自然保护区的保护在很大程度上只能依赖于主管部门的保护监管工作。这一方面给各保护区主管部门增加了巨大的工作压力，另一方面也将自然保护区完全地暴露在开发与保护的竞争关系当中。现实中由于开展经济建设或发展旅游事业而过度开发、溢用和破坏自然保护区的现象十分普遍，保护工作效果堪忧。

根据《自然保护区条例》第二十三条规定："管理自然保护区所需经费，由自然保护区所在地的县级以上地方人民政府安排。国家对国家级自然保护区的管理，给予适当的资金补助。"然而，由于《自然保护区条例》并未明确管理经费应当具体由县级以上哪一级地方人民政府予以安排，以及各级人民政府对自然保护区的财政投入应当呈现何种比例与结构，加之国家对国家级自然保护区管理的资金补助十分有限，因此现实中自然保护区的保护管理经费常常难以落到实处。许多保护区管理机构不得不自筹经费以维持自身的日常运行。据有关调查，我国自然保护区全部职工人均经费每年仅为1万余元，而人均管护面积却达到800余公顷，平均每公顷的管护费用非常低，远远达不到一般管护所需的水平。经费不足已成为限制自然保护区发展的严重桎梏，将保护区管理机构与自然保护放到了对立面。迫于财政投入的限制，且出于对经济利益的追求，许多自然保护区管理机构转向利用保护区的自然生态资源开展营利性经营活动。有的甚至对保护区实施企业式经营管理，造成管理机构与经营机构政企不分的局面。有调查显示，38%的自然保护区设置生产经营科，19%的保护区设置旅游科，只有26%的保护区没有开发项目，而有开发经营活动的保护区，自己管理的占60%，承包给保护区某个部门或某些人员的占25%，15%承包给外面的人员经营。保护区管理机构自收自支，自负盈亏，为追求经济效益盲目和过度开发利用保护区资源，在破坏保护区的同时也严重扭曲了自然保护区公益性和保护性的根本管理目标。

如何处理自然保护区与周边社区的关系，是多数保护区不得不面对的又一难题。保护区的设立对周边社区利用自然资源造成了一定限制，使得社区丧失了部分经济发展机会。自然保护区保护与开发的矛盾在此成为人地矛盾：一方面，按照《自然保护区条例》的规定，某一地理空间区域一旦被划为自然保护区，定居在保护区内，尤其是核心区和缓冲区范围内的居民应当迁出原居住地。这被认为是生态移民的一种模式。一项针对三江源自然保护区生态移民的调研结果表明，即使政府已经给予了一定补助并采取了相应移民安置措施，居民在迁移后仍面临资金、技能、语言环境和生活习惯等多方面限制。搬离保护区的居民不仅要离开世代居住的自然环境，而且在生活方式、生活来源、教育资源、就业机会等方面都可能发生较大变化。特别是在少数民族地区，生态移民还涉及文化环境和宗教信仰的重新融合问题。另一方面，在实践中，生态移民模式并非普遍适用。在多数自然保护区内和保护区周边仍有数量和规模不等的人口聚居区。这些社区居民的生产生活方式通常在较大程度上依赖于保护区的环境资源，而设立自然保护区则限制了居民的生产生活资料来源。同时随着社区人口数量的增长，如果严格限制或者禁止居民利用保护区资源，则居民的收益将呈现负增长，从而造成社区经济发展缓慢，保护区与周边社区居民之间矛盾突出等问题。

除了普遍存在的规划分区、经费投入、周边社区发展等问题以外，我国的自然保护区建设还面临行政管理和监督权限重合的矛盾。目前，从中央层面来看，国务院环保、农业、国土、水利和国家林业、海洋等部门都设立了由本部门监督管理的各级各类自然保护区；从地方层面来看，保护区虽然实行分部门监督指导的管理制度，但是主要和实际规划、管理、建设和运营责任则由地方政府承担。此外，由于我国区域和流域行政管理中，存在自然保护区、旅游开发、资源储备等区域类型重复设置的情况，因此许多自然保护区同时又与风景名胜区、旅游景区、森林公园、地质公园等存在不同程度的交叉与重合。多种因素共同造成了自然保护区政出多门、多头管理的局面，模糊了自然保护区的本质和功能。

总之，《自然保护区条例》虽然采用了比较严格的法律规范方法，但由于对保护区的目标、功能和类型设定过于单一，因此制度的实施与执行效果并不理想。且《条例》对自然保护区资金保证、日常管护、公众参与等诸多细节的规定有所缺漏，并存在管理监督权责不明等现实问题。

②《风景名胜区条例》中存在的问题

风景名胜区是我国现状保护地体系中唯一一个将自然景观和文化景观融合保护作为首要保护目标的保护地类型，是国际保护地领域中自然文化相融合的文化景观保护的典型例证。为了保障游客游览风景名胜区的需要及国家对于风景名胜资源的保护，法律法规、地方规章对风景名胜区私人享有的古建筑与非古建筑的所有权提出了限制要求。规划和建设制度是风景名胜区管理体制中最为突出的两大制度，也是风景名胜区管理的基础。规划方面，国家级风景名胜区总体规划由住建部报国务院审批，形成《国家级风景名胜区规划编制审批办法》以及相关的规划编制标准，与地级市城市总体规划具有同等地位。此外，《风景名胜区条例》仅规定"编制风景名胜区规划，应当广泛征求有关部门、公众和专家的意见"，缺少了风景名胜区权利受限的私人在风景名胜区规划的过程中的协商机会。且《风景名胜区条例》缺乏针对利益受损者补偿标准的具体规定，而现行的法律法规也不能完全满足风景名胜区复杂具体的私益补偿需求。另外，《风景名胜区条例》赋予了风景名胜区管理机构行政许可权，即对建设项目选址审批的前置审核权，以及违法建筑强制拆除制度等。管理制度方面，《风景名胜区条例》规定，风景名胜区所在地县级以上地方人民政府设置风景名胜区管理机构，负责风景名胜区保护、利用和统一管理。风景名胜区管理机构具有行政许可权、行政管理权、行政命令权和行政处罚权。管理内容方面，针对旅游、土地权属等问题，形成门票和资源有偿使用制度、特许经营制度。但同时，当风景名胜区私权因风景名胜区公共利益的需要而受到限制时，该权利所指向的经济性价值利益的实现就被增加了额外的负担，或完全失去了实现的途径，以至于利益难以实现。虽然《风景名胜条例》第十一条规定："因设立风景名胜区对风景名胜区内的土地、森林等自然资源和房屋等财产的所有权人、使用权人造成损失的，应当依法给予补偿。"但政府在对该利益损失进行补偿时难以达到私人根据市场价值与受损精神利益所得出的标准。致使风景名胜区私益受损主体在补偿、收费等经济性价值利益方面存在冲突。

在1982年国务院启动评议审定第一批国家重点风景名胜区，即现在所称的国家级风景名胜区时，风景名胜区的行政主管部门是在当年国务院机构改革中成立的原城乡建设环境保护部。城乡建设环境保护部下设环境保护局，因此这种机构配置有利于将风景名胜区的规划、保护、建设和评价工作纳入统一管理。然而，在1988年国务院机构改革中，环保部门从原城乡建设环境保护部部委归口管理的部门中独立后，风景名胜区的管理职责仍留在国务院建设主管部门，形成了风景名胜区的管理与保护职能分立的状况。在具体行政管理工作中，我国的风景名胜区实行的是国务院建设主管部门、地方政府建设主管部门以及风景名胜区管理机构三级管理体制。根据《风景名胜区条例》的有关规定，对于违法违规和破坏风量名胜区行为的行政执法权应当由风景名胜区管理机构行使，以环保主管部门为主的各环境和资源监管部门在名义上并不具有对风景名胜区的直接执法权。但是，目前许多国家级风景名胜区的管理机构虚设，不能实现对景区的有效管理。部分景区管理机构甚至违法违规将行政管理权交给企业行使。同时，基于行政职责分工的限制，有在相当一部分管理机构与其他行政部门之间缺乏有效的协调合作机制。有些景区内的建设项目根本不报管理机构审核，而当管理机构在行政执法中碰到困难时，又难以与其他行政部门协调处理，从而导致该管的不能管、能管的不愿管、愿管的管不了的局面，致使许多地方景区执法权空置、保护工作滞后，缺乏实际效果。

造成上述问题的另一原因在于：从中央政府及其行政部门与地方政府的央地关系来看，目前国务院建设主管部门对国家级风景名胜区实施的是行业指导和管理，也就是说对景区具体事务的管理权能在事实上仍主要依靠和集中于地方政府。这使得国家级风景名胜区的开发、保护与管理实际效果必然受到中央政府及其各部委与地方政府之间、地方政府之间、政府部门之间以及各地区政府之间关系的影响。由于国务院行政主管部门与地方政府管理职能的交叉与重合，加之财政"分灶吃饭"与分税制改革过程中出现的"事权重心下移、财权重心上移"问题，增强了地方政府追逐经济效益的驱动力，加剧了国务院行政主管部门与地方政府之间的竞争关系。

在行政结构和权力配置层面，国务院行政主管部门与省级地方人民政府通常属于平级单位，在目前的府际竞争关系格局中，国务院行政主管部门与地方政府之间的合作与竞争呈现出此消彼长的现象。对于地方政府而言，辖区内的国家级风景名胜区无疑是增加当地旅游经济收益的金字招牌。当涉及有地方政府对景区实施违法违规开发，甚至通过出让景区管理权、经营开发权、建设权、使用权、收益权等权利获取经济利益的情况时，国务院建设主管部门并无权直接对该地方政府行为进行纠察或者处理，而是需要依赖省级地方人民政府的监管和处分。此外，由于建设主管部门在对国家级风景名胜区实施行业监督管理的过程中，也在一定程度上受制于自身部门利益影响，并不愿意轻易将景区的管理权责交给地方政府来履行和协调，从而在一定程度上造成了中央与地方之间协调工作机制方面的困难。

除建设主管部门外，与国家级风景名胜区开发、保护与管理工作相关的旅游部门，环保部门、林业部门、农业部门、国土资源部门等也在一定程度上受到府际竞争关系的影响。同时，地方政府也面临地方政府之间以及各地区政府之间的竞争，尤其是经济竞争的压力，进一步催生国家级风景名胜区管理机构虚设、无法实现有效管理、不能按时完成规划或者违反规划实施违法违规开发建设等现实问题。地方政府在对景区的实际管理工作中重开发、轻保护，过分追求景区既得经济利益的案例时有发生，忽视了景观资源开发过程中的自然生态保护与可持续发展。

综上，基于景区性质、主体功能、行政管理格局、府际竞争关系等多方面原因，国家级风景名胜区制度尚不能为国家公园的建设和管理提供坚实基础。仅强调部门化的"条条"管理，而缺乏部门之间的良性协调合作机制；仅强调行政主管部门的主管职权，而不充分尊重和调动地方政府的积极性及其实施自然生态保护和景观保护的主观能动性；仅从名称上强调国家级风景名胜区等同于"中国国家公园"，难以在事实上解决景区开发与保护之间的现实矛盾。

③《国家级森林公园管理办法》中存在的问题

国家级森林公园的主体功能是保护森林风景资源和生物多样性、普及生态文化知识、开展森林生态旅游。多年来，林业主管部门先后出台了多个规范性文件，如《国家级森林公园设立、撤销、合并、改变经营范围或者变更隶属关系审批管理办法》（2005年）、《国家级森林公园监督检查办法》（2009年）等，还就森林公园管理、国家级森林公园林地管理、国家级森林公园行政许可实施情况检查等下发了多个通知。目前，森林公园的专业标准主要有《森林公园总体设计规范》（LY/T 5132—95）、《中国森林公园风景资源等级评定》（GB/T 18005—1999）、《国家级森林公园总体规划规范》（LY/T 2005—2012）、《森林人家等级划分与评定》（LY/T 2086—2013）等。与此同时，地方法规建设也取得显著成效，先后有湖南、四川等11个省（区）颁布实施了《森林公园管理条例》。但目前，森林公园管理在《森林法》中没有相关条款，也没有一部专门行政法规。而《国家级森林公园管理办法》从法的层次上属于部门规章，其效力位阶低于法律、行政法规，受效力层次的限制，不能以更强的约束力对森林公园进行有效的管理和保护，限制了行业管理的力度。此外，当前的《国家级森林公园管理办法》中还存在着规定不全、责任分化不细等诸多问题亟待解决。有关森林公园的违法责任问题也相对滞后。尽管其禁止性行为的规定在一定程度上避免了破坏公园设施及生态环境的现象的发生，但仍不能弥补其法律体系中环境责任制度的空白局面。且该办法指导思想偏重开发利用自然资源，发展旅游产业，对森林和人文景观的维系尤其是对生态环境的保护有所忽视。

虽然《国家级森林公园管理办法》第六、七条规定"国家级森林公园总体规划是建设经营和监督管理的依据，且应当自批准设立之日起18个月内编制完成总体规划"，但缺乏有效规划的问题仍然十分突出。"缺乏有效规划"直接导致的其中一个重要问题是对森林风景资源保护的不够重视甚至缺失。在面对保护和发展的问题时，由于缺乏统一规划和管理，乱批滥建工程设施甚至擅自改变林地用途现象严重，旅游开发活动无序，有的片面追求短期经济利益，忽视森林风景资源和生态环境保护，肆意破坏自然景观或滥伐林木，森林旅游开发"城市化"倾向严重。且《国家级森林公园管理办法》只针对国家级森林公园的总体规划设计编制主体和审批、备案主体作了简单的规定，对省级、市县级、跨行政区的国家森林公园总体规划，以省为单位对省内各级国家森林公园的整体分布规划以及对规划实施全过程进行监控的主体的规定存在立法空白，在规划编制程序中公众参与这一环节也未得到体现。此外该法条对森林公园规划权归属的规定也存在不合理之处，根据管理学原理，规划权力应归属于较高的管理层次或机构，若管理机构的管理权与经营权分离，由管理机构作为委托方，若管理权与经营权合一，则应由管理机构的上级作为委托方。而森林公园管理机构既是管理者又是经营者，同时又拥有规划权，组织规划的编制，难免会从经济利益的角度出发造成规划的不科学和不合理。同时，由于相关法律规定的空白，绝大多数省级、市县级国家森林公园根本没有编制总体规划设计，一些国家级森林公园即使编制了总体规划设计，但由于缺乏约束和监督，总体规划丧失了其统筹指导的功能，有的规划文本成为案头摆设；有的只重视在口头上，落实在口号上，致使规划的实施毫无保障。且由于森林公园功能分区规划缺乏法律上的硬性规定，森林公园内的饭店、宾馆、疗养院、避暑山庄等建筑常常遍布整个景区，甚至在森林公园核心景区内修建别墅的现象也比比皆是，严重破坏了森林公园的生态环境。

我国森林公园大多是近10年来在国有林场的基础上发展起来的，改建为森林公园后，营林、管护，森林防火和病虫害防治等发展林业的任务没有减轻，更担负起发展旅游和森林资源培育和保护的双重任务；而且我国多数林场建场之初营造的林种不适应旅游的发展，需要按风景林的要求进行抚育、更新和改造，这也导致森林公园需要高额的资源管护费用。此外，森林公园开发建设也需要大量的资金投入，但《国家级森林公园管理办法》对森林公园的经费来源渠道、分配方式、使用对象以及经费合理使用的监督等未作出任何规定。目前，由于我国森林公园资金短缺，日常工作经费及建设经费得不到充分、及时的保障，导致森林公园管理力量不足，队伍不稳，设备落后，科研经费短缺，严重影响着森林公园日常管理工作的正常开展，而且在资金短缺的情况下，管理人员为了积累和筹集建设发展资金，有可能产生一系列不利于森林公园系统发展和长远发展的破坏行为，如过分强调经济发展目标，将有限的资金全部或大部分用于经济发展的需要，而无力保护森林资源和改善生态环境。同时在无力维护森林公园环境质量的情况下，可能采取污水直接排进河流，垃圾采取简单的就地掩埋等短视行为。有些森林公园主要靠自身的经营创收来解决部分资金问题，但自身条件有限的森林公园则不可能通过经营创收获得大量资金。而且由于法律未作硬性规定，森林公园使用的森林资源没有计入旅游产品成本，公园资源维护和保护成本不能通过门票收费弥补，公园没有动力进行资源维护，即使旅游收入高的森林公园也很少从旅游收入中拿出资金用于资源保护。

公众参与社会公共事务的管理是促进政府决策和管理民主化、法治化的一个基本保障。森林公园作为一项公益事业，与周边社区存在着密切的关系。但我国森林公园大多位于经济相对落后的大山区、大林区，当地居民与外界联系较少，受教育程度较低，生产技术和手段相对落后，在一定程度上制约了社区经济和文化的发展。森林公园的建设与发展与当地社区发展的关系十分密切。一方面，森林公园的建设提高了当地社区的知名度，扩大了社区的影响，带动了当地的经济发展；另一方面，森林公园的建设和管理也需要当地居民的支持和帮助。居住在森林公园周边的居民，在长期的生产和生活实践中对当地社会、文化、环境、资源种类和分布特征及生态的价值等信息比较了解，可以充分发挥他们的优势，从而有利于提高森林公园管理的有效性。此外当地居民参与森林公园的建设和管理还可以使部分依赖和利用资源来维持生活的居民转向从事资源管理工作，从而缓解当地社区对资源保护产生的压力。《森林公园管理办法》对包括周边居民在内进入森林公园的人的行为进行了一定的要求，但尚无具体的公众参与办法、保障体系等方面的规定，而在《国家级森林公园管理办法》中更加缺乏周边社区参与的相关条文。总的来讲，我国国家级森林公园的管理体系中公众参与制度的相关规定十分不足，在规划制定、管理决策、环境保护与监督等方面都未得到体现。

国家级森林公园这一类自然保护地面临的一个主要问题便是缺乏相应的法律法规来保护和管理，法律效力不足。目前国家层面对国家级森林公园管理仅有原林业部和国家林业局发布的《国家级森林公园管理办法》《国家级森林公园设立、撤销、合并、改变经营范围或者变更隶属关系审批管理办法》等以技术管理为主的管理办法，在相关行政处罚措施、国家级森林公园管理的组织保障等规定较少或不明确（例如，《国家级森林公园管理办法》共三十四条，其中关于行政出发措施的包括第三十条"在国家级森林公园内有违反本办法的行为，……县级以上人民政府林业主管部门依法予以从重处罚"等，而对组织保障的规定则没有相关条文），法律效力明显不足，无法有效维护国家级森林公园经营管理者和旅游经营者的权益，震慑侵害森林公园森林风景资源及生物多样性的行为。另外，第四条规定"县级以上地方人民政府林业主管部门应当指导本行政区域内的国家级林业公园管理机构配备管理和技术人员，负责森林风景资源的保护和利用"，该条款符合"维护国家级森林公园的可持续发展"原则，这也要求森林公园除了要建设和开发外，也要将生态环境的维护作为重点。但事实上，多数国家级森林公园并没有意识到问题的严重性，监测体系和预警机制不能发挥其实际价值，仅依托环保局进行的环境监测采集工作，并不能有效提高监测效果和检测数据的完整性。

④ 三者的关联性及潜在冲突

风景名胜区，是指具有观赏、文化或者科学价值，自然景观、人文景观比较集中，环境优美，可供人们游览或者进行科学、文化活动的区域。自然保护区，是指对有代表性的自然生态系统、珍稀濒危野生动植物物种的天然集中分布区、有特殊意义的自然遗迹等保护对象所在的陆地、陆地水体或者海域，依法划出一定面积予以特殊保护和管理的区域。就定义而言，二者存在一定程度的重叠，但在性质和功能上是不相同的。设立风景名胜区，主要目的是在严格保护风景名胜资源的基础上，合理地开发利用，满足社会公众游览、休憩和科学文化活动等需求；而自然保护区制度的核心是永久保护和科学研究，维护区域生态平衡，保护生态环境和生物多样性。《风景名胜条例》第七条规定，"新设立的风景名胜区与自然保护区不得重合或者交叉；已设立的风景名胜区与自然保护区重合或者交叉的，风景名胜区规划与自然保护区规划应当相协调。"第二十四条规定，"风景名胜区内的景观和自然环境，应当根据可持续发展的原则，严格保护，不得破坏或者随意改变。"第二十六条明令禁止"开山、采石、开矿、开荒、修坟立碑等破坏景观、植被和地形地貌的活动"。但同时，《风景名胜条例》第三十三条要求风景名胜区管理机构改善交通、服务设施和游览条件，且在合法程序下允许修建缆车、索道等重大建设工程以及举办大型游乐等活动等经营行为。而《自然保护区条例》第二十八条"禁止在自然保护区的缓冲区开展旅游和生产经营活动。"第二十九条"在自然保护区的实验区内开展参观、旅游活动的，由自然保护区管理机构编制方案，方案应当符合自然保护区管理目标。严禁开设与自然保护区保护方向不一致的参观、旅游项目。"对于交通及游览设施的建设则没有具体的管理办法。此外，《自然保护区条例》第二十二条规定，"自然保护区管理机构可以在不影响保护自然保护区的自然环境和自然资源的前提下，组织开展参观、旅游等活动。"这使得自然保护区管理机构集行政、经营于一身；而《风景名胜条例》三十九条规定"风景名胜区管理机构不得从事以营利为目的的经营活动"。可以看出，《自然保护区条例》和《风景名胜条例》在性质和功能上有本质区别，故而在对旅游和生产经营活动的管理规定上存在一定的差异。

国家级森林公园与自然保护区在建设目标、管理目标、保护对象、旅游目的等方面存在差异。首先，国家级森林公园以发展生态旅游为目标，保护是为了更好的、可持续地提供游憩、疗养、科普教育的机会。且国家级森林公园经营旅游更重视森林生态环境体验，森林保健游憩，而自然保护区经营旅游是为了公共教育，树立保护意识，解决保护区建设所需资金的不足。国家级森林公园与风景名胜区虽然有一些共同的特征和目标，如都属于特殊的自然资源，风景优美；都具有观赏、文化和科学价值；都以开展生态旅游为发展目标之一，但《国家级森林公园管理办法》第八条要求国家级森林公园的总体规划"以自然景观为主，严格控制人造景点的设置"。此外，森林公园与风景名胜区和自然保护区的管理体制和管理部门并不相同，风景名胜区和自然保护区实行综合管理与分部门管理相结合的管理体制，《风景名胜区管理暂行条例》中指出风景名胜区工作由建设部门主管；《自然保护区条例》规定自然保护区归国家环境保护行政主管部门负责，两条例又都指出由旅游、计划、城建、林业、文物、宗教、环保、水利、地方政府等政府组织机构在各自职责范围内进行管理；而《国家级森林公园管理办法》要求林业部门监督管理工作。这可能导致管理职责重叠交叉，容易互相推诿责任，致使自然资源管理工作被部门间政策内耗耽误。对于生态旅游等经营利用方面的管理，《风景名胜条例》要求"风景名胜区管理机构不得从事以营利为目的的经营活动"，而《国家级森林公园管理办法》第四条规定"县级以上地方人民政府林业主管部门指导本行政区域内的国家级森林公园经营管理机构配备管理和技术人员，负责森林风景资源的保护和利用"，将保护、经营、管理归于一体。在森林资源管理方面，《国家级森林公园管理条例》允许"对国家级森林公园内的林木进行抚育和更新性质的采伐"，并以"提高森林风景资源的游览、观赏和科普价值"为保护目的，这与自然保护区和风景名胜区的管理模式大相径庭。总而言之，《国家级森林公园管理条例》在资源管理方面以开发利用为主，重在发展旅游产业，与《自然保护区条例》中对保护区的规定存在根本性差异；而与《风景名胜区管理条例》相比，《国家级森林公园管理条例》在主管监督部门、经营开发机构等管理模式中存在冲突。

表7-2　《自然保护区条例》《风景名胜区条例》《国家级森林公园管理办法》的潜在冲突

	自然保护区条例	风景名胜区条例	国家级森林公园管理办法
主体功能	保护代表性的自然生态系统、珍稀濒危野生动植物物种的天然集中分布区、有特殊意义的自然遗迹等区域	在严格保护风景名胜资源的基础上，合理地开发利用，满足社会公众游览、休憩和科学文化活动等需求	保护森林风景资源和生物多样性、普及生态文化知识、开展森林生态旅游
设立标准	自然保护区的范围和界线由批准建立自然保护区的人民政府确定，并应标明区界，予以公告。同时应当兼顾保护对象的完整性和适度性，以及当地经济建设和居民生产、生活的需要	设立风景名胜区，应当有利于保护和合理利用风景名胜资源。新设立的风景名胜区与自然保护区不得重合或者交叉；已设立的风景名胜区与自然保护区重合或者交叉的，风景名胜区规划与自然保护区规划应当相协调	设立国家级森林公园，森林风景资源质量应达到《中国森林公园风景资源质量等级评定》（GB/T18005—1999）一级标准；质量等级评定分值40分以上；符合国家森林公园建设发展规划；森林风景资源权属清楚，无权属争议；经营管理机构健全，职责和制度明确，具备技术和管理人员。国家级森林公园经营管理范围内不得建立自然保护区、风景名胜区、地质公园等。确有必要必须经国家林业局批准

（续表）

	自然保护区条例	风景名胜区条例	国家级森林公园管理办法
规划要求	由国务院环境保护行政主管部门会同国务院有关自然保护区行政主管部门拟订国家自然保护区发展规划，经国务院计划部门综合平衡后，报国务院批准实施。自然保护区管理机构或者该自然保护区行政主管部门应当组织编制自然保护区的建设规划，按照规定的程序纳入国家的、地方的或者部门的投资计划，并组织实施	风景名胜区应当自设立之日起2年内编制完成总体规划，规划期一般为20年。风景名胜区详细规划应当根据核心景区和其他景区的不同要求编制，应符合总体规划。国家级风景名胜区规划由省、自治区人民政府建设主管部门或直辖市人民政府风景名胜区主管部门组织编制。由省、自治区、直辖市人民政府审查后，报国务院审批。省级风景名胜区规划由县级人民政府组织编制。由省、自治区、直辖市人民政府审批，报国务院建设主管部门备案	国家级森林公园应当自批准设立之日起18个月内编制完成总体规划；国家级森林公园合并或者改变经营范围的，应当自批准之日起12个月内修改完成总体规划，规划期一般为10年。应当委托具有相应资质的单位，按照有关标准和规程编制。由省、自治区、直辖市林业主管部门组织专家评审并审核后，报国家林业局批准。经批准的国家级森林公园总体规划5年内不得修改；因国家或者省级重点工程建设需要修改的，应当报国家林业局同意
管理机构	国家级自然保护区，由其所在地的省、自治区、直辖市人民政府有关自然保护区行政主管部门或者国务院有关自然保护区行政主管部门管理。地方级自然保护区，由其所在地的县级以上地方人民政府有关自然保护区行政主管部门管理。有关自然保护区行政主管部门应当在自然保护区内设立专门的管理机构，配备专业技术人员，负责自然保护区的具体管理工作	省、自治区人民政府建设主管部门和直辖市人民政府风景名胜区主管部门，负责本行政区域内风景名胜区的监督管理工作。省、自治区、直辖市人民政府其他有关部门按照规定的职责分工，负责风景名胜区的有关监督管理工作	国家林业局主管全国国家级森林公园的监督管理工作。县级以上地方人民政府林业主管部门主管本行政区域内国家级森林公园的监督管理工作

（续表）

	自然保护区条例	风景名胜区条例	国家级森林公园管理办法
管理要求	自然保护区管理机构的主要职责是：（一）贯彻执行国家有关法律、法规和方针、政策；（二）制定自然保护区的各项管理制度，统一管理；（三）自然资源的调查、监测和保护（四）组织或协助有关部门科学研究；（五）自然保护宣教（六）在不影响自然环境和自然资源的前提下，组织开展参观、旅游等活动	风景名胜区管理机构应当根据风景名胜区规划，合理利用风景名胜资源，改善交通、服务设施和游览条件。风景名胜区管理机构应当在风景名胜区内设置风景名胜区标志和路标、安全警示等标牌。风景名胜区内涉及自然资源保护、利用、管理和文物保护以及自然保护区管理的，还应当执行国家有关法律、法规的规定	国家级森林公园经营管理机构应当依法编制并组织实施森林经营方案，加强森林公园内森林、林木的保护、培育和管理。因提高森林风景资源质量或者开展森林生态旅游的需要，可以对国家级森林公园内的林木进行抚育和更新性质的采伐。国家级森林公园经营管理机构应当对森林公园内的森林风景资源和生物多样性进行调查，建立保护管理档案，并制定相应的保护措施。应当加强对重要森林风景资源的监测，必要时，可以划定重点保护区域。严格保护森林公园内的天然林、珍贵树木，培育具有地方特色的风景林木，保持当地森林景观优势特征，提高森林风景资源的游览、观赏和科普价值

（续表）

	自然保护区条例	风景名胜区条例	国家级森林公园管理办法
建设经营	禁止在自然保护区的缓冲区开展旅游和生产经营活动。在自然保护区的实验区内开展参观、旅游活动的，由自然保护区管理机构编制方案，方案应当符合自然保护区管理目标。在自然保护区的核心区和缓冲区内，不得建设任何生产设施。在自然保护区的实验区内，不得建设污染环境、破坏资源或者景观的生产设施；建设其他项目，其污染物排放不得超过国家和地方规定的污染物排放标准	在国家级风景名胜区内修建缆车、索道等重大建设工程，项目的选址方案应当报省、自治区人民政府建设主管部门和直辖市人民政府风景名胜区主管部门核准。风景名胜区管理机构不得从事以营利为目的的经营活动，不得将规划、管理和监督等行政管理职能委托给企业或者个人行使	国家级森林公园内的建设项目应当符合总体规划的要求，其选址、规模、风格和色彩等应当与周边景观与环境相协调，相应的废水、废物处理和防火设施应当同时设计、同时施工、同时使用。在国家级森林公园内进行建设活动的，应当采取措施保护景观和环境；施工结束后，应当及时整理场地，美化绿化环境
资金来源	自然保护区管理机构或者其行政主管部门可以接受国内外组织和个人的捐赠，用于自然保护区的建设和管理。管理自然保护区所需经费，由自然保护区所在地的县级以上地方人民政府安排。国家对国家级自然保护区的管理，给予适当的资金补助	风景名胜区的门票收入和风景名胜资源有偿使用费应当专门用于风景名胜资源的保护和管理以及风景名胜区内财产的所有权人、使用权人损失的补偿。具体管理办法，由国务院财政部门、价格主管部门会同国务院建设主管部门等有关部门制定	经有关部门批准，国家级森林公园可以出售门票和收取相关费用。国家级森林公园的门票和其他经营收入应当按照国家有关规定使用，并主要用于森林风景资源的培育、保护及森林公园的建设、维护和管理

（续表）

	自然保护区条例	风景名胜区条例	国家级森林公园管理办法
周边社区	确定自然保护区的范围和界线，应当兼顾保护对象的完整性和适度性，以及当地经济建设和居民生产、生活的需要。 自然保护区核心区内原有居民确有必要迁出的，由自然保护区所在地的地方人民政府予以妥善安置	申请设立风景名胜区的人民政府应当在报请审批前，与风景名胜区内的土地、森林等自然资源和房屋等财产的所有权人、使用权人充分协商。因设立风景名胜区对风景名胜区内的土地、森林等自然资源和房屋等财产的所有权人、使用权人造成损失的，应当依法给予补偿	国家级森林公园经营管理机构应当引导森林公园内及周边的居民发展具有地方特色的、无污染的种植、养殖和林副产品加工业，鼓励其从事与森林公园相关的资源管护和旅游接待等活动

（2）钱江源各保护区规划依据及其潜在冲突

具体结合钱江源已有的三类自然保护地来看，钱江源国家公园试点包括古田山国家级自然保护区、钱江源国家级森林公园、钱江源省级风景名胜区，规划依据的法律、法规有：

（1）《中华人民共和国环境保护法》（2014年）；

（2）《中华人民共和国森林法》（2009年）；

（3）《中华人民共和国大气污染防治法（修订草案）》（2014年）；

（4）《中华人民共和国水法》（2002年）；

（5）《中华人民共和国土地管理法》（2004年）；

（6）《浙江省森林管理条例》（2004年）；

（7）《浙江省陆生野生动物保护条例》（2004年）；

（8）《浙江省森林消防条例》（2009年）；

（9）《浙江省文物保护管理条例》（2014年）；

（10）《浙江省旅游管理条例》（2000年）；

（11）《浙江省林地管理办法》（2005年）；

（12）《浙江省野生植物保护办法》（2010年）；

（13）《浙江省公益林管理办法》（2009年）；

（14）《浙江省水利工程安全管理条例》（2009年）；

（15）《浙江省河道管理条例》（2011年）；

（16）《浙江省饮用水水源保护条例》（2012年）；

（17）《浙江省水土保持条例》（2014年）。

其中，《中华人民共和国森林法》第16条规定："各级人民政府应当制定林业长远规划。国有林业企业事业单位和自然保护区，应当根据林业长远规划，编制森林经营方案，报上级主管部门批准后实行。"但在第三十二条规定："特种用途林中的名胜古迹和革命纪念地的林木、自然保护区的森林，严禁采伐。"这两条的规定内容中，一方面要求编制森林经营方案，另一方面严禁采伐，自身存在的冲突是很明显的。此外，《中华人民共和国森林法实施条例》第二条规定："森林资源，包括森林、林木、林地以及依托森林、林木、林地生存的野生动物、植物和微生物"，而《森林法》第三条规定："森林资源属于国家所有，由法律规定属于集体所有的除外。"按照三段论的推理方式，我们很容易得出林木也只能属于国家或者集体所有的结论，而这个结论与现行的法律规定和基本理论不符。也就是说，森林资源的定义引起了法律冲突。

各法律条文间也存在许多冲突之处，如：《浙江省野生植物保护办法》第十五条要求"可能对野生植物生长环境产生不利影响的建设工程项目"需"提交环境影响评价文件"并报"环境保护行政主管部门审批"；而《浙江省森林管理条例》第十八条规定，"各项建设工程必须征用、占用林地的，用地单位或者个人应当依法向县级以上林业行政主管部门提出用地申请，经林业行政主管部门依照法定权限和程序审核同意后，按照土地管理法律、法规的规定办理建设用地审批手续"，缺乏了"环境影响评价"的内容。此外，《浙江省森林管理条例》第二十七条："珍贵树木和具有特殊价值的植物资源，未经省林业行政主管部门批准，不得采伐和采集。"而《浙江省野生植物保护办法》第十八条规定："禁止采集国家一级保护野生植物。"而"因科学研究、人工培育、文化交流等特殊情况需要采集国家一级保护野生植物的"，需要"报国务院野生植物行政主管部门或者其授权的机构批准，并核发采集证"，对"珍贵和具有特殊价值的植物资源"中的"国家一级保护野生植物"的采集规定了更高的审批要求。

针对现行法律存在的管理重叠和冲突问题，建议根据新的分类体系和《总体方案》的主要内容，修改现行各项环境与资源法律法规及民事、刑事法律中不相适应的规定，增补有关国家公园的法律规定，特别要衔接好各项法律中有关国家公园和其他自然保护地的法律规范，避免出现交叉重叠及冲突性的法律规定。

（3）管理机构矛盾需要重新调节

试点区内有古田山国家级自然保护区（国家级保护地）、钱江源国家森林公园（国家级保护地）和钱江源省级风景名胜区（省级保护地），这3个保护地空间范围交叉重叠，包含有4个乡镇、19个行政村，涉及林业、环保、水利、国土、文旅、规划建设等多个行业监管部门以及9744个原住民。

目前看，开化县国家公园体制方面的探讨一定程度上缓解了保护管理上的职责交叉、权责脱节问题。属地管理提高了生态治理的效率，促进了县域范围内社会参与生态建设的良好局面，但还存在很多的问题：

① 现阶段地方政府和国家公园之间的权责划分不是很清楚，当前的组织结构会使地方政府财政负担不断增加，县级政府领导下的国家公园，体现全民公益性，这个从情理和政府机构属性、资金分配方面都有不合理性；

② 尽管有古田山科学研究为基础，但是面向生态系统科学保护与利用等专业化管理目标，还需要更全面综合的研究力量，由县级政府主导建立的国家公园管理机构，难以拥有与国家公园相匹配的管理能力；

③ 通过属地管理提高保护地管理的强制执行力，不失为法律支持不完善的情况下一种理性选择，但行政区治辖边界并非国家公园的自然空间边界，属地管理反而会人为地割裂生态系统完整性，降低生态系统的全球代表性和重要性。

大部制改革方案仅仅对机构设置做出了整体的框架意见，具体改革细节还有待机构的三定方案。同时，国家公园管理机构、地方政府和社区之间权责利以及上级政府和下级政府权责利都有待进一步明确。特别是结合钱江源国家公园自身的基本情况进行调整，这些都有待在法制化进程中细化、调整。

在管理机构设置上，根据《钱江源国家公园试点区总体规划》，2016—2018年，管委会整合开化古田山国家级自然保护区管理局、开化钱江源省级风景名胜区管理委员会，其中管委会领导成员由地方政府、上级政府职能部门、试点区原住民等代表构成，设立下属事业单位钱江源国家公园生态资源保护中心，推进钱江源国家公园体制试点区的挂牌运营；2019—2020年期间，为加快提升钱江源国家公园生态资源保护中心的保护管理和科研服务能力，将资源利用建设、财务管理等职能调整至管委会相关内设部门，并推动管委会与县直部门、乡镇政府的协同治理，设置苏庄、齐溪、长虹、何田、国有林场保护站，管理试点区内居民卫生、教育、文化、农林生产、交通、通讯等社会经济事务；2021—2025年，整合休宁、婺源的相关保护管理机构的职能进入钱江源国家公园管委会，管委会由全国国家公园归口部门直管，相关领导由三省地方政府、上级政府职能部门、公园原住民等代表构成。

结合《建立国家公园体制总体方案》来看，钱江源国家公园管理机构的矛盾调节主要分为三个不同层次逐步推进（详见下表），首先是钱江源原有三类自然保护地管理机构的整合，解决在国家公园范围内存在的"多头管理"问题，这是同类机构间的平行整合；其次是跨部门整合，将国家公园管理机构本来没有的一些职能从原管理部门中剥离出来，纳入到管委会的内设部门中，使国家公园管理机构职能更完整，更独立；最后是跨省整合，由中央直管，进一步从体制上解决行政边界造成的钱江源生态系统完整性问题，且充分体现了中央与地方协同管理机制。

但是，对比目前钱江源国家公园条例的征求意见稿中第二章"管理体制"，存在两方面问题：第一，未体现《总体规划》中"管委会领导成员由地方政府、上级政府职能部门、试点区原住民等代表构成"所体现的协同管理机制；第二，未从长远着眼，无论是中期跨部门整合还是远期跨省整合，条例中均未体现《总体规划》或是《总体方案》中的指导意见，有待进一步调整。

表7-3　钱江源试点机构设置对标《总体方案》要求

《建立国家公园体制总体方案》	具体要求	钱江源试点总体规划中机构设置的体现
建立统一管理机构	整合组建统一的管理机构，履行国家公园范围内生态保护、自然资源资产管理、特许经营管理、社会参与管理、宣传推介等职责，负责协调与当地政府及周边社区关系	近期：钱江源国家公园试点区挂牌运营，整合成立了钱江源国家公园管委会；中期：将资源利用建设、财务管理等职能调整至管委会相关内设部门；远期：整合休宁、婺源的相关保护管理机构的职能进入钱江源国家公园管委会，管委会由全国国家公园归口部门直管。

（续表）

《建立国家公园体制总体方案》	具体要求	钱江源试点总体规划中机构设置的体现
构建协同管理机制	构建主体明确、责任清晰、相互配合的国家公园中央和地方协同管理机制。国家公园所在地方政府行使辖区（包括国家公园）经济社会发展综合协调、公共服务、社会管理、市场监管等职责。	远期：管委会由全国国家公园归口部门直管，相关领导由三省地方政府、上级政府职能部门、公园原住民等代表构成

（4）地役权等制度创新，需要法律保障

钱江源试点所展开的一系列创新性探索，比如地役权制度、多规合一、跨省管理等，一方面为了肯定自身改革成果，另一方面这些制度创新仍难以落地需要通过制度来保障，因此需要通过法律法规对其进行固化。以下将从地役权、多规合一和跨省管理三个方面分别进行分析：

① 地役权

在钱江源国家公园试点区实施地役权制度，一方面要解决试点区内复杂的人地关系带来的一系列诸如政府高额财政负担、原住民不愿搬迁引起的社会问题、土地资源闲置浪费以及生态移民等问题，另一方面也符合中央对"鼓励试点区进行管理体制机制因地制宜的创新"的期望。基于细化保护需求和生态系统补偿原理的地役权制度，虽然足够"新"，但作为一种探索，要使其顺利运行仍需作一系列努力，其中最重要的一环便是立法保障。

目前我国明确地役权法律地位的是2007年颁布的《物权法》第156条"地役权人有权按照合同约定，利用他人的不动产，以提高自己的不动产的效益。前款所称他人的不动产为供役地，自己的不动产为需役地"，且作为一种用益物权专章进行规定，这是我国系统的地役权制度初步建立的标志。对此，一方面本质上我国并不存在法定地役权，只有合意设定的地役权；另一方面钱江源国家公园的实际应用中，没有专门的保护地役权的法律法规（对地役权的具体类型，《物权法》并未就此做出任何明确规定）。反观地役权制度尤其是保护地役权制度成熟的美国，一方面其有专门的环境保护地役权法律《统一环境保护地役权法》，对保护地役权的概念、持有主体、设立、转让和强制执行等各方

面都做了原则性规定；另一方面其法律框架十分完整，除了前述联邦层面的立法，各州也有专门的环境保护地役权立法，各州在登记记录、地役权的监察和管理、补充执行、保护地役权的修改和终止以及对于普通法兼并原则的冲突等方面都做了大量的可落地的创新与改革。

回到钱江源国家公园试点的地役权制度上，由于我国并不存在法定地役权，且目前《物权法》中相关条款也难以用于指导实践，那么要使其落地并顺利运行则必须有相关法律法规的支撑。考虑到国家公园仍处于试点阶段，钱江源作为试点，其地役权制度创新显然不能像美国先有联邦层面立法再有州立法这样"自上而下"的立法保障，又因为钱江源国家公园管理委员会由浙江省政府垂直管理，因此对地役权制度进行相关立法保障时，可由浙江省政府牵头进行相关立法，经验成熟后向全国推广，充分发挥我国改革过程中"先试点后推广"的成功经验。

②多规合一

首先从我国生态文明建设的高度来看，作为生态文明建设的重要物质基础和先行先试区，国家公园终极目标"保护为主和全民公益性优先"的实现，便要以完整配套的生态文明体制为支撑，即国家公园的建设必须依托生态文明八项基础制度的配套建设，国家公园体制的框架、内容、各项体制机制的改革方向和操作方案应与《生态文明改革总体方案》衔接协调并细化。具体到生态文明八项基础制度中的"建立国土空间开发保护制度"以及"建立空间规划体系"来看，在国家公园范围内制度问题分别体现在：a."建立国土空间保护开发保护制度"意味着需要统筹国家公园范围内原有保护地的各项规划，实现以统一的规划推进国土空间的统一开发保护；b."建立空间规划体系"意味着在空间体系中实现以空间治理和空间结构优化为主要内容，全国统一、相互衔接、分级管理。要解决以上两个在国家公园范围内的制度问题，其中一个重要制度创新就是推行"多规合一"①。

"多规合一"意味着国家公园范围内的规划权要实现统一。在问题导向下，规划权方面的问题包括：a.纵向看，规划主体、发展目标、技术标准、规划期限不统一、不衔接以至于众多规划相互矛盾；b.横向看，部门间的平行规划矛盾冲突，比如土地利用规划和城乡利用规划中国土部门和城乡规划部

---

① "多规合一"是指将国民经济和社会发展规划、城乡规划、土地利用规划、生态环境保护规划等多个规划融合到一个区域上，实现一个市县一本规划、一张蓝图。

门选取了不同的土地分类标准、土地利用技术。为解决上述问题，应在规划层面解决保护地管理破碎化问题，为保障管理的高效性，结合上述生态文明体制改革要求，体制机制建立的同时要整合目前各部门分头编制的各类空间性规划，编制统一的空间规划，即"多规合一"，形成国家公园范围内的"一个规划，一张蓝图"，从生态、国土、产业发展等方面明确是否符合国家公园"最严格保护"和"保护为主，全民公益性优先"。另外，国家公园规划也要和地方政府规划一致。

从钱江源国家公园试点推进"多规合一"可能遇到的问题来看，首先是原有三类自然保护地的管理办法都要求编制相应的规划（例如《自然保护区条例》第十七条"自然保护区管理机构或该自然保护区行政主管部门应当组织编制自然保护区的建设规划"，《浙江省风景名胜区条例》第三章第十二条到第二十一条更是对风景名胜区规划作了详细规定），三类自然保护地管理的侧重点各有差异，这种差异自然会反映到其规划中。其次，虽然浙江省发改委已经牵头编制了指导试点初期建设的《钱江源国家公园体制试点区总体规划（2016—2025）》，但长远来看，在试点逐渐成熟后，钱江源国家公园规划权最终仍需要落回到其主管单位——钱江源国家公园管理委员会来执行。对此可以参考《浙江省风景名胜区条例》中专门设一章对规划做详细规定的特点，在《钱江源国家公园管理办法》中加入相关章节，一方面明确规定钱江源国家公园管理委员会的规划主体地位，另一方面可以采用"总体规划+详细规划"的形式，总体规划体现国家公园内人与自然和谐相处、区域协调发展和经济社会全面进步的要求，并根据国家公园的保护和利用要求，明确详细规划的编制范围，详细规划在与总体规划相协调的基础上细化国家公园内不同区域的管理要求。

③跨省管理

短期来看，《钱江源国家公园体制试点区总体规划（2016—2025）》中对钱江源国家公园试点区的边界规定为"西部以开化县与安徽、江西的省界为界线"，未体现现有保护地完整性的要求，也明确"未来要整合安徽休宁、江西婺源等跨界生态区域"。尽管总体规划中尚未直接体现跨省管理的相关内容（短期内钱江源国家公园试点的范围仍限于浙江省内，长期提出了2021-2025年实现"多省联建、国家直管"的愿景），但对跨省合作的探索一直在进行，例如试点区以开化252平方千米为主体（包括苏庄、长虹、齐溪、何田四乡镇），对安徽省休宁县、江西省婺源县和德兴市从植物分布类型和动物活动半径等方面进行了调查摸底，最后根据钱江源生态系统的完整性，初步划定跨区域合作范围。另外，目前已经与安徽省休宁县，江西婺源县、德兴市的三镇七村以及一个自然保护区签订《生态保护和可持续发展协议》，钱江源国家公园毗邻地区将形成社区协同保育机制，且在江西毗邻区域已安装布设了80台红外相机用于生态监测。除此以外，将在毗连联防区护林联防机制基础上，建立"国家公园毗连区跨区域生态保护与可持续发展合作联席会议制度"。

以上所有实践可以说都是"摸着石头过河"，这其中成功的经验需要及时通过法制化的方式固定下来。

（5）对标《总体方案》，欠缺相关机制

对标《总体方案》和《生态文明体制改革总体方案》，全民公益属性下的科研、教育等功能需要体现，而社区参与保护、生态补偿机制等内容在原有的《自然保护区条例》中都是没有体现的。

就生态补偿机制而言，一方面针对国家公园建设的相关生态补偿制度还没有建立起来，另一方面《钱江源国家公园总体规划》中提出的集体移民的措施，资金没有到位。而围绕《建立国家公园总体方案》中提高国有土地占比的要求，至今缺少相应的资金渠道的支持。

同时，作为生态文明体制改革率先实现的区域，干部考核和生态环境保护绩效也需要体现。传统的风景名胜区单一的门票收益较低，生态服务产品品质不高，收益方式单一，溢价比例偏低，资源环境作为生态产品的价值也有必要借助政策设计提升。另外，符合《生态文明体制改革总体方案》的责任追究制度和监管机制不完善，地方政府及相关领导的责任追究制度在立法中亟待明确，对领导干部实行自然资源的离任审计和生态环境损害责任的终身追究制度有待落实。节约资源、保护生态环境的标准和考核评价机制不完善，依靠经济手段、技术手段和法律手段的激励约束机制还未真正建立。

表7-4　《总体方案》中所涉及的体制机制要点

体制、机制	具体内容
统一事权、分级管理体制	构建协同管理机制（主体明确、责任清晰、相互配合的国家公园中央和地方协同管理机制）
	建立健全监管机制（国家公园监管制度、第三方评估制度、社会监督机制、举报制度和权益保障机制）
资金保障制度	财政投入为主的多元化资金保障机制、高效的资金使用管理机制（财务公开制度）
自然生态系统保护制度	保护管理制度（已设矿业权逐步退出机制）
	完善责任追究制度（严格落实考核问责制度、国家公园管理机构自然生态系统保护成效考核评估制度、领导干部实行自然资源资产离任审计和生态环境损害责任追究制）
社区协调发展制度	社区共管机制
	生态保护补偿制度（森林、草原、湿地、荒漠、海洋、水流耕地等领域生态保护补偿机制，生态保护成效与资金分配挂钩的激励约束机制）
	社会参与机制 特许经营、志愿服务机制和社会监督机制

表7-5　生态文明八项基础制度及其在国家公园内的体现

生态文明八项基础制度	制度建立在国家公园范围内的问题体现	制度创新方式
健全自然资源资产产权制度	如何建立归属清晰、权责明确、监管有效的自然资源资产产权制度？不同层级、不同资源类型的确权过程中如何确保效率和公平的统一？	中央和地方政府分级行使所有权并权责利统一
建立国土空间开发保护制度	如何统筹国家公园范围内原有保护地的各项规划，实现以统一的规划推进国土空间的统一开发保护？	探索以空间规划为基础、以用途管制为主要手段的国土空间开发保护制度，推行多规合一、审批合一的前置控制和分区管理
建立空间规划体系	如何在空间规划体系中实现以空间治理和空间结构优化为主要内容，全国统一、相互衔接、分级管理？	

（续表）

生态文明八项 基础制度	制度建立在国家公园范围内的问题体现	制度创新方式
完善资源总量管理和全面节约	如何在国家公园内实现覆盖全面、科学规范、管理严格？	统一、规范、高效的管理目标和制度
健全资源有偿使用和生态补偿制度	如何将国家公园的保护和全民公益需求纳入生态补偿制度中，以有限的资金最大化地实现保护与发展的双赢？	建立基于细化保护需求的国家公园地役权制度，补偿资金部分用于构建国家公园产品品牌体系以扶持绿色发展
建立健全环境治理体系	如何结合国家公园通常存在较多社区的实情，将社区发展和社会福利纳入治理体系之中？	探索以改善环境质量为导向，监管统一、执法严明、社区共治、多方参与的环境治理体系
健全环境治理和生态保护市场体系	如何保障市场力量在国家公园生态环境有效保护的前提下有序规范地介入？	分清政府和市场的界限，建立国家公园特许经营制度，构建国家公园产品品牌
完善生态文明绩效评价考核和责任追究制度，以自然资源资产负债表和产权确定制度为基础	考核体系中如何充分体现国家公园的资源环境禀赋和生态保护、全民公益成效？	以自然资源资产负债表和产权确定制度为基础，建立充分反映资源消耗、环境损害、生态效益等方面的考核体系

（6）总结

前文中，首先介绍了钱江源国家公园制度创新法制化的背景，包括学术背景和现实背景。在学术背景介绍中，先从国外国家公园的相关经验中明确了建设规划和评价标准是国家公园模式的基础，介绍了学界对国家公园管理体制的若干个不同视角，并结合本研究关键词"法制化"最终聚焦于政府管制视角下的管治理论，通过"管理"和"治理"二维度的分析方法厘清了"法制化"对钱江源国家公园制度创新的重要意义。在现实背景介绍中，则着重分析了钱江源国家公园制度创新法制化既有顺应顶层设计的需要，又有解决保护地的空间和管理的碎片化以及机构的多头化这些现实问题的需要。接着我们从解决现行保护地管理办法之间的矛盾和冲突、解决钱江源各保护区规划依据及其潜在冲突、调节管理机构矛盾、巩固地役权等制度创新以及更好地对标《总体方案》这五个方面分析了以"法制化"的手段巩固钱江源国家公园试点区制度创新的必要性，即希望通过"法制化"解决钱江源国家公园体制试点区中管理体制机制中的什么样的问题。

目前，开化县对"政区型国家公园体制"的探讨一定程度上缓解了保护管理上的职责交叉、权责脱节问题，属地管理不仅提高了生态治理的效能，也确实促成了县域范围内社会参与生态建设的良好局面，但其制度逻辑和组织模式还存在以下问题：①将"权力分配—协调—实现"等职能下放到地方政府的国家公园管理机构组织模式，会使地方政府财政负担不断增加；②由县级政府主导建立的国家公园管理机构，面对生态系统科学保护与利用等专业化管理目标，难以拥有与国家公园相匹配的管理能力；③通过属地管理提高保护地管理的强制执行力，不失为法律支持不完善的情况下一种理性选择，但行政区治辖边界并非国家公园的自然空间边界，属地管理反而会人为地割裂生态系统完整性，降低生态系统的全球代表性和重要性。

钱江源国家公园体制试点区列入中国国家公园体制试点后，试点区的生态自然功能和生态衍生功能提升有了新的契机，通过管理机构改革提高组织效能成为必然选择。根据国家公园组织机构模式特征和浙江省高等级自然保护地管理格局，试点区管理机构适用于科层集权和扁平分权两个模式。

如果顶层设计的国家公园权威管理机构为具有综合统筹能力的国家机构（如国家发改委），那么钱江源国家公园体制试点区比较适合于科层集权模式，组建基层管理机构——钱江源国家公园管理局，围绕目标管理职能设置资源保护处、资源利用处、资产管理处、综合办公室等内设部门；同步建立党群组织和乡镇派出机构，保障社区发展权益；规划、研究、财政等实施保障及权力协调功能上移至省级以上主管部门；由国家公园最高权威机构作为权力分配部门，全面负责立法、规划、财政投入、旅游发展、公共事务等职能。

如果顶层设计为权威管理机构为国家行业管理机构（如自然资源局），试点区则相对适合于扁平分权模式，组建钱江源国家公园管委会，围绕目标管理与保障职能，设置资源保护、自然资产管理、旅游利用、规划建设、科学研究、综合办公室等职能部门；管委会相对管理局需行使更多基层管理职能，管委会成员应由地方政府、上级政府职能部门、公园原住民等代表构成，以保障决策的民主化；为提高决策质量，应成立资源保护、旅游发展等相关决策咨询委员会；同时建立由各级政府、职能部门、国内外研究机构、本地居民等代表构成的监督委员会，由全社会监督被赋予更多下放权力的管委会；国家行业管理部门负责整个体系的权力分配。

目前看，国家层面由专业的国家林草局管理，钱塘源的管理机构也应与之对应。

7.2 钱江源国家公园法制化管理体系

7.2.1 系统性的框架

国家公园体制改革的目标是从管理角度解决保护地交叉重叠、多头管理的碎片化问题，使国家重要自然生态系统原真性、完整性得到有效保护。为达到统一、规范、高效的管理效果，有必要通过对组织形式、机构设置、权利权限划分做出相应的调整，形成适宜的体制机制。结合钱江源的具体情况，有必要结合其自身的资源环境特色以及区域优势、管理基础等，明确自身的管理体系。在明确了管理目标、管理机构的前提下，其主要需求包括以下几个方面：和《宪法》《环境保护法》等衔接的法律法规，和《总体方案》对应的体制机制，和《生态文明体制改革》对应的体制机制，促进统一、规范、高效的标准和规范以及和开化县"多规合一"相对应的规划体系。这样的分类并不是从严格意义上的法律角度出发，而仅仅是为了突出钱江源法制化过程中形成的管理体系，优先并重点考虑了《总体方案》和《生态文明体制改革》中要求，和大部制改革衔接。其中，相关的体制机制，是通过具体的管理办法、标准和规范来支撑的。在具体制定的过程中，要充分整合我国现行自然保护地管理体制的优点，以及国内已经展开的探索，比如云南在国家公园管理方面制定了系列的标准，以及国际各类保护地的管理制度和钱江源自身保护地管理的实践经验，对整个体系和具体内容进行补充和修正。最后形成的法律法规体系，是符合国家公园理念的一个法律文件群，并且可以借助这一体系，明确国家公园的定义及功能定位，以及发展政策、管理目标，实施保护计划等。通过细化相应的法律内容，可以增强法律法规和操作性，能形成多种法律相互补充、制约和平衡的架构，法律和标准等相互衔接与配合，形成相互支撑的体系，共同服务于国家公园体制的建设。

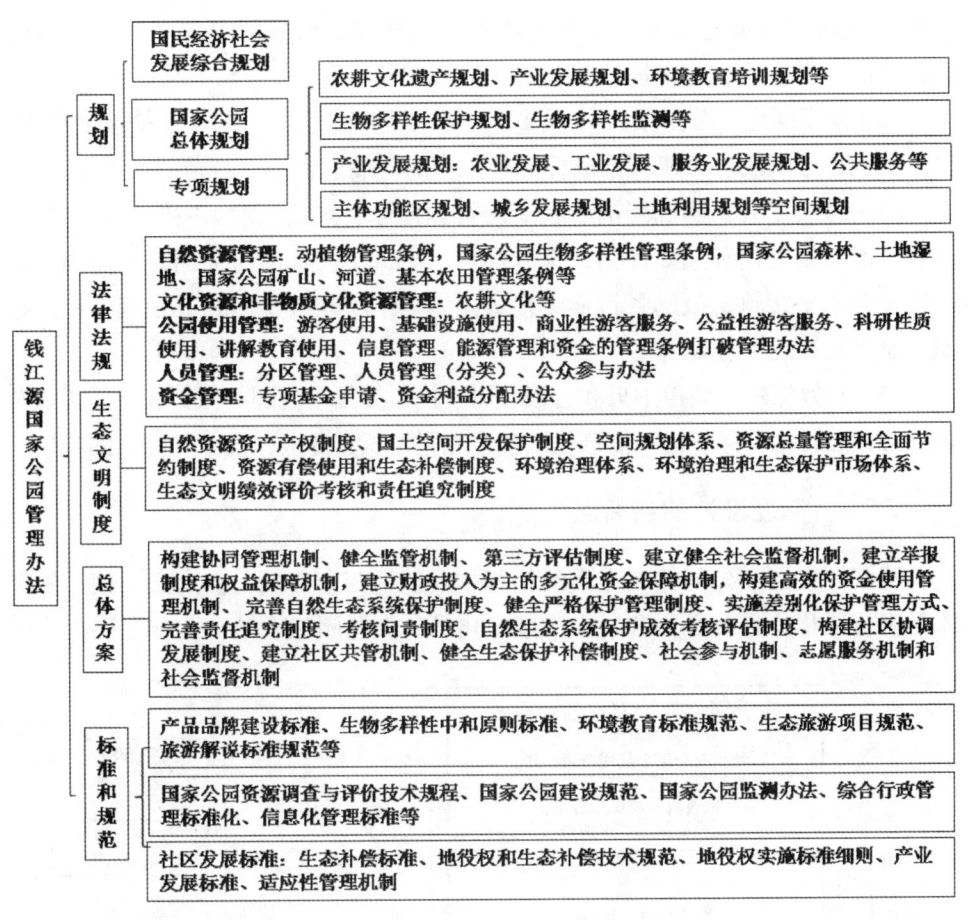

图7-1 国家公园管理体系框架构建要点

7.2.2 构建原则

国家公园法制化体系的构建原则如下：

（1）系统研究。应吸纳各领域的专家、学者，建立国家公园法制化、标准化建设，突出国家公园体制试点，兼顾辐射开化县县域生态文明建设、美丽大花园建设，开展国家公园法制化、标准化系统框架研究，研究制订以国家公园体制试点辐射全县域的法制化、标准化发展规划和标准体系，做好顶层设计，有序开展，实现保护与发展互促。

（2）重点突破。围绕钱江源的创新点，梳理现有的保护地管理办法、国家标准、行业标准及地方标准，规范相关工作开展，形成可复制、可推广的经验，为浙江省今后国家公园或保护地体系建设提供模板。

（3）循序渐进。分阶段、分领域，应坚持当期可承受、未来可持续的原则，突出重点，分阶段、分领域推进标准化工作的开展，指导、规范。

（4）持续提升。明确当前、长期的管理目标，立足当前、着眼长远，持续推进标准实施应用和绩效评估，提升标准水平，扩大标准覆盖面，并逐渐与国际化社会水平接轨，鼓励各行业、社会团体等组织积极参与相关领域的试点建设，制定标准化的技术流程。

（5）长效保障。获得中央和省级政府支持，为国家公园的保护和发展提供资金支持，法制化、标准化和信息化结合，克服组织、资金、技术等方面的障碍。

7.2.3 制度设计的创新点

钱江源在国家公园体制方面的创新主要包括四个方面，都有必要使用法律体系进行固化并且有必要和所在区域开化县的大花园建设结合。如下图所示：

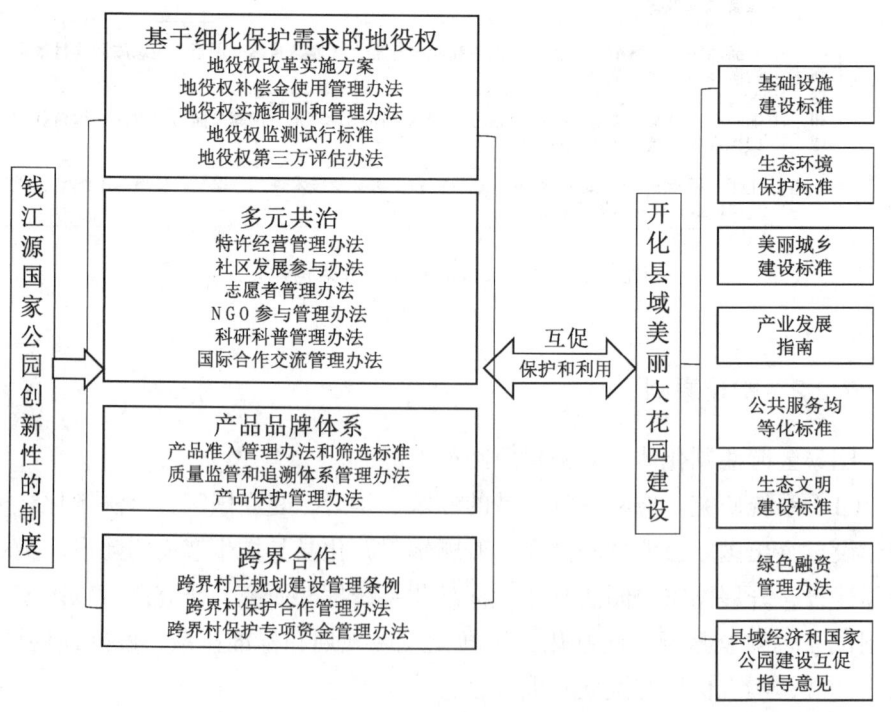

图7-2 钱江源国家公园创新性制度

7.2.4　以法律法规保障体制创新落地

下面，重点介绍地役权制度、特许经营、跨界管理以及和开化标准的衔接。

（1）地役权制度

钱江源国家公园体制试点区具有全国示范意义的改革任务包括地役权和跨省管理。本研究提出了适合南方集体林占比较高的国家公园兼顾保护和发展并控制移民数量的地役权操作方案，且能通过非政府组织的介入破解跨省统一管理的难题。从试点目标来看，地役权暂可归于多元化、市场化的生态补偿机制：通过地役权的补偿在减少移民的同时满足保护需求，通过国家公园产品品牌体系将地役权的限制反而变成产品品质的优势并实现增值。在这个过程中构建多元利益共同体，形成保护合力，利于解决保护地碎片化问题，易于实现跨界管理和发展社区替代产业。

钱江源地役权的操作步骤主要包括：

- ·在总体规划的基础上细化保护需求；
- ·确定适宜实施地役权的标准和空间范围；
- ·基于细化保护需求的保护效果评价标准和补偿成本核算；
- ·形成地役权合同并实施；
- ·引入市场和社会力量，丰富地役权。

目前我国《物权法》目前所确定的地役权的适用范围仅包含"需役地的利益"，第一百五十六条对地役权的定义中明确指出需要存在供役地和需役地两笔不动产，第一百五十七条也指出地役权合同中要列明供役地和需役地的位置，也就是说，在我国现行法规下不存在非附属性地役权，故此不能包容试点区所设置的保护地役权。此外，在我国土地公有制的制度下，土地所有权只能属于国家，而土地的实际使用者则为具体的某个自然人或法人。因此，在我国的法制环境中，供役地人的范畴应扩大到供役地的使用人。目前，我国供役地人的范畴包括了不动产所有权人及不动产上的用益物权人，但关于承租人是否可以成为供役地人以及是否可以在自己的不动产上设立地役权尚无明确规定。

试点区在探索地役权的同时，可借鉴美国司法经验，同步开展法律规范体系的构建。即关于地役权相关的具体管理办法，需要纳入《钱江源国家公园管理条例》中作为专门的章节，明确具体的技术路线、操作方案等，做到地役权依法、依规而行。

（2）跨界管理

2015年，中共中央国务院《关于加快推进生态文明建设的意见》明确提出，我国建立国家公园体系就是要实现分级统一管理，要保护自然生态和自然文化遗产的原真性和完整性。而现在，我国保护地为属地管理模式。行政区划往往基于天然的地理界限或标志（如山脊线分水岭），然而植物和动物不承认政治边界，生态环境具有连续性和完整性，但由于有了这些行政区划边界，生态环境往往被划分开来，保护完整的生态系统不得不面对跨行政区管理的难题。因此保护生物多样性的战略规划必须强调与共同生态系统和其他保护问题有关的跨界协同合作。

试点区开展跨界管理探索，需要达到以下三个目标：一是基于生态系统的完整性与原真性，确定试点区及协同保育区的范围及功能分区；二是解决一地多牌多主、交叉重叠、权责不清的问题，起到较强的示范作用；三是基于"生态共同体就是利益共同体"的合作理念，设计自下而上的跨界合作与管理的实现路径，在"多规合一"的平台上实现信息共享，达成生态保护优先的共识，在建立日常巡护机制，尝试联合项目审批等方面实现突破。

但是，试点区跨界协同管理必然涉及跨行政区划的问题。虽然毗邻的岭南自然保护区和钱江源国家公园有多年联防联控的传统，但要上升为更高一级的协同保护时，岭南乡政府提出如果没有省级政府部门牵头，乡政府部分不敢达成跨省跨区域合作管理意向，而获得上级部门的支持难度较大。

且在实际的跨界保护实践中面临定界的问题。如在钱江源跨界协同保育区边界的划定上，毗邻地区某些社区未进入保护范围，不能享受补偿政策，当地村委会认为将村庄部分划入，不利其保护、补偿工作的开展。同时，从生态系统完整性角度，有些资源禀赋很好的区域理应划入协同保育范围，然而由于当地发展经济的需要，准备进行旅游开发，致使在协同保育范围上出现碎片化现象。

此外，由于浙江、江西和安徽经济发展水平及执行制度方式的不同，在生态补偿问题上存在不同社区生态补偿标准不一致、执行补偿方式不统一、发展与保护分离、受益主体偏离等问题。在跨界协同保育区管理标准方面，江西省、安徽省境内的基础设施、生态防护理念与机制、管理标准等与钱江源国家公园的标准要求相差较远。且保护区域内，土地利用方式和强度限制与社区生计息息相关，处理不好就会引发社区冲突。为了实现长期合作目的，如何可持续发展是一个必须面对的现实问题。

因而在跨界治理中建议采用政府主导（公园管理机构为代表），企业、社区居民和非政府组织共同参与的多元主体协同治理模式。根据跨界治理中存在的三类不同问题，有选择性地进行治理主体不同、运行机制不同的制度设计，最后形成一种不同机制之间相互嵌套和相互支撑的制度结构。针对跨界治理中毗邻村镇有合作意愿但困难颇多的问题，采用"政府+社区"公私合作治理模式，通过生态补偿制度和协议保护方式构建社区共管机制。

（3）发展品牌和特许经营

作为间接补偿的主要模式，构建品牌平台的主要目的是为国家公园区域提供绿色发展的模式。首先，和浙江省开展生态产品价值的实现机制试点结合，钱江源国家公园可以探索发展国家公园品牌，借助政策设计通过利益共享的模式使原住民成为国家公园治理主体的一部分。将资源环境的优势转化为产品品质的优势并通过品牌平台固化推广体现为价格优势和销量优势，最终在保护地友好和社区友好的情况下实现单位产品价值的明显提升，即改变传统的生产方式，使国家公园管理机构获得传统的门票及资源有偿使用费以外的新财源。从体系设计角度看，品牌体系包括了产品和产业发展指导体系、产品质量标准体系、产品认证体系和品牌管理推广体系（包括知识产权保护）。产品内容既包括了开化已经有扶持基础但缺少品牌效应的茶叶、油茶等的第一产业，也包括以民宿为代表的第三产业。品牌区域范围既包括特色小镇，也可扩展到开化县全域。具体管理方式包括：

① 特许经营范围及准入规则

按照相关法律法规和钱江源国家公园体制试点区特许经营管理办法，围绕国家公园建设目标，由管委会制定特许经营项目计划，提出特许经营项目。特许经营范围应主要集中在餐饮、住宿、生态旅游、交通方式、商品销售等5个商业业态的16种特许项目。同时，管委会详细列出管理的具体标准，包括对申请人自身条件的要求和生产服务过程的行为要求。以住宿类产品的"准入规则"为例，在明确其目标效果为社区经济回馈、带动节约能源和减少污染、促进游客行为绿色化的基础上，对三个方面进行了精细阐述，包括特许经营对象（在其他行业中体现为涉及的产品）、特许经营者的自身要求、服务（生产）全过程的行为要求。其中，第三个方面是"准入规则"中最为具体的部分，涉及提供服务或生产作业全过程的方方面面，不仅涉及面广、考虑周全，还把原则性要求和具体实例相结合。然后通过招标、竞争性谈判等竞争方式选择特许经营者。把社区群众受益作为经营的主要目的之一，同等条件下社区居民优先。品牌使用者可以获得国家公园品牌。

②管委会与具有特许资格的受让人（特许经营者）需要签订特许经营协议，给受让人颁发经营许可证

特许经营协议内容应注明：经营范围约定、服务价格约定、服务质量承诺、特许经营就业计划、环境和文化保护计划、游客服务计划、经营设施维护保养计划、保证金、财政报告规定、合同期限等内容。

③进行过程监管

管委会依据《钱江源国家公园管理条例》定期（每6个月）对经营项目的经营规模、经营性质、经营质量、价格水平、环保、卫生、安全等方面进行严格检查，及时取缔对环境资源有破坏、私自扩大经营规模以及与公园核心发展理念无关的经营服务。

④品牌委员会为加盟企业制定特别的宣传工具

品牌委员会为加盟企业制定特别的宣传工具（产品标签、宣传册设计、营销网站）并为他们开展特别的宣传活动，尤其是在媒体上宣传品牌的产品。另外，委员会也给加盟者提供专门的培训和技术支持。

7.2.5　和县域发展相关的法律和标准相一致[1]

《生态文明建设标准体系发展行动指南（2018—2020）》要求："开展城市和小城镇市容和环境卫生、风景园林、城市导向系统等领域的标准制修订，提

---

[1] 《自然保护区条例》中对保护区周边的居民和社区建设没有体现，仅在第五条提出："应当妥善处理与当地经济建设和居民生产、生活的关系"，这在实践中难以操作。根据有效管理的原则，在巩固、扩展和改善全球保护地系统的同时还应该尊重所有利益分享者的权利和利益，包括他们在建立和管理保护地方面参与决策的权利。应该根据合法的权利将保护地的管理权利、责任和义务分配给有的参与者。事实上，社区参与自然保护区管理是保护区管理体制的组成关键。对保护区内的集体所有土地和山林、水体、牧场等，应尊重所有者受益的原则，与社区分享利益，帮助社区经济发展。在保护区与社区之间建立多种形式的联合共管委员会，吸纳社区成员参与，共同维护保护区的自然资源。国家和政府应给予社区一定的优惠政策，特别是位于贫困地区的自然保护区，建立国家补偿机制。同时，让社区有充分的参与决策权，广开思路，才能把社区和保护区建设紧密结合在一起。

高建筑节能标准，推广绿色建筑和建材。开展区域生态文明建设指南、生态城市、生态小镇、生态社区等方面标准制订。推动美丽乡村、生态县市建设，加强农村生态环境保护和农村人居环境改善等标准的制修订"。为此，应建立基础设施建设标准体系、生态环境保护标准体系、美丽城乡建设标准体系、产业发展指导体系、公共服务均等化标准体系、生态文明建设标准体系、绿色融资标准体系等，使得国家公园的标准和县域标准能相协调。

县域经济和国家公园建设中，国家公园管理部门与地方政府应密切协调，在强化保护的同时，重视民生改善和社会稳定，关注区内区外保护与发展协调推进，推进基本公共服务能力的提升，建立与地方政府权责边界清晰、良性互动的关系。国家公园所在地区的生态经济发展空间要划定开发边界，以国家公园为圆心，在近半径区域发展生态旅游经济，在远半径区域发展生态农业经济、乡村旅游经济和餐饮、住宿、贸易经济，形成绿色空间圈层结构。国家公园地区生态经济的发展定位要挖掘和发展国家公园生态资源特色、生态农产品特色和乡村民俗文化特色，把生态景观价值、农产品商品价值和农村文化价值转化为生态服务经济价值，从而实现区域生态经济的系统化转型升级，彻底转变欠发达地区经济赶超的发展方式，通过生态移民和社区参与把国家公园与生态农业经济、乡村旅游经济、生态旅游经济有机结合，使生态文化、农耕文化、民俗文化和民族文化得到融合与传承，促进人、自然、文化共生发展。在推进区域生态经济转型升级过程中，不能模糊生态自然资源的公共物品属性和生态经济资源的私人物品属性，不能滥用市场经济机制和过度商业性开发冲破国家公园作为公共服务的边界。应该借鉴政府主导、多方参与、区域统筹、分区管理、管经分离、特许经营等国际经验做法，积极探索符合我国国情的国家公园和县域生态经济融合发展的运行模式，率先制订浙江省国家公园建设和管理的政策法规及技术标准规范，与世界先进生态保护执行标准接轨，保护国家东部地区的生态涵养屏障和生态文化脉络，最终整合多种生态资源保护模式，确立有中国特色的国家公园体制。

参考文献

［1］ 约翰·皮格拉姆，约翰·詹金斯著.户外游憩管理[M].高峻，朱璇译.重庆：重庆大学出版社，2011：173.

［2］ 杨锐.借鉴美国国家公园经验探索自然文化遗产管理之路[J].科学中国人，2003(6)：28-31.

［3］ 周武忠，徐媛媛，周之澄.国家公园管理模式研究综述与评介[J].设计学研究，2014(C)，2015.

［4］ 张海霞，钟林生，国家公园管理机构建设的制度逻辑与模式选择研究[J].资源科学2017，39(1)：11-19.

［5］ 苏杨.大部制后三说国家公园和既有自然保护地体系的关系：解读《建立国家公园体制总体方案》之五（上）[J].中国发展观察，2018(9)：44-47.

［6］ 苏杨.整合设立国家公园为何如此难"整"？[J].中国发展观察，2017(4)：49-53.

［7］ 黄宝荣，王毅，苏利阳，张丛林，程多威，孙晶，何思源.我国国家公园体制试点的进展、问题与对策建议[J].中国科学院院刊，2018，33（1）：76-85.

［8］ 杨娟，汪淑玲，李红梅.自然保护区法律法规的问题探讨[J].陕西林业科技，2012，(06)：79-81.

［9］ 王旦旦.对我国自然保护区法制保障的检讨与完善[J].法制与社会，2014(11)：255-256.

［10］ 闫明豪.我国自然保护区生态保护红线法律制度研究[D].长春：吉林大学，2017.

［11］ 杨润高，李红梅.我国自然保护区建设中的环境剥夺问题[J].中国人口：资源与环境，2006，16(3)：23-27.

［12］ 卢治.论风景名胜区私权与公益的平衡[D].福州：福建师范大学，2015

［13］ 赵敏燕，陈鑫峰.中国森林公园的发展与管理[J].林业科学，2016，52(01)：118-127.

［14］ 李北楠，王棋，余金林.我国森林公园法律责任制度的完善对策[J].现代农业科技，2017(24)：133-134，137.

［15］ 张昕.我国森林公园管理法律制度研究[D].重庆：重庆大学，2007

［16］ 许勇业.国家森林公园管理现状及对策[J].南方农机，2018，49(04)：159-160.

［17］ 聂鸿飞，翁玉山.森林类型保护区的保护管理与国家法律冲突的思考[J].河北林业科技，2013，(5)：39-42，53.

［18］ 高利红，刘先辉，2012."森林资源"概念的法律冲突及其解决方案研究[J].江西社会科学.(7)：153-159.

［19］ 耿卓.我国地役权现代发展的体系解读[J].中国法学，2013(3)：85-97.

［20］ 吴卫星，于乐平.美国环境保护地役权制度探析[J].河海大学学报(哲学社会科学版)，2015，(3)：84-88，92.

第八章

借助国家公园实现绿水青山向金山银山转化

本章主要探索海南通过国家公园建设探索绿水青山向金山银山转化的路径。

8.1 海南省的生态资源基础和生态产业发展

8.1.1 海南省的生态资源基础

海南岛拥有全国唯一、全球少有的"大陆性岛屿型"热带雨林，兼具赤道热带雨林特征，是我国陆地森林生态系统中弥足珍贵的生物战略资源，资源禀赋具有国家和国际意义。海南省气候条件优越，生态系统类型丰富多样，生物种类及特有类群均居全国之首，是中国生物多样性的天然宝库和资源基地，也是我国乃至世界的天然基因库。此外，民族地区生物多样性保护的传统文化和传统知识也是海南省生态资源得以保护的重要基础。

（1）以中部热带雨林区域为代表的陆地生态系统

海南是全国热带气候的主要依托地，是全国农林产业不可替代、独一无二的育种根据地，是成就中国完整生态系统和为全国提供种质资源的绿水青山。

海南被视为具有国际意义的生物物种多样性地区之一，国际野生动物基金会、国际湿地组织、国际自然保护区同盟三个国际组织都将海南热带雨林区域划为全球重要的生物多样性保护区域。海南中部的热带雨林区，是世界热带雨林区中的珍品，与云南西南部区域、南美洲亚马孙河流域、印度尼西亚的热带雨林区一起，被世界环保组织公布为目前世界上保存最完好的四个热带雨林区域。

（2）海岛和海洋生态系统

海南拥有全国最大和战略价值最重要的海域，既是国家的南大门，也是国家的蓝水宝库，海南的碧海蓝天是中国的绿水青山的代表之一。

海南省的陆地生态系统和海岛与海洋生态系统以其热带性、特有性和完整性，在全国及全世界占有重要位置。海南省海域面积约200万平方千米。在海岸和海岛上分布着滨海湿地、红树林、珊瑚礁、海草床、入海河口、潟湖、上升流、海洋生物等多种地理环境要素与生态资源，相互作用，复杂多变。海南是红树林分布较为丰富的地区，红树林面积39.3平方千米，约占全国红树林面积的17.9%，质量相对较高，具有典型的热带性、古老性、多样性和珍稀性，包含了全国95%以上的红树林科、属、种。红树林中的水椰和红榄李是典型的热带物种。海南岛周边海域及西沙群岛、南沙群岛是我国珊瑚礁主要的集中分布区。海南省还是世界热带性海草分布的中心之一，在一些岛礁的浅水区域，分布着中国最多种类的海草，拥有贝克喜盐草、羽叶二药藻、小喜盐草、针叶藻和齿叶海神草等稀有物种。

（3）民族地区生物多样性保护传统文化和传统知识

海南岛独特的自然地理条件，使一些形成于上古时代的民族文化得以保存与延续，孕育出丰厚灿烂的传统知识。海南省与生物多样性保护有关的传统知识领域主要包括传统技艺、传统医药、传统经验知识和民俗等。其中，比较典型的传统技艺（传统手工技艺）主要有黎族传统纺染织绣技艺、黎族麻纺织工艺以及海南苗族传统刺绣蜡染工艺等。民族地区传统医药主要包括中医药、民族医药和民间草药的使用知识及其资源本身，如黎族传统接骨医药、黎族医药蛇伤疗法等。生物资源传统文化与民俗包括生产商贸习俗、消费习俗、民间知识、民间信仰等多方面，如各地保存完好的民族习俗、宗教制度、氏族家规、乡规民约等地方习惯、信仰。另外，民族地区人们在长期生产、生活实践中传统使用的、具有独特价值的野生水稻、野生荔枝等生物遗传资源的传统知识，也有效的保存和延续了生物多样性。

8.1.2　海南省的生态产业发展现状及不足

（1）海南省的生态产业发展现状

海南自1988年4月建省到1999年2月生态立省，发展战略都围绕着建设"海南经济特区"展开，确立了经济社会发展与生态环境保护协调共进，既要金山银山又要绿水青山的发展战略，坚持决不为经济建设而破坏生态环境。建省30多年来，海南省紧抓生态立省、国际旅游岛建设的发展战略，初步走出了一条科学发展、绿色崛起的道路。尤其是国际旅游岛建设上升为国家战略以来，海南发展取得了重大成就。

海南省根据不同区域的地理区位、自然环境、自然资源的生态功能和环境功能特点，将区域布局确定为"三圈一区"，即海洋生态圈、海岸生态圈、沿海台地生态圈和中部山地生态区，确定各个区域的产业发展与生态环境保护方向。《海南国际旅游岛建设发展规划纲要（2010—2020）》将海南分为北部组团、南部组团、中部组团、东部组团、西部组团和海洋组团，提出了各个组团的发展方向，中部地区主要发展生态农业和生态旅游，东部和南部主要发展以观光和度假为主的生态旅游，环岛台地主要发展热带高效农业，西北部主要发展工业项目等。

海南省通过发展以旅游业为龙头的现代服务业，发展热带特色现代农业，产业结构不断优化，基本形成以旅游业为龙头、现代服务业为主导的生态产业体系。"十三五"期间，海南践行新发展理念，着力推进供给侧结构性改革，着力培育壮大旅游、热带高效农业、互联网、医疗健康、金融、会展、现代物流、油气、医药、低碳制造、房地产、高新技术教育文化体育等12个重点产业，推动传统产业向高端发展，积极培育新产业、新业态，建立跨区域、跨市县投资机制，推动城镇间生产分工、产业整合、园区共建。新形势下，有必要设定相应的产业政策标准，有针对性地选择生态环境友好产业，更好的发挥海南的生态环境优势。

（2）海南省生态产业发展面临的主要问题

建省办经济特区近30年来，海南省经济社会发展取得了长足进步，产业结构不断调整优化。但是，由于海南底子薄、总量小等原因，绿色产业（生态产业）转型升级仍面临产业结构单一、研发投入不足等诸多亟待解决的问题，主要体现在：

一是房地产业"一支独大"。从投资占比看，房地产投资占全省固定资产投资的比重，从2010年开始连续增长，2011年开始超过40%，2015年开始超过50%，2016年达到了53.2%；从增加值占比看，2010—2016年，海南的房地产业增加值占地区GDP的比重突出，7年平均8.6%，比全国平均水平6%高出2.6个百分点。一些城市的建设与发展过度依赖于房地产业，并不利于其他行业的技术改造和升级，造成海南省其他行业发展缓慢。

二是以旅游业为龙头的现代服务业还不够强。海南省旅游国际化水平较低，旅游业的淡旺季明显，脆弱性突出，容易受到多方因素的制约；旅游产品开发不丰富、不均衡，呈同质化，重点旅游景区和度假区、海湾高水准开发不够，游客除食宿行之外的弹性消费比较低；与旅游相关的医疗健康等延伸产业仍处于起步阶段，高端医疗服务机构缺乏，未形成龙头企业、拳头产品和品牌效应；真正意义上的现代服务业如金融服务业、会展业、现代物流业、信息、咨询等服务占比仍很小。

三是热带特色高效绿色农业产业链短。农业组织化问题比较突出，农业龙头企业整体规模小、带动能力不强，农民专业合作社发展能力较弱，农业社会化服务体系存在机构缺乏、机制不健全、服务覆盖面小等问题。生态农业以无公害农产品为主，有机、绿色食品比重较低。产品结构不合理，主要集中在低附加值的产品上，地区产业结构趋同化，低水平重复建设严重。与此类似的还有海洋渔业。

四是高新技术产业发展不快。高新技术产业规模小、特色产业不优、不强。科技自主创新能力较弱，对经济的支撑作用不足。互联网产业总体产业规模过小，缺乏龙头企业带动，没有形成产业特色；人才不能自给，产业氛围不足，招人难、留人难的问题依然突出。医药产业规模小，结构单一；原料和市场两头在外，加之近年土地价格、人工成本快速上涨，产业竞争力不强；南药、黎药、海洋药物等特色产品研发不足。软件和信息技术服务业方面。

五是产业研发投入低。海南的研发支出（R&D经费支出）占GDP的比重长期处全国倒数第二名。2016年，海南的该项指标为0.54%，全国平均为2.1%。从R&D经费支出的绝对额看，江苏、广东、山东、北京已连续多年在1000亿元以上，而海南为21.71亿元。在投入结构方面，2016年全国研发投入中，企业投入占78%，而海南只有40%。

8.2 绿水青山向金山银山转化的技术路线

海南省绿水青山向金山银山的转化，建立在对生态环境资源的保护和恢复基础上，以其独一无二的自然资源禀赋和文化传统为物质基础，以统筹海陆的共抓大保护治理机制为制度基础，构建绿色产业体系，发展生态经济体系，实现生态产品价值。

海南省落实"两山论"的技术路线：建立健全以生态产业化为主体的生态经济

体系，通过生态补偿机制、生态产品价值实现机制等，促进生态环境成为有价值的资源。一方面，在生态资产评估基础上，建立横向和纵向的生态补偿制度，以林业碳汇（绿碳）和海洋碳汇（蓝碳）交易为主，探索区域自然资源资产化、价值化、交易化和金融化的措施。一方面，把生态环境本身以及保护的成果通过产业转化出来：构建生态产品品牌体系，实施生态产品品牌打造和提升工程。

其中，海南生态产品品牌体系具有区域公共产品的性质，要重点支持农渔药旅。研究给出了这种转化的操作步骤以及体制机制的改革需求。并建议以国家公园区域先行先试，构建国家公园品牌体系作为生态产品品牌的高阶版（增加了保护地友好、社区友好和文化友好的要求，并增加了地役权相关的制度需求），通过协议保护等形式构建共抓大保护的利益共同体，鼓励热带雨林区域和未来的海洋国家公园区域提升品牌知名度。

从落地角度看，技术路线要借助海南国际旅游岛、自由贸易港和生态文明试验区的有利政策，整合相关的资金和政策，实施品牌打造和提升工程，最终推动海南生态产品品牌体系的国际化。要依托不同类型的项目化方案，比如构建信息化管理平台、制定生态产品相应的规划、标准等，最终借助创新的、规范的产业发展，发展生态经济、分享成功保护成果。

8.2.1　绿水青山向金山银山转化的技术路线

以生态文明思想以及"两山论"为参考根据，重点参考全国生态环境保护大会上提出的顶层设计，即：以生态价值观念为准则，以产业生态化和生态产业化为主体……建立健全生态文化体系、生态经济体系、目标责任体系、生态文明制度体系、生态安全体系。

结合海南省的实际情况，依托海南碧海蓝天的资源环境禀赋，深入挖掘海南热带雨林资源、海洋资源，设计海南"绿水青山"向"金山银山"转化的路径，设计符合海南的绿色发展的转化技术路线，建立健全以产业生态化和生态产业化为主体的生态经济体系，加快形成"两山"理念实现的战略路径和长效机制，通过生态补偿机制、生态产品价值实现机制等促进生态环境成为有价值的资源，使之与土地、技术等要素一样，也能够成为现代经济体系高质量发展的生产要素，让"绿水青山"转变为可计量、能获得、有产出、可交易的"金山银山"，把生态产品作为核心竞争力，推进生态产品、生态服务和生态文化

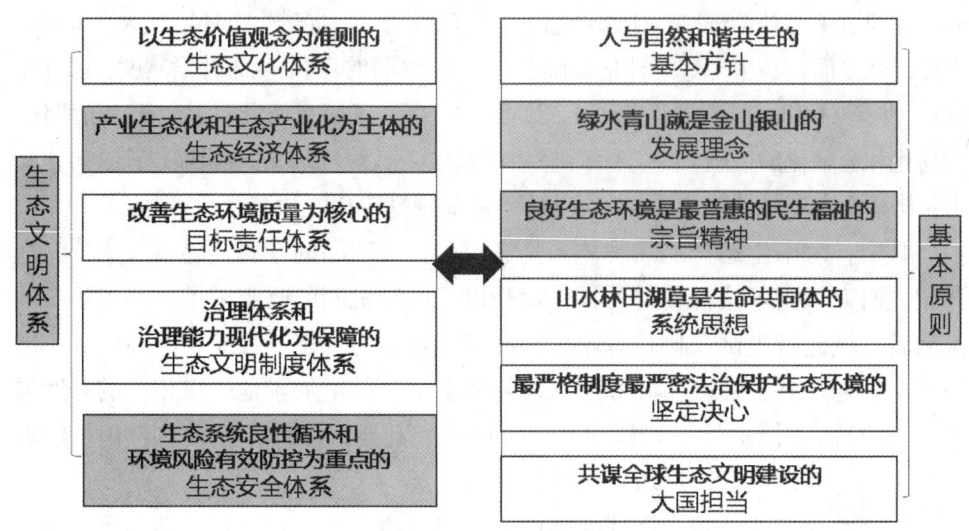

图8-1　绿色产业发展思路

价值的经济转变，将生态优势转化为经济优势，释放改革红利，创新具有海南特色的"绿水青山就是金山银山"体制机制。

8.2.2　转化的物质基础——"绿水青山"的生态环境的优势

海南"绿水青山"的生态环境优势[①]是技术路线设计的物质基础，构成了生态经济的基本生产要素。

海南省特色的自然资源要素、少数民族文化等要素构成了生态经济发展独一无二的物质基础。其中，自然条件要素主要包括土地、地质、地貌、气候、水文、土壤、生物等，体现在热带资源优势（比如热带雨林）、海洋资源优势（比如生物多样性等）等方面。同时海南的独一无二还体现在特殊的社会文化上。海南的发展要落后于内陆，社会快速发展、变革更多的是在短短10年内发生的。社会结构、文化发育等方面并不成熟，这样背景下也意味着海南的生态经济发展，需要充分考虑上述因素。

独特的自然资源是生态产品品质的根本保障，也正因区域内独特的自然资

---

① 这里还包括了文化要素，主要指独特的少数民族文化以及非物质文化遗产（包括少数民族所拥有的技术、工艺等）。

源才造就了区域内独一无二的优良品质，同时保障生态产品品质难以被复制和模仿。海南特殊的区域资源优势是其生态产业发展的基础。

8.2.3　转化的驱动力——内外动力的共同作用

要挖掘从绿水青山向金山银山转化的驱动力，这样才可能保障转化的可持续性，有利于培育绿色发展的新动能。驱动力可分为内在驱动和外在驱动。内在驱动因素是经济发展和提高生活水平和社会福利的诉求。尽管近些年来海南经济发展迅速，但是要看到其经济发展水平还有待提高，特别是中部区地区一些区域还有待脱贫。外在驱动因素主要在于政策推动、市场需求和科技创新等要素。①绿水青山向金山银山的转化要借势、借力于新型城镇化建设、乡村振兴和精准扶贫等重要的政策。尤其是海南省自贸区和国际旅游岛的建设的背景，这为转化提供了政策推力。②适应市场需求是转化的基本前提——即绿色产业的发展并要借助市场才能将产品变现。这样就需要提高优质的生态产品和服务供给，适应分层次、多样性消费需求，保证基本消费经济、实惠、安全；推动当地居民消费升级，加大力度培育中高端消费市场，挖掘依赖生态产业的新经济增长点。③积极研发绿色产业相关的科学技术（热带农业、海洋渔业、医药产业和生态旅游为主），加大对绿色生态产业从业人员的培训力度，完善创新主体合作以及协同共管机制，支持开展农产品生产加工、综合利用关键技术研究与示范，形成完备的绿色产业链并延长产业链，促进农产品多层次、多环节转化增值。

8.2.4　转化的制度基础——共抓大保护的治理机制

共抓大保护的治理机制是绿水青山向金山银山转化的制度基础①。整体看，

---

① 法国国家公园2006年后经过了10多年的改革，形成了有效的治理模式:（1）形成利益共同体才可能形成生态共同体，没有绿色发展就没有国家公园;（2）上下左右里外结合的治理结构才可能兼顾各方需求，才可能形成保护的合力、创造周边有利保护的大环境;（3）绿水青山转化为金山银山需要技术路线和完整体系。另外，向大区公园学习的基础上，法国借助国家公园产品品牌这一工具，定位了国家公园和社区的利益共同点，从而以规范化、精细化且能增值的特许经营，实现了最大范围吸纳地方企业和个体自愿加盟、最大程度实现保护发展共赢的目标。另外，行业"准入规则"中融入保护地友好的要求，使国家公园的保护和环境教育目标在经营中得到了贯彻;搭建了国家公园产品品牌体系这一平台，品牌委员会为加盟企业制定特别的宣传工具（产品标签、宣传册设计、营销网站），提供专门的培训和技术支持等，最终惠及社区。

共抓大保护的治理机制是要使利益相关方，特别是本地企业和居民具有参与保护和发展的意识，创新保护和发展效益的利益共享模式，健全包括生态补偿在内的激励机制，并可以分享产业绿色发展带来的增值收益。

（1）共抓大保护的治理机制包括市场化、多元化的生态补偿机制，并且能将保护成效和资金分配挂钩。生态补偿机制，是"青山绿水"保护者与"金山银山"受益者之间的利益调配机制，包括横向补偿和纵向补偿。这一机制要建立在自然资源资产核算基础上，编制自然资源负债表并确权、登记建立自然资源产权制度后市场化。根据生态系统服务价值、生态保护成本、发展机会成本，综合运用行政和市场手段，调整生态环境保护、建设等相关各方之间利益关系。逐步增加对重点生态功能区转移支付，完善生态保护成效与资金分配挂钩的激励约束机制；加大对重点生态功能区的转移支付力度，合理提高补偿标准；向生态敏感和脆弱地区、流域倾斜，推进有关转移支付分配与生态保护成效挂钩。在"谁受益、谁补偿，谁保护、谁受偿"的原则下，要突出保护成效和资金分配挂钩，即不仅仅是体现绿水青山自身因为资源占有而获得的补偿，更加突出保护的作用。

（2）共抓大保护的治理机制还包括绿色发展机制，它主要是以绿色发展的利益转化机制为核心、以保护绩效可计量为特征。首先，从生产侧看通过政府引导，构建合理的生态产业结构，建立生态经济体系，探索适宜本区域的生态产业化或者产业生态化的路线，以实现生态产品的价值。这种产品，既包括边界模糊的水、大气等对应的水权、用能权和碳交易等，也包括边界清晰的农林渔牧游产品。对于后者，主要是构建品牌发展长效机制，通过政府引导，培育龙头企业、特色产业等品牌建设，打造公共区域品牌的基础上，建立生态产品品牌体系，突出海南生态环境资源和文化的优势，将生态产业化以实现绿色产业发展。

8.2.5 转化的技术路线的设计

根据资源环境特色，设计海南绿水青山向金山银山转化的技术路线。其中，生态资产价值的科学核算和对生态资产的评估是技术路线设计的科学依据。海南应加快研究和编制自然资源资产负债表，摸清自然资源资产的"家底"，准确把握主要经济主体对自然资源资产的占有、使用、消耗恢复和增值活动情况，从而为有效保护和永续利用自然资源提供信息基础、监测预警和决策支持，为环境与发展综合决策、领导干部自然资源资产离任审计、政府政绩评估考核、生态环境补偿（横向和纵向）等提供重要依据。

　　生态经济的构建要依托生态、绿色产业，主要有两个路线，分别是产业的生态化和生态产业化来实现生态产品价值。其中当前对于海南来说，最大的优势是生态，生态产业化是当前海南重点发展的方向，即把生态保护的成果通过产业转化出来：在生态友好的前提下，利用海南良好的生态环境和人文资源进行创新的、规范的产业发展，实现绿色发展，分享到保护成果，从而"共抓大保护"。对于传统的产品，主要是通过构建生态产品品牌体系——实施生态产品品牌打造和提升工程。同时，充分利用政策创新，在自然资源确权基础上，进行产权交易，促进其价值化、交易化和金融化。其中，结合海南资源环境的特点看，重点推进的几个方面包括水权交易、森林碳汇交易和海洋碳汇交易。

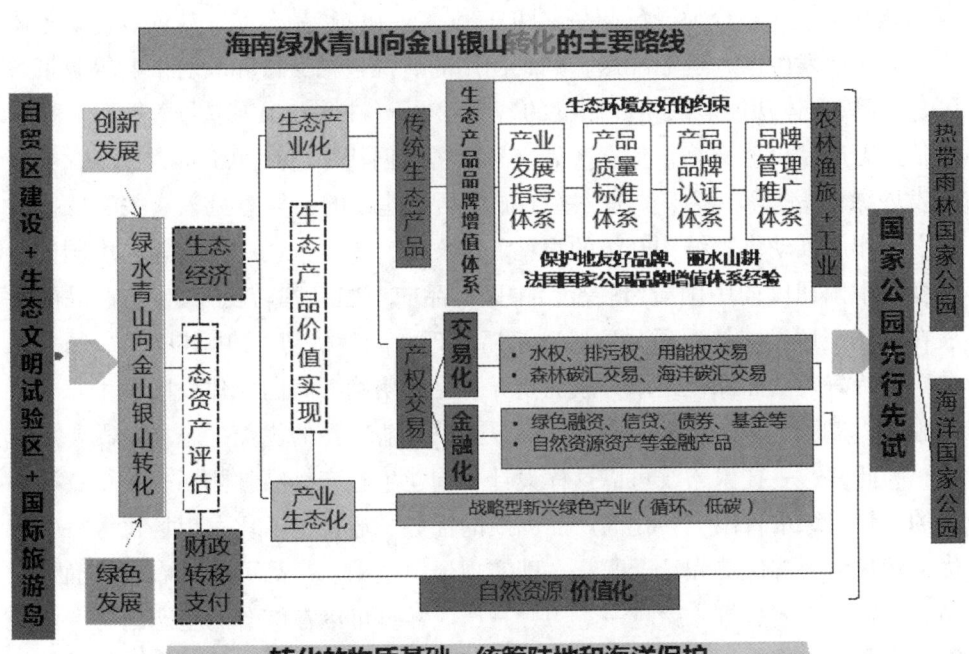

图8-2　海南省绿水青山向金山银山转化的技术路线设计

8.2.6 转化的特色路径——构建生态产品品牌体系

本部分主要探索转化的特色路径，所谓的特色主要指以下3个方面：①海南独一无二的自然资源禀赋；②海南改革构建的良好的制度环境；③海南国家公园建设的机遇与品牌建设的需求结合，这样国家级别的品牌建设在全国也是独家。

为此，海南要设计出合适的绿水青山向金山银山转化的技术路线，要依托于生态优势、制度基础，考虑现实约束和内外驱动的共同作用。海南传统的农林渔旅药是生态产业化的核心，产业基础也最为夯实，实现两山论转化的突出路径——构建生态产品品牌体系。这样的技术路线的设计，要以问题导向和目标导向为基础。

其中问题导向，主要针对当前海南绿色产业发展、生态保护等和两山论转化相关问题。其次目标导向，则要以中央和海南省相关文件为依据：

参考中央文件：《生态文明体制改革总体方案》中提出"建立统一的绿色产品体系：统一整合为绿色产品，建立统一的绿色产品标准、认证、标识等体系。完善研发生产、运输配送、购买使用的财税金融支持和政府采购等政策"；《关于完善主体功能区战略和制度的若干意见》（中发[2017]27号）明确"科学评估生态产品价值，培育生态产品交易市场，创新绿色金融工具，吸引社会资本发展绿色生态经济"。参考《关于加强品牌建设的指导意见》、《关于发挥品牌引领作用推动供需结构升级的意见》等文件，要"推动中国制造向中国创造转变、中国速度向中国质量转变、中国产品向中国品牌转变"，生态产品的发展在市场上还是应该以质量取胜，最后体现在品牌优势。《中共中央、国务院关于支持海南全面深化改革开放的指导意见》明确，海南要建设国家生态文明试验区，提供更多优质生态产品以满足人民日益增长的优美生态环境需要。

为此，这一技术路线可以这样设计：构建生态产品品牌体系，使得资源环境的优势（绿水青山）转化为产品品质的优势，通过价值化、市场化等将生态优势转化为经济优势和社会优势，即实现金山银山。产品可包括农副、渔林产品、民宿、工艺品等，跨越一、二、三产业，且可以在综合的生态旅游产业中整合。通过这样的技术路线，在市场条件下稳定地、增值地使生态产品的价值得到变现。这样的品牌体系，包含了公共区域产品的特征，因此当地政府应该是主要的引导者。

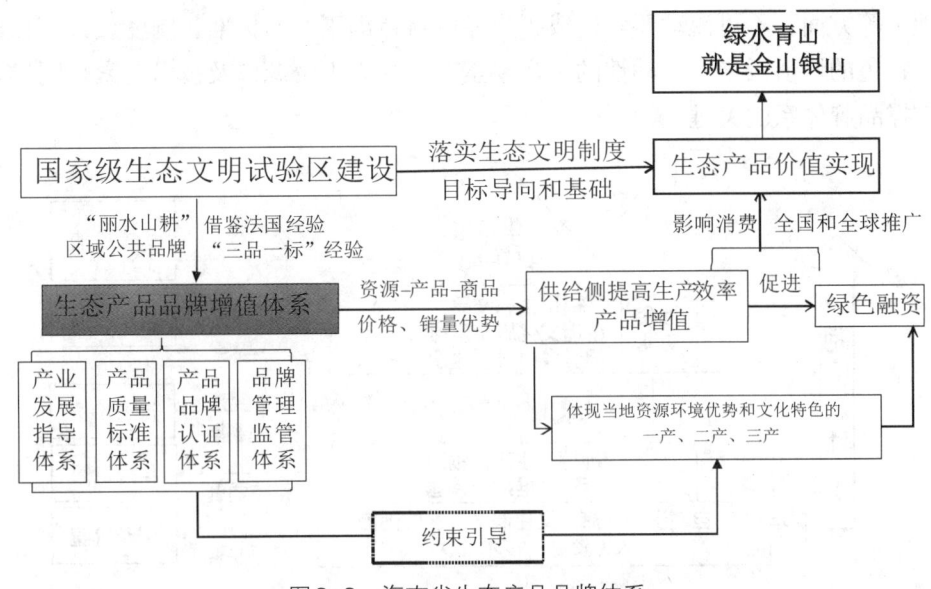

图8-3　海南省生态产品品牌体系

生态产品品牌体系，包括产品和产业发展指导体系、产品质量标准体系（含追溯体系）、国际化产品认证体系、品牌推广和监管体系等。

产品和产业发展指导体系，包括明确产品市场、产业发展规划、品牌所有、品牌申请、授权使用、使用规则、定期监督检查等内容。

产品质量标准体系，是指衔接现有的国家产品质量标准和品牌管理体系，考虑生态友好等因素，对产品全生命周期过程中必要环节（基地、选种、原料、工艺、包装、运输、质量追溯等）设立标准；在产品质量检测体系，产品质量体系基础上，是要明确生态品牌年检和不定期抽检制度，对相应产品展开质量资格检查，对质量事件和影响品牌发展事件（环境污染、假冒产品等）依法处理。

国际化产品认证体系，是基于现有的国家产品认证体系和管理认证体系，构建生态产品认证体系，包括生态标志认证、节能环保认证、ISO9001质量管理体系认证、商品售后服务认证等。

品牌推广和监管体系，是指借助信息化管理平台进行品牌管理，保护品牌知识产权，制定相应营销政策。其中，监管是为了促进良好管理的功能。

品牌体系的增值要素包括生态价值（资源环境的优势）、产业聚集价值、政策设计价值（品牌体系制度化）、平台化价值（信息化管理平台、高效的管理）等方面。不可流动要素构成了产品的特色因素，而标准、制度设计等构成了特色的增值因素。流动性的生产要素，比如人力资源以及技术要素，同样是支撑品牌体系的关键。

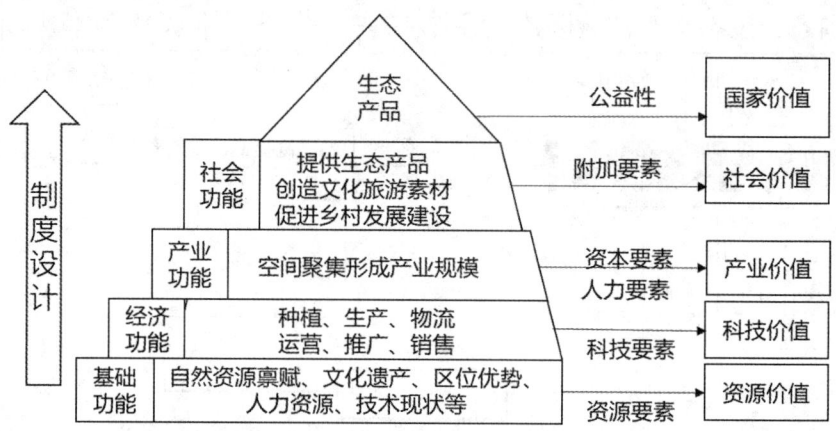

图8-4　生态产品不同类型要素增值分析

重点支持代表热带特色的农业、林业相关传统产业，海洋渔业相关产品和服务、南药等，探索不同形式的旅游业以及相关项目，促进区域生态产品价值的实现，引领地方绿色发展。比如五指山红茶、白沙绿茶、澄迈富硒地瓜等，资源环境优势易于体现为产品品质优势。和海南国际旅游岛等发展目标结合，旅游产业也是重点发展的产业模式，创新比如森林康养、茶旅融合等新模式，借助生态产品品牌体系，延长产业链，使得产业微笑曲线向两端发展，实现产业业态的多元化发展以及一、二、三产业的融合。同时，借助海南自由贸易港和生态文明试验区的影响，推动海南生态产品品牌体系的国际化，在"自由贸易试验区+零关税简税制低税赋+有条件的人员、货物与资金的自由流动"模式下的生态产品交易的实现，推动海南建设国际生态产品交易中心（含认证），打造国际生态产品交易中心（含认证中心）和服务于东南亚相关产品的国际化平台。

该平台在绿水青山向金山银山的转化中有两方面功能：一是政府背书、信息对称，使生态产品的品质优势有国家信誉和国家技术平台保障，使国内外的消费者能明晰产品生命周期全过程的绿色，以支撑价格优势；二是产品优选、产业打通，依靠国家的技术和市场力量，通过平台优选出能将资源环境优势转化成品质优势的产品，并使相关产业形成产业链，以使产品增值能在全产业链上实现、通过差异化市场竞争实现。

（1）做优做强热带高效农业

借助品牌体系，将热带地区农产品纳入。和乡村振兴战略结合，做强做优热带特色高效农业，打造国家热带现代农业基地。加强国家南繁科研育种基地建设，打造国家热带农业科学中心支持海南全球动植物种质资源引进中转基地。建设规模较大、市场相对稳定的热带水果生产基地，优化作物区域布局和品种结构适当的热带水果生产基地。强化国家冬季瓜菜生产基地建设。发展休闲农业，开发现代示范田园观光生产，体验瓜菜采摘、农家旅馆特色餐饮垂钓捕捞等休闲业产品。积极发展"互联网+农业"，建设农业物联网示范基地，推进电子商务村综合示范县建设，积极开拓海南生态农产品电子商务交易市场。探索创设海南特色农产品期货品种（目前已经有橡胶+期货的实践），积极鼓励、支持、引导农民利用期货市场进行套保值交易，提升海南特色农业资源和高品质农产能够有效抵御自然灾害、市场波动的能力，确保相高品质农产品保值增值。

（2）高起点发展海洋经济

未来要建设海洋国家公园，要借机制定海洋生态产业准入标准，制定产业准入负面清单。鼓励民营企业参与南海资源开发，加快培育海洋生物、海水淡化与综合利用可再能源工程装备研发与应用等新兴产业，支持建设现代化海洋牧场。开展碳汇渔业关键技术研究，拓展生态养殖模式，发展新兴生态海洋牧场和人工鱼礁等大型碳汇渔业，形成规模化"蓝色农业"，在促进渔业转型升级、保持渔业经济平稳发展的同时，实现海洋碳汇能力的提升。发展海洋旅游业，加大海洋旅游的供给侧改革力度，重视中高端海洋经济消费。开发滨海度假、海洋观光、运动休闲等特色旅游业，拓展相关旅游项目，海上运动、海洋探险、珊瑚礁观光等，使得其特色化、高端化。建立健全政府引导下的"医养结合"体系，借助海南得天独厚的生态环境优势，推进医疗养生项目，发展—海南特色海洋文化节庆活动。

（3）重点发展生态旅游产业，推进国际旅游岛建设

加强国际旅游岛建设，积极培育旅游消费新热点，和生态产品品牌体系结合，建立与国际通行规则相衔接的旅游管理体制，推动更多企业开展国际标准化组织（ISO）质量和环境管理体系认证。推动海南建设具有世界影响力的国际旅游消费中心，是高质量发展要求在海南的具体体现。要实施一批重大基础设施工程，提高基础设施网络化智能化水平，加密海南直达全球主要客源地的

国际航线，加快构建现代基础设施体系。要实施更加开放便利的离岛免税购物政策，实现离岛旅客全覆盖，提高免税购物限额。要支持海南积极引进国际优质资本和智力资源，采用国际先进理念进行旅游资源保护和开发。

（4）利用海南生物多样性优势，发展南药产业

海南适合天然药物的驯化种植和以天然药物资源为主的深加工。进行南药普查工作，对典型及特有植物药进行针对性筛查。结合国家药品监督管理局中药GAP种植管理要求，争取国家资金，扶持南药创新企业，积极利用省内的优势资源，为农民创新种植源头品种储备发展及种苗资金支持。鼓励进行标准化种植，确立地方品牌，持续发展，形成规模化、产业化。打造全产业链医药产业集群，形成规模种植，实现种植、加工、销售一体化，为大型产业化生产提供充足的原料支持；打造集研发、孵化、生产、营销、培训、服务于一体的南药产业技术研发和综合服务平台，细化各自分工，在加工、销售、服务多方面延伸产业价值链，充分发挥产业集群效应。

从具体形式上看，品牌体系的构建需要多元参与的机制（如下图8-5所示）。采用"龙头企业"带动，"公司+合作社+基地+农户"等模式，和"精准扶贫"政策以及"乡村振兴"等政策结合。利用海南改革先行区的优势，整合不同渠道的资金，创新融资模式（比如林地信托、林权抵押贷款等），最终促进产品品质的提升、单位产品价格的增值以及产量的增加。结合丽水经验，要注意处理好母品牌和子品牌之间的关系。

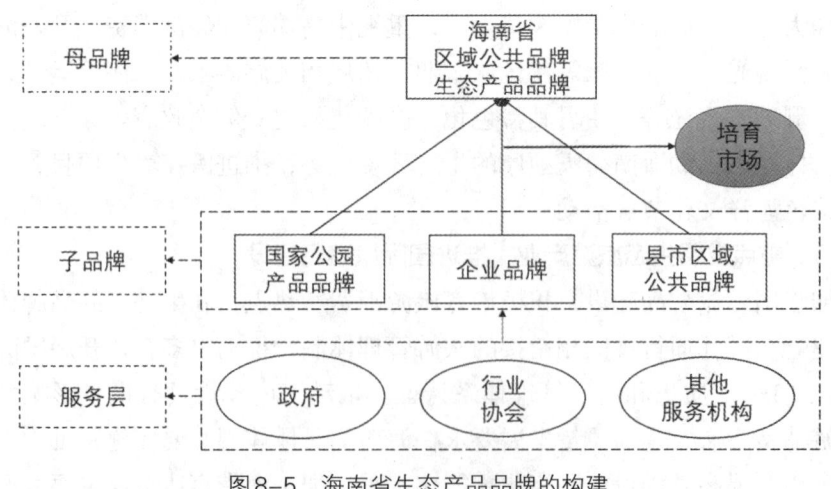

图8-5 海南省生态产品品牌的构建

8.2.7　转化的工具——平台式管理促进产业融合于旅游

借助生态产品品牌体系和信息化管理平台，依托"旅游+互联网+绿色积分+多元参与"模式，发展多元化、标准化、链条化、融合化和创新化的绿色产业（农林渔旅），全面提升绿色产业发展水平，实现生态产业化，产品多层次增值，产业业态更加丰富。

专题：生态产品信息化平台实现的效果

（1）多元化发展

多元发展主要指平台纳入的产品类型多元，包括了生态产品和生态服务。其中，①生态产品包括了传统的农林渔业的产品和副产品，以及依托于这些产品的文化产品；②生态服务包括了传统旅游业相关的比如酒店、饭店、旅行社、商店、交通、邮递、景区等提供的服务，也包括了茶旅融合、森林康养、环境教育等新业态。

（2）标准化发展

除去设定产业准入标准外，针对生态产品和服务的全生命周期过程都需要制订相应的标准。符合标准的才能加挂生态产品品牌标签，通过标准化从供给侧提高产品和服务质量，消费侧规范引导游客的消费行为。

（3）链条化发展

各级政府（尤其是省政府）制定科学规划进行引导，以农垦等企业为主导，引领产业链的产生、形成、推广和应用（其他本地企业配合），比如茶产业涉及茶地、种植、加工、仓储、金融、销售、检测、溯源等过程，都是增值环节。培养本地行业协会等非政府组织以及私人企业，共同实现海南省绿色产业发展水平的全面提升。鼓励本地咨询服务类企业发展，发挥南繁基地的科研服务功能。

（4）融合化发展——三产和三生融合

借助互联网思维挖掘旅游行业的潜力，在海南省国际旅游岛建设的目标下，实现生态旅游产业和第一、第二产业融合发展，通过政策引导，构建旅游领域的新业态，培育旅游消费新业态，提升产业附加值，推动旅游业向现代服务业的转变，提质升级，使得产品文化要素和低碳、绿色、生态理念融合，社区生活、生产和生态融合。

（5）创新化发展

主要包括制度创新、技术创新、产品创新、项目创新和商业模式的创新：

制度创新指借助生态文明体制改革，构建绿色发展机制，鼓励各利益相关方之间建立利益联结关系，形成利益共同体。其中，研究设计地方政府相关职能部门和企业为核心的"绿色绩效评估体系""绿色产品积分计算方法"以及以消费者为主的"绿色消费积分体系"的创新管理机制，并和个人和企业信用挂钩。

技术创新指展开信息化平台建设，利用互联网实现消费、建设、经营、管理的网络化、数字化、智能化和科学化，利用大数据平台收集、汇总、分析旅游信息，将旅游资源利用更合理，并且带动其他产业发展。

创新服务产品是为提升传统旅游产业，发展生态旅游产业所设计的"生态标签产品""绿色积分"的创新服务内容，也涉及包括信息化管理平台和旅游供应商服务平台等在内的生态产品管理平台。

创新项目和行动：围绕保护为主全民公益理念下的基础设施提升行动、生态产品品牌宣传打造行动、生态旅游项目、绿色消费行动等。

创新商业模式：通过购买和使用绿色积分的形式（即生态积分），依靠企业和游客绿色环保行为降低成本得到收益。这部分收益涵盖：企业的特许经营费、本地电商平台费用和交易费用、广告费用、服务于企业决策的消费者信息数据（大数据分析结果）。如海南展开碳交易试点，这部分收益还包括参与碳交易的部分收入。收益一部分用于平台维护和运营，一部分回馈当地。

（1）设计生态产品绿色积分体系

建立绿色积分标准以及积分交易的制度，作为创新性实现生态产品价值化的手段之一。运用积分创新机制，建立纳入游客、企业以及原住民的绿色积分系统，将核心行为用绿色积分量化，建立企业和游客账户累积的绿色积分方法，将企业和游客的生产消费行为转化为积分，并依托于核算方法来指导核算。通过网上商城或者实体店可将"积分"兑换成绿色生态商品或给于其他的激励措施。建立引导企业和游客正面行为的积分奖励机制，和获得具有流通、兑换功能的绿色积分管理机制，为游客和企业开通绿色积分账户的方式，依托核算办法指导积分核算、兑换和抵消。

旅游业是该体系的核心，利用好国际旅游岛的名片。推动旅游产业生态产品和服务认证、生态标签等旅游配套产品和服务的标准化，实行绿色积分积累制度，并推其参与市场交易，推动旅游产品的市场化和商业化，实现旅游与产业的融合。

建立绿色积分交易制度。展开整体框架设计和标准研究，开发绿色积分的量化核算办法和方法学，将绿色积分融入生态产品，并逐步建立与参与企业配合的抵消机制，实现积分交易（制定交易规则，搭建交易平台）[①]。

该体系正常运转需要企业和游客的深度参与以及管理机构的引导（如下表所示）。

表8-1　企业和游客深度参与的方式

主体	项目	内容
企业	服务管理	服务注册、经审核后发布并按企业资源系统设计管理和维护
	商品服务	标准化积分
	专家库	对专家信息进行管理维护
	在线服务	在线服务和咨询
	绿色积分	企业绿色生产活动下对产品和服务标准化（设计行业标准）
游客	服务与管理	注册、注销、管理，针对游客的服务信息，由海南省相应的管理机构管理，系统提供服务的发布、维护及注销功能
	在线服务	生态足迹计算器
		投诉举报、反馈
		建言献策
		满意度调查
	绿色积分	账户管理，对个人账户的基本信息，以及账户积分进行管理，提供积分统计功能
		绿色积分，对绿色积分平台签到、有绿色消费行为的游客可获取积分，进入兑换商城（线上线下的品牌企业），完成积分与产品的兑换

---

① 该积分制度和碳积分有联系也有区分，可以设定相应的体制机制，和全国碳市场结合，也可以和生态产品交易平台衔接。

　　积分的标准如何制订呢？研究制订生产和消费侧正负行为清单（行为涉及从"吃、住、行、游、购、娱、学、养"，举例如下表8-2），制订以碳排放强度为核心指标的绿色评价体系，以积分的形式量化相关行为（对正负行为按积分实行奖惩），借助政策设计将不同类型的利益相关方关联，通过绿色交易和价格机制，使反映企业绿色生产和游客绿色消费绩效的积分能价值化并通过市场参与交易。

表8-2　游客旅游的正负行为清单（举例）

行为	正负	具体行为	参与方	分值
住行	负	在景区内乘坐私人汽车出行（自驾和打车）	游客	
住行	正	乘坐火车等碳排放较低的出行工具	游客	
		景区内以公共交通、自行车或徒步方式出行	游客	
	负	每天换用一套酒店提供的一次性生活用品	游客	
		要求被单、毛巾等棉织品每天清洗	游客	
		房间内空调温度设定低于国家标准	游客	
		不注意节约用水	游客	
	正	主动了解，并选择低碳化程度高的经济型酒店、民宿等	游客	
		自备生活用品，不使用酒店提供的一次性用品	游客	
		被单、毛巾等棉织品只在需要时换洗	游客	
		房间内空调温度设定符合国家标准，或不使用空调	游客	
		房间内只打开需要用到的照明工具	游客	
		注意节约用水	游客	
餐饮	负	不会主动了解，并选择具有绿色生态认证的饭店就餐	游客	
		使用饭店提供的一次性餐具	游客	
		不注重就近就餐，且过度消费	游客	
	正	主动了解，并选择具有绿色生态认证的饭店就餐	游客	
		自备餐具，不使用饭店提供的一次性餐具	游客	
		注重就近就餐，践行光盘行动	游客	

（续表）

行为	正负	具体行为	参与方	分值
游览	负	不主动了解，并选择低碳旅游路线	游客	
		旅游过程中产生的垃圾直接丢弃于景区中	游客	
	正	主动了解，并选择景区中低碳旅游线路	游客	
		对旅游过程中产生的垃圾，自觉分类处理或带走	游客	
		积极参与景区绿化、植树纪念等碳补偿活动	游客	
购物	负	不主动了解，并选择具有低碳标识的商品	游客	
		要求所购买商品包装精美	游客	
购物	正	主动了解并选择具有低碳标识的商品	游客	
		避免过度包装	游客	
		购买用当地绿色材料制作传统手工艺品	游客	
娱乐	负	参与烧烤、篝火晚会等和破坏生态系统的娱乐活动	游客	
	正	选择运动、康体等娱乐活动	游客	

良好的数据监测系统是保障绿色积分市场运行的基础，主要包括以下几个方面的监测：

表8–3　绿色积分监测系统的构成

系统	监测数据
基础设施和项目	酒店、饭店、度假区、交通、文化旅游基地等基础设施已投入使用情况以及承载文化旅游项目的积分，也包括开放可视化的供应链全程监控平台
绿色积分系统	对游客、企业参与绿色积分体系的评价体系以及对积分系统的数量统计以及行业或者企业监测积分发放、兑换产品的情况
绿色标签产品	基于生态产品足迹核算指南，将绿色标签应用于产品中，标签设计产品的数量、行业分布、绿色标签产品的销售情况

另外，为保障制度运行，还需要：

配套积分激励机制。鼓励金融机构、商业联盟开发生态产品信用卡、绿色积分（绿色货币）等创新性金融产品，加快制定相应的激励约束制度（金融和财税政策），引导公众、企业以及社区自觉践行绿色环保行为。针对游客核发绿色积分，积极引导车主和游客低碳出行、低碳生活、低碳消费，探索个人购买换取绿色积分、优质生态产品及生态服务等方式。

加强技术和服务咨询。优先选择本地咨询服务机构作为技术和服务机构（也包括行业协会或者商业联盟形式），以解决相应的方法学、运营等问题，形成政府引导、企业管理运营、相关部门支持配合、多方主体参与的合力，推进工作进度。

另外，品牌体系还包括品牌推广营销体系，涉及线上直销、线上分销、移动端营销等。借助平台对移动端（含微信、微官网）、WEB端应用（含平台上的商家、综合电商、垂直电商）、语音端（客服中心）、线下交易市场等进行全面整合。

其他方面，平台还要探索个性化订制，有助于本地品牌中部分产品的高端化发展（比如当地传统文化的挖掘），构建高效、灵敏的反馈机制，促进企业能根据服务信息对顾客需求进行调整，提供高效、准确的订制信息服务。通过互联网建立游客的信息库，对顾客的访问记录、注册信息、购买、浏览原生态产品情况进行分析，利用数据挖掘技术进行专业化的评估，将有经济价值的数据推荐给相关方。

为扩大产业资本，拓宽资金渠道，成立生态产品品牌发展基金专项基金，支持产业发展新模式，鼓励创新、创业，并引导品牌管理平台发展。

（2）搭建信息化管理平台

制定《海南生态产品品牌发展规划》，借助生态产品品牌体系和信息化管理平台，依托"旅游+互联网+绿色积分+多元参与"模式，发展多元化、标准化、链条化、融合化和创新化的绿色产业（旅游产品、传统农业林业生态产品等），全面提升地区绿色产业发展水平。借助多元参与机制的构建，使得海南本地居民参与保护的贡献附加在生态产品价值中，使产品多层次增值，产业业态更加丰富。

建立支撑产品品牌体系的信息化平台和数据中心，服务于生态绿色产业相关的不同利益相关方，如表8-4所示。

表8-4　不同利益相关方对生态产品平台功能

利益相关方	实现功能
地方政府	对系统管理人员、职能部门人员、监管人员开放管理权限，管理旅游项目、基础设施、游客等，可基于物联网技术的位置定位；即时的各类数据统计报表；移动办公服务
企业	本地龙头企业为主，加入生态产品品牌，对区域内"食、住、行、游、购、娱"进行全面整合，设置不同的管理权限并借平台建立壮大营销体系，对接分销渠道，构建大数据圈层，反哺品牌提升和营销，获得绿色生产行为评定结果，参与交易获得品牌红利
游客	可通过手机、PC、PAD发布、预订旅游景区门票、酒店、导游等服务，对获得绿色消费行为评定结果，享受绿色消费福利
第三方NGO等	提供行业资讯服务和监管等，客观评价企业和游客的绿色行为，反馈管理方

信息化平台是一个以区域属性为中心，是联合大数据平台、个性化服务平台、开放可视化供应链全程监控生产平台、云服务技术环节等构成的综合体，集数据收集处理和查询、应用与研究、管理与服务等多功能一体的信息化综合服务平台。

数据中心主要服务于管理机构（地方政府、企业、第三方、行业协会等）、社区和游客，包括了海南省产业和产品相关的基础数据，对所有数据进行统一管理、统一利用、共享交换和存储与备份，保证系统服务对象数据和业务资源信息的汇集入库，实现部门之间数据共享与交换，服务于决策。另外，品牌增值信息化管理体系包括品牌推广营销体系，涉及线上直销、线上分销、移动端营销等。借助平台对移动端（含微信、微官网）、WEB端应用（含平台上的商家、综合电商、垂直电商）、语音端（客服中心）、线下交易市场等进行全面整合。这一平台对接海南省"多规合一"平台，是一个共享信息平台（如下图所示）。

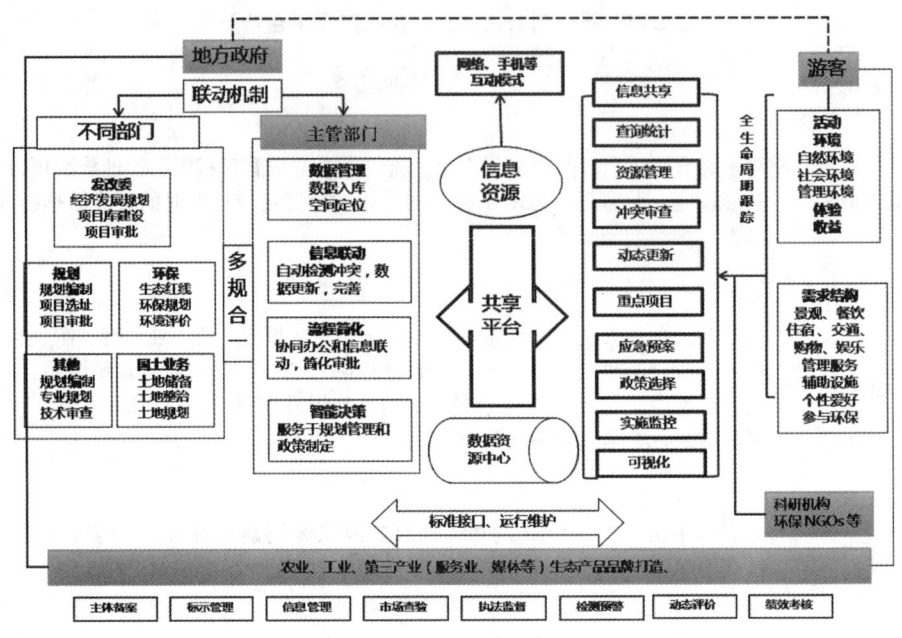

图8-6　共享平台的设计思路

8.3　绿水青山向金山银山转化的操作步骤

下面重点以传统产业的生态产品价值实现来看海南绿水青山向金山银山转化的操作步骤。

将海南省生态产品价值实现的探索作为深入践行"两山"理论的重要实践。建立"海南生态"这一公共区域品牌（此名待定，可调整）商标注册、培育、保护等工作，建立起"海南生态"品牌体系，探索生态产品价值实现的海南模式。具体看，该品牌是一个公共区域名，在此公共区域名下可以发展多个子品牌，"海南生态"是其他品牌的基础和统一对外的窗口。

8.3.1　制定生态产品产业发展等规划

编制出台《海南省生态产业发展规划》和《海南省生态产品品牌战略规划》，并颁布《关于推进海南省生态产业发展实施意见》，扶持传统生态农、林、渔产品等，探索"生态化规划、标准化生产、品牌化经营、电商化营销"的发展模式。委托专业团队对品牌命名、定位、理念、符号系统、渠道构建、传播策略等进行全面策划，充分挖掘当地的资源环境优势、少数民族文化和农耕文化等，结合产业基础和农业、旅游业等产业规划，探索"以政府所有、生态协会注册、国有公司运营"的模式（比如可以由农垦公司运营，借机盘活农垦资源，需要海南省各部门之间协调安排），创建覆盖全区域、全产业、全品类的农业区域公用品牌"海南生态"，以集体商标的方式在国家工商总局商标局注册，以形成"海南生态＋市县域品牌（含热带雨林国家公园品牌）＋企业品牌"的"母子品牌矩阵"的发展模式。

根据当前海南产业的发展现状，理清发展思路、制定品牌发展战略。上述要求分三步走：① 申请注册"海南生态"商标，从法律角度对商标进行认证和予以保护；② 实施子品牌商标战略，帮助企业/协会或其他主体注册子品牌，并做大做强；③ 加强对生态品牌商标的推广、监督和管理。

制定《提升海南省生态产品品牌管理实施意见》和《海南生态产品品牌管理办法》，使品牌的使用更加规范，对品牌这一无形资产的运用也更加合理。

制定专门的品牌宣传策略，利用不同类型的媒体和活动，比如报纸、杂志互联网等对品牌宣传和推介。生态产品区域品牌本身蕴涵着丰厚的文化底蕴，因此品牌文化的传播自然就成为品牌宣传的重点。生态产品区域品牌创建的实质最终要归结为品牌文化的创造。公共品牌是在企业品牌尚不发达的阶段，以政府力量为主导的品牌初级阶段。要扶持龙头企业，但是要区分生态产品品牌和企业品牌的不同职能和运作路线，因此可以参考丽水经验，探索"母子品牌"的模式，需要明确公共品牌以品牌推广为主，重点在于品牌知名度的创建。而企业品牌则重在市场占有，提升品牌的市场竞争力。在"海南生态"下，和企业合作构建不同的子品牌。除去政府在不同场合宣传品牌，还要借助专业广告公司的力量来制作和传播品牌。

整合各种资源和策略，做好宣传推介和产品销售工作。在集中宣传和推介"海南生态"母品牌的同时，扩大相关子品牌的知名度。政府可组织农业合作社、农业企业参加周边不同层次、不同地区的博览会、展销会、洽谈会，带队到周边农产品集贸批发市场、连锁超市去宣传展示，或租赁柜台，开展农超对接、进社区等活动。构建遍布全国的销售网络。市场开拓和宣传展示的费用，可以由政府和参加单位共同负担。充分发挥网站的宣传推介和网络销售作用。

加强产品创新和营销策略创新，提高品牌的竞争力。品种是品质的基础，要采取措施把更多优质公司请进来，传经送宝。在生态产品区域品牌的市场培育和销售行为的引导上，采取统一品牌产品的营销方式，引导品牌销售者对销售市场进行合理划分，实施区域管理。避免"假冒伪劣"现象的发生，最大限度地维护农产品区域品牌的声誉。

8.3.2 构建全产业链的公共服务体系

创建"海南生态"区域公共品牌引领下的全产业链公共服务体系，具体方式如下：

（1）对产品从生产、运输、销售等环节制定标准并展开认证试点工作

政府要借助标准进行管控，制定针对热带农副产品、海洋渔业产品以及南药等产品全生命周期的标准（从种植、生产、运输、消费等各个环节），要求品牌使用者严格按照这一标准进行生产，以保证质量。明确品牌标识、品牌形象，使品牌对外有通过统一的形象出现，避免对消费者产生误导。

展开国际通行的质量技术工具——区域公共品牌认证试点工作，通过国家认监委认可的第三方认证机构信用保证形式，证明产品、服务、管理体系是符合相关标准、技术规范或其强制性要求的。

（2）借助信息化平台、物流配送体系等提高生产效率

创新"互联网+三产"模式，政府投资研发"生态产品信息化服务系统"（包括农产品电子商务、质量追溯、农村产权交易、农企服务等，及部分手工业和服务业）。信息化服务系统集合了大橱窗的商品展示、智能零售系统、便捷的支付功能、多媒体广告系统、移动端互联网、云端电子商务管理后台、整合大数据等功能。同时开发了针对生态旅游和农产品的"海南生态"APP，集智能体验商店、网络销售、分销系统、营销大数据等功能为一体，提升了生态产品线上营销力度。

打造物流配送体系，破解产品销售的交通瓶颈，提高生产效率，为防止海运过程出现的各种天气风险，从惠农角度出发，为农产品提供相应的保险。

（3）构建质量追溯体系并搭建信息平台，保障生产质量

搭建信息平台实现产品溯源、监管追责，实现从田间到餐桌闭环式管理。由农业、工商、质检等有关部门成立质量安全监督管理站或检验检测中心，形成县有检测中心，乡镇有检测站，重点村和销售市场有检测点的检验检测网络。配备基本检测仪器和办公设备，明确专人从事产品质量安全监管工作，为

品牌发展提供检测技术支撑①。

（4）政府展开监管，注重品牌保护

为保证公共品牌的长远发展、达到对生态产品质量的总体监督与对生态品牌产业链体系的监督管理——从品牌设计、产业链建构、品牌内涵形成与品牌管理方面，都需要政府部门的有力监督。政府的监管有利于生态产业整体规划与设计，可以避免发展过程中的盲目性与随意性。在现有法律法规的基础上，制定明确针对品牌使用者的行为规范。通过制定这些规范，明晰品牌使用者的权利，更要说明品牌使用者应尽的义务，明确指出品牌使用者不利于品牌发展的行为，对相应行为的出现也制定惩罚的措施；而对于有利于品牌发展的行为也应该给予适当的奖励。只有赏罚分明，才能激励和督促品牌使用者对品牌进行维护和正确的使用。强化工商、法院、公安、技术监督等多部门联合，形成有力的保护机制。加强市场监管力度，与商标的获准使用者签订商标使用协议，对假冒伪劣侵权行为进行严惩。保护品牌形象，保障海南本地居民利益。

建立健全品牌保护机制，明确品牌边界，制定品牌准许使用管理办法，加强商标的使用管理。为鼓励企业、合作社使用母品牌商标，政府在初期可按照"有较大规模、有健全组织制度、有品质保障、有较稳定市场"的标准，选择发展较好的农业企业和合作社，免费授权其使用母商标。然后，逐步扩大使用范围。商标实行统一印制、统一管理、统一发放，不允许任何个人私自印制使用或转让。

8.3.3 标明利益分配关系，鼓励多元参与

明确生态产品区域品牌的所有利益相关者，政府部门应广泛征求各方意见，如企业、行业协会、农户、种植基地和消费者等。政府部门要充分发挥在创建品牌中起引导和推动作用，形成"政府搭台、协会服务、企业唱戏"，"多维联动、协力推进"的良性互动发展格局。随着更多企业对农产品区域品牌的创建和使用，政府部门可考虑将这项工作交由相关的企业来完成，政府部门可进行辅助。

---

① 可以借鉴丽水经验，对国有检测机构进行市场化改制，构建混合所有制公司，打破检测中心人员编制、检测能力的瓶颈，以政府出钱买服务的形式为农产品质量安全提供公益支撑，提供对外有偿服务并盈利，使得公司具备足够的检测能力，并顺利获得相关检测资质。

联合企业通过契约合同的方式明晰联合品牌的产权结构、各方的权益与义务，明确联合企业共同的经营规范准则，确定协商与决策执行机制，制定成员进入与退出机制，以保障品牌顺利稳定的、可持续的长期运营。要建立品牌激励机制，按照"有序引导，分级推进"的原则，先选择一批发展基础较好的农业企业和合作社，支持鼓励其注册使用子品牌商标。对于没有品牌的中小农户，鼓励加入合作社，使用合作社品牌。政府部门要积极为企业注册子品牌商标提供服务和支持，协助其办理手续，并减免部分注册费用。

企业要积极参与生态产品的发展，企业支持与否影响农业公共品牌建设的成败，在统筹生态产品时候要考虑企业的实际要求，避免挫伤企业积极性，与企业形成直接竞争。明确品牌产权所有人属性后，要防止企业和个人滥用农业公共品牌。明确生态品牌的产权后，可引导、授权企业支持品牌建设。通过利益划分，使企业积极参与生态品牌的生产与销售，进而提高生态品牌的影响力与盈利能力。

注重行业协会和科研单位的作用。其中，行业协会协助各级政府完成品牌建设，包括商标的申请和注册以及相应的培训等工作。协会可以是个别商标的注册人，担负着审查证明商标使用者资格、进行产品质量的检查和监管、为生产者提供统一的包装、维护品牌的形象统一等一系列的工作。它是品牌制度化管理、规范化运作及法制化保护的重要保障。行业协会的运作模式不仅决定了行业协会自身的生存发展，同时也决定了其在进行生态产品区域品牌运作时所能够发挥作用的程度。积极探索新的行业协会运作模式、充分挖掘行业协会自身的潜力，进而就可更有效地推动生态产品区域品牌的建设。

充分利用农业服务机构，比如南繁基地，完善标准化种植生产体系和品质监督、检测体系。应整合现有的技术服务部门，健全科技推广体系，加大标准化生产的科技支持力度。要集中县乡、行业协会各类技术人才，包括一些土专家和种植能手，组建一支能为农民随时提供技术服务的专家服务队，以方便农户随时咨询，解惑答疑。要组织有关机构和人员及时制订和修改标准，编制通俗易懂的生产技术规程，完善生产标准体系框架。提供控制产品质量的参照系数，使其有标准可依，确保品质。

创新金融模式解决融资困难的问题。为扩大产业资本，拓宽资金渠道，成立生态产品品牌发展基金专项基金，支持产业发展新模式，鼓励创新、创业，并引导品牌管理平台发展。整合不同渠道的资金，发展绿色融资。搭建"省—

市/县—乡"三级农村产权交易平台，平台实行统一信息发布，统一交易规则，统一交易，统一网络操作，统一平台建设的"五统一"管理模式。实行林地信托模式，鼓励林地贷款等。负责运营的国有企业下设相应的资产管理公司，为广大农业主体提供农业数据化分析、农业产业股权投资、供应链金融、产权直抵、资产收集、融资贴息等一系列金融服务。

市政府安排专项资金，重视培训工作。鼓励农业主体参加培训，提高劳动力就业技能。对品牌农产品的生产者进行基本的生产技能培训，提升企业或者农户的品牌意识，引导他们注册自己的品牌商标。可以通过定期举办商标品牌培训班、专家讲座以及中职学校送教下乡等形式，对合作社、农业企业等市场营销主体开展各种品牌营销管理知识的培训，宣传商标法和商标品牌战略知识，推广实施母子商标战略的成功经验，引导企业和合作社、农户认识到商标的功能与作用，倡导创品牌为荣、侵权为耻，诚信为荣、假冒为耻的观念，营造尊重知识产权、争创知名品牌、保护自主品牌的社会氛围，全面提升合作社、龙头企业等市场主体的品牌意识以及商标注册、运用、管理和保护的综合能力水平。①请专家讲解。定期将相关产品的生产专家请到田间地头给生产者讲解技术知识。②请身边的种植能手现身说法，促使大家跟着学。③请科技人员进行集体培训。通过上述方式来提高生产者的技术水平，从源头上对农产品质量进行掌控。

8.4 重点区域的转化方式——以热带雨林为例

以中部四县市为重点领域，展开试点尝试，优先探索国家公园体制下的生态产品价值实现。热带雨林国家公园品牌体系是海南生态产品品牌体系这一母体系中的子体系，遵循生态产品品牌体系的基本规则，而这一体系设计基本思路和生态产品品牌类似。下面只就不同点，进行说明分析：

首先，国家公园范围内的相关转化路线的设计要符合《建立国家公园体制总体方案》，以此为参考依据展开体制机制探索。

国家公园产品品牌体系作为生态产品品牌体系的高级版本，其最核心约束是生态环境友好、文化友好以及社区友好，即相关产业和产品的选择优先且重点考虑这三方面，这也构成了品牌的核心要素，是国家公园产品品牌不同于其他生态产品品牌的关键。

国家公园产品品牌体系包括：产业绿色发展指导体系（制定产业准入负面清单）、产品质量标准体系（含追溯体系）、产品认证体系、品牌管理营销体系以及产品品质检测体系（建议海南展开地役权，含地役权监测体系）。其中地役权是原住民参与保护的根据也是参与保护的评价标准，这些收益有必要纳入产品成本。

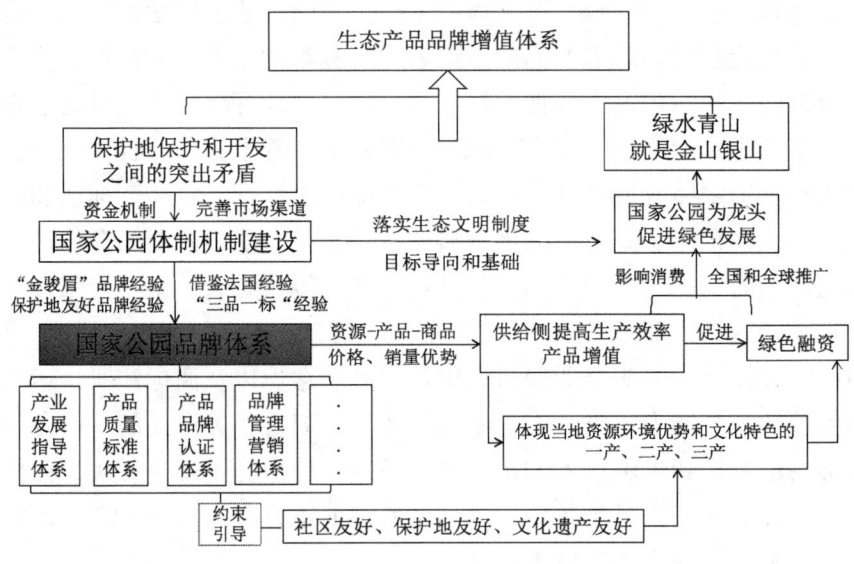

图8-7　热带雨林国家公园生态产品品牌体系

其中，社区原住民以地役权的形式参与保护，借助多元治理结构的构建和保护协议的签署，使得原住民参与保护的贡献附加在国家公园产品价值中，成为重要的增值要素。

建立支撑热带雨林国家公园产品品牌体系的信息化平台和数据中心，服务于国家公园产业相关的不同利益相关方。这部分设计和生态产品类似，只是要考虑社区发展方面，即将社区参与保护纳入，原住民参与环境教育项目、生态监测、生态系统和文化保护等基本情况纳入，也包括原住民参与国家公园品牌体系、接受相关培训、自发组织社区活动等信息。最终借助体制机制设计，将原住民参与保护的成效反映在产品价值中。

深入挖掘以热带雨林国家公园为核心的中部山区生态资源，围绕黎母山、七仙岭温泉等中部市县资源，其中旅游业是热带雨林国家公园品牌建设的重点，要打造特色生态小镇和生态旅游景区，依托五指山、霸王岭、尖峰岭、吊罗山和黎母山等保存较好的原始热带雨林区，打造各具特色的热带雨林高端生态产品，提升旅游服务设施，依托特许经营机制，发展智慧、低碳、生态旅游，发展国家公园品牌，鼓励社区参与，考虑生态承载力和国家公园功能分区基础上对客流量进行管控，吸引高品位的游客，提升国际知名度，推进国际旅游岛建设。借鉴法国国家公园加盟区理念，动员其他区域参与保护，分享改革红利。

良好的数据监测系统是保障绿色积分市场运行的基础，主要包括以下几个方面的监测：

表8-5 国家公园产品绿色积分监测系统的构成

系统	监测数据
基础设施和项目	酒店、饭店、度假区、交通、文化旅游基地等基础设施已投入使用情况以及承载文化旅游项目的积分，也包括开放可视化的供应链全程监控平台
绿色积分系统	对游客、企业参与绿色积分体系的评价体系以及对积分系统的数量统计以及行业或者企业监测积分发放、兑换产品的情况
绿色标签产品	基于生态产品足迹核算指南，将绿色标签应用于产品中，标签设计产品的数量、行业分布、绿色标签产品的销售情况
原住民参与保护评价	借用地役权的监测指标，判断原住民对生态产品的保护以及对积分的贡献

国家公园产品品牌的发展需要制定相应的法律法规或管理制度，如下表8-6所示。

表8-6 热带雨林品牌管理制度体系

名称
国家公园产品产业发展指导办法
国家公园产品质量标准和管理办法
国家公园品牌认证管理办法
国家公园品牌推广管理办法
国家公园产品品牌清退制度
特许经营管理办法

（续表）

名称
国家公园产品品牌使用管理办法
国家公园产品绿色积分管理办法（含监测、使用、交易等）
国家公园产品监测管理办法
国家公园地役权管理办法

8.5 重点行业的转化方式——以旅游业和茶产业为例

8.5.1 旅游产业——以民宿、酒店为代表

海南省要推进国际旅游岛建设，培育旅游消费新业态、新热点，尤其是"互联网＋医疗＋旅游"新业态发展。

海南鼓励发展各类生态、文化主题酒店和特色化、中小型家庭旅馆。国家公园产品品牌体系的第三产业中的住宿业包括民宿和酒店属于同一类型的旅游基础设施应统一对待。国家公园范围鼓励多种主题的民宿和酒店，比如环境教育、生物多样性、文化遗产传承、非物质文化保护等。

从具体标准设置上看，从空间位置、建筑材料选取到餐饮服务（尽可能选用当地原材料）、住宿用品（材质、洗涤过程等绿色化）都可以体现资源环境的优势。纳入品牌体系中的产品，不仅使产品品质与资源环境高度挂钩，且通过品牌体系使得这种挂钩获得普遍而持续的市场认知，最终使增值获得普遍而持续的市场认可。第一产业和第三产业的产品以在民宿或者酒店中进行销售、提供体验为主。第二产业部分商品可以通过民宿或者酒店直接对消费者出售，也可以通过网上信息化管理平台出售（表8-7）。

表8-7 民宿质量标准举例

总体要求：
- 坐落于国家公园或加盟区范围内，建筑和服务能让游客充分享受国家公园的环境
- 提供个性化服务和针对国家公园自然和文化遗产的各类信息
- 通过水、垃圾、能源等方面的管理保护国家公园的环境
- 尽量使用当地产品

（续表）

I. 必须达到的标准	II. 可选择性的标准
当地民宿行业标准 有至少一名员工，接受专业培训，能够讲解国家公园相关情况，为游客提供个性化服务，并对游客进行充分的环境保护方面的宣传 ●住宿环境不受嗅觉、视觉、听觉、化学和辐射（包括高压电线）污染 ●建筑周围的花园内没有入侵性物种（国家公园管委会提供清单）的种植 ●建筑物满足当地建筑相关标准的要求：选址、外观、体量、朝向、传统建材的使用、与景观的融合等 ●建筑本体和装修材料需获得相应的环保认证和节能认证 ●至少采用2种节能措施：公共区域内用电器定时器，使用节能灯，所用电器为节能电器 ●至少采用2种节水措施：80%以上的水龙头装了防溅套管，80%以上的淋浴装了节水设施， ●民宿周边的自留地、花园不用农药和复合肥 ●有垃圾分类和回收系统 ●对游客进行环保宣传教育（有宣传册、特定的出游活动等）	◆所用材料以品牌体系中的产品为主 ◆游客到访前，向游客推广使用公共交通（公交、火车或是拼车），在酒店网站和宣传册上推广这类信息 ◆游客到达后，为游客介绍所有可用的公共交通方式（摆渡车、环保交通工具） ◆为游客提供非机动类的交通工具（自行车摆放） ◆酒店经营者对每年的能源利用有跟踪统计（燃气、电耗总量） ◆酒店至少使用一种可再生能源（生物质、地热、太阳能） ◆床上用品不每天换洗，有理性地进行换洗 ◆有雨水回收系统用来浇花或冲厕 ◆从源头减少垃圾、减少包装 ◆有收集有机垃圾的装置（比如堆肥池）并告诉游客使用 ◆与游客交流过程中推广地方产品（提供联系方式、名单等） ◆宣传工具中考虑到残疾人 ◆根据客源开发多语言的宣传工具 ◆与当地的其他经济个体有合作（当地导游、马夫、洗衣店、农场、施工队等） ◆住宿价格合理，对不同客户有差异性的价格政策（青少年、家庭客户等） ◆减少光源污染、保护暗夜环境 ◆酒店采取至少一个保护当地生物多样性的行动（比如有一个鸟巢或刺猬窝等） ◆酒店内部装修和装饰突出了当地自然文化遗产和地方特色 ◆当地民众占民宿服务人员的50%及以上 ◆建筑物尽量以自然的、当地的、可循环使用的材料为主 ◆建筑物最大程度地注意了保温和通风

8.5.2　农副产业——以茶产业为代表

热带雨林的茶叶已经具备一定的知名度，有白沙绿茶等知名品牌，具备规模化、专业化的经营条件，但海南的茶叶生产、市场却未达到与历史名茶品牌齐名的经济效益。

(1) 存在的问题

① 茶山管理水平较低，缺少生产标准，工艺难以提高

传统的茶产业链，从种植、加工，到流通、消费的各个环节，存在从业人员分散、茶叶品质难以稳定、销售渠道多样、管理效率低下等多种问题。茶叶加工生产企业和初制厂，大多是家庭式作坊，大型的龙头企业较少，生产过程有待标准化。茶叶生产经营者，大多安于传统的品种与落后的小农生产工艺，而没有注重在保留原有传统特色的同时，根据市场需求改良品种、改进制作工艺。

② 市场秩序难规范，营销效益偏低、品牌效益没有发挥

家庭分散生产经营，造成热带雨林茶销售市场各自为政，市场行为良莠不齐。产品的包装不够精美，加上企业宣传促销抓得不够到位，没有形成茶叶产业链，热带雨林茶的价值不能得到完全的体现，营销效益偏低。除少数大型茶企，多数茶企、茶商未能建立溯源系统，茶叶安全难以保障。同时类似热带雨林已经有的"五指山红茶"等，但是近些年来市场认可度较低。特别是对比同样的高山红茶-福建武夷山的金骏眉，五指山红茶产量有限，技术工艺还远不能支撑其市场化需求。

③ 茶企融资手段单一，投资不足

部分茶企、茶商有改造茶园、厂房，产品研发等方面的意愿，但受资金约束，无法加快企业发展。另外，除少部分大型茶企，较多茶企由于意识、资金、技术人员等原因，未能跟上"互联网"时代的步伐，生产、管理、销售等都在使用传统办法，效率和效益都很低，无法适应互联网时代发展。茶企业相对较为封闭，并没有和大银行等金融机构建立特殊的合作。

（2）借助国家公园产品品牌体系，标准化、链条化发展

将茶产业纳入国家公园产品品牌体系（优先选取白沙绿茶、五指山红茶等作为子品牌）。建设高标准生态茶园并规范化其生产流程。严格控制农药化肥除草剂使用，加大违规开垦茶山综合整治力度，对现有茶园生态化改造，积极推广茶园植树、梯壁种草、套种绿肥、生物防控等技术，强化茶园水土保持，重点完善茶园排蓄水系统、品种改良、茶园低改等茶园建设工作，新建生态茶园高标准生态茶园、有机茶园。

挖掘适合海南特色的茶产品（考虑其土地可利用面积较少，中部区域产业发展受土地和其他政策管制严格）。创新发展涉茶的第三产业，加快茶旅融合

发展，探索开发一批休闲观光、体验互动、认领定制的旅游生态茶庄园。建立集线上线下交易、仓储物流配送、综合检验为一体的大型茶叶交易市场。加强电子商务在茶叶营销领域的应用。鼓励茶叶企业、农民合作社开展电子商务拓展国内外市场，开发适宜网络营销的产品，支持B2B（商业到商业），B2C（供应商到电商到顾客）、O2O（线上与线下互动）等电子商务模式发展，推进茶叶跨境电子商务。

培育壮大茶产业市场主体。深入推动"龙头企业+合作社+农户"模式，支持龙头企业带动茶农和茶叶专业合作社发展，加强茶叶深加工和流通项目建设。加强茶企业整合和重组，设立茶叶转型升级发展专项资金，培养茶产业和茶产业相关的绿色新兴产业发展。

探索建设热带雨林国际茶产权交易中心和国家级茶业检测中心，实现产销、产金、产研、产学对接，推动茶产业标准化、品牌化发展。

（3）借助国家公园信息化平台，促进产业融合

借助国家公园信息化平台，解决热带雨林茶产业服务的对象量大、面广、分散、个性化需求差异大，且茶产业信息资源分散、服务体系不健全、信息化费用高的问题。借助信息化平台，将生产要素、经济要素、生活要素、生态要素等合理配置，整合茶产业和其他产业资源，并提高宣传力度。推动热带雨林茶产业的链条化发展，健全茶地、种植、加工、仓储、金融、销售、检测、溯源全产业链的管理和服务，确保热带雨林茶叶良性发展，建立茶行业直供直销体系，实现茶行业供与需、产与销的信息对称与顺畅，对产业链上下游进行高效整合。茶农、茶叶厂商、消费者可以在手机上查询到茶叶销量、产品评价、服务评价、信誉评价等各种茶叶的相关数据分析，可以通过理性判断去引导生产、营销、消费，这必将提升茶产业效率，促使茶产业升级。"互联网+"成为助推茶业发展的新动力，将社会消费格局变化中产生的电子商务、移动支付、产品追溯、物联网等技术与茶叶产品流通过程高度融合，促成茶叶销售渠道建设、产品信息宣传、反馈信息收集、企业门店管理等领域的技术升级，通过对销售环节的提速与智能化推进消费升级。

从销售平台上看，链接天猫、京东、苏宁等综合性电商平台。建设茶业资源大数据管理系统、实施溯源系统、完善质检系统，引入仓储管理，在各大电商平台开设旗舰店，同时搭建热带雨林自有的茶业宣传和销售核心平台，引入拍卖、期货、众筹等模式，借助金融手段，搭建热带雨林茶业完整的茶山、种

植、加工、销售、溯源、检测、仓储以及金融一条龙的垂直产业链服务系统，促进热带雨林茶业产业规范化发展，提升热带雨林茶叶品质和品牌。

借助独立第三方，定期颁布质量评估报告，解决独立电商平台和产业产地对接不足、与质量监督管理没有联动等问题。积极吸引国内外龙头茶企业在热带雨林设立分支总部基地，重点做精做强茶叶种质资源繁育、品牌展示、茶文化创意等产业链的关键环节。积极推动茶产业与文化旅游、休闲度假、健康养生、城镇化建设融合发展，打造国际茶文化交流和体验中心。创建具有国际影响力的产业领域会展品牌。

第三篇

生态文明之
绿色案例篇

第九章

社会团体带动全民环保，阿拉善 SEE 创造生态财富

  阿拉善面积27万平方千米，沙漠占35%，是我国沙尘暴主要策源地之一。阿拉善地区的生态环境影响的周边地区超过200万平方千米，涉及甘肃、宁夏、内蒙古、陕西、山西、河北、北京和天津八个省、市、自治区。从2004年开始，阿拉善SEE生态协会[①]深入阿拉善，联合阿拉善盟政府相关部门、当地牧民、合作社，以及社会组织、企业家、公众，搭建多方参与平台，通过"一亿棵梭梭"项目和"地下水保护"项目，对荒漠化防治生态扶贫项目等进行探索。从2014年开始，阿拉善SEE提出了"一亿棵梭梭"项目，计划用十年的时间（2014—2023年）在阿拉善关键生态区种植一亿棵以梭梭为代表的沙生植物，恢复200万亩荒漠植被，进而改善当地生态环境，遏制荒漠化蔓延趋势，借助梭梭的衍生经济价值提升牧民的生活水平。截至2018年，在阿拉善地区，就"一亿棵梭梭"项目而言，实现近100万亩梭梭林种植，带动数亿人次参与到项目中，产生较好的经济效益。2014—2016年累计综合效益为8551.36万元，年增加量约为1550万元/年。阿拉善SEE在阿拉善地区的生态修复实践的阶段性成果，推动了阿拉善生态财富的升级及增值。这些成绩得益于三个方面，搭建了"凝聚企业家精神"的平台，并设计了"留住碧水蓝天"的项目；积极与阿拉善盟等政府部门联动合作，撬动民间力量，实现共建共创；通过"商业的方法、公益的心态、科技的力量"实现"绿水青山就是金山银山"的探索实践和创新。

---

① 本章材料由"北京市企业家环保基金会"提供。

194

9.1 缘起、目的和范围

阿拉善集中了巴丹吉林、腾格里、乌兰布和三大沙漠，是我国"两屏三带"生态安全战略格局"北方防沙带"重点区域，是国家重要的生态屏障。该区干旱少雨，风大沙多，植被稀疏，沙漠山地广布，戈壁横亘北部，湖泊绿洲点缀于沙间洼地和河流尾闾。

随着荒漠化加重，阿拉善地区已经成为我国最大的沙尘源地之一，我国沙尘暴在北方和西北路径均通过阿拉善地区。荒漠化助长了沙漠扩张，严重制约着当地的经济社会发展，加重了农牧民的贫困化程度，许多地区失去了人畜生存条件，转变传统的生产生活方式已迫在眉睫。荒漠化还导致生物多样性锐减，许多动植物在迅速消失，或者分布面积、种群数量锐减，而一些鼠类、昆虫等因缺少天敌制衡大量繁殖而导致的危害则大面积发生。阿拉善的生态环境问题引起了国家、地方政府、学者、企业等各界的关注。虽然已采取一系列以生态扶贫转移为核心的生态建设工程，并取得一定成效，但如何巩固已有生态建设成果，保障居民享受基本均等的公共服务，还需要进一步的探索和实践。

图9-1 沙尘暴（苗华 摄）

根据2014年第五次全国荒漠化和沙化土地监测数据显示，阿拉善沙化土地面积达19.87万平方千米，占全盟面积的73%。土地沙化对绿洲、盐碱湖区、黄河等造成巨大危害，影响中国北方生态屏障建设、稳边固边和当地经济社会发展。阿拉善地区历史上曾有东西绵延800千米的梭梭林带已经严重破坏和退化，而荒漠区梭梭的天然更新速度十分缓慢且艰难，因此，必须采取人工促进的方式来加快恢复这片天然生态屏障。

"一亿棵梭梭"项目是由阿拉善SEE公益机构发起，联合阿拉善盟政府相关部门、当地牧民、合作社，以及民间环保组织、企业家、公众，搭建多方参与平台，用十年的时间（2014—2023年）在阿拉善关键生态区种植一亿棵以梭梭为代表的沙生植物，恢复200万亩荒漠植被，从而改善当地生态环境，遏制荒漠化蔓延趋势，借助梭梭的衍生经济价值提升牧民的生活水平的项目。

按照《阿拉善SEE生态协会"一亿棵梭梭"种植项目规划》，项目区的总体布局按照"先易后难，先近后远"的原则。

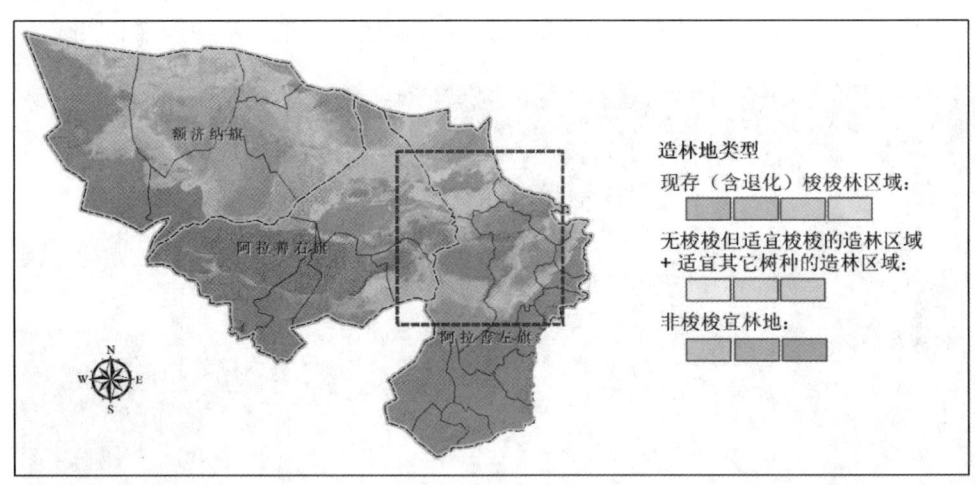

图9-2　阿拉善SEE"一亿棵梭梭"项目规划图

第一阶段造林任务以发挥示范引领作用为主，重点为社区调查中筛选出的集中连片面积5万亩以上的造林地块。结合农牧民、合作社造林，示范宣传，发挥引领作用夯实基础。第二阶段造林沿S317、S218、S312省道两侧及三大沙漠"输沙通道"开展，结合原生植被形成宽厚的生态廊道，连接第一阶段集中示范区域，构成荒漠区生态建设的骨架。第三阶段造林以巴彦诺日公苏木的苏海图嘎查和银根苏木达兰图如嘎查为中心的南、北两个梭梭高适宜造林区域为重点，在第一、第二阶段造林基础上全面推进梭梭造林，分割治理三大沙漠交汇处，斩断三大沙漠"握手"，完成治理荒漠化土地200万亩，实现种植一亿棵梭梭的总目标。

　　阿拉善是缺水的干旱荒漠地区，地下水资源也十分紧缺。阿拉善SEE自2004年成立以来就联合当地政府在阿拉善农业绿洲开展地下水保护工作。通过推广节水作物、节水技术，推动节水政策的制定与落地来减少农业活动对地下水的使用量，推动绿洲可持续农业的发展，最终实现绿洲地下水采补平衡，遏制绿洲荒漠化的发展，恢复绿洲生态系统的健康，实现生态保护与农业平衡发展。

9.2　阿拉善生态财富建设中的项目发展模式

　　从2004年阿拉善SEE生态协会成立开始，阿拉善SEE开始以"地下水保护"以及"一亿棵梭梭"项目为契机，积极配合阿拉善盟等各级政府部门和农牧民合作社，通过共建、共创等多种方式参与到阿拉善生态财富建设。

9.2.1　"一亿棵梭梭"项目

图9-3　在阿拉善SEE积极倡导下，牧民们改变生产方式，积极栽种梭梭苗

阿拉善SEE "一亿棵梭梭"项目总目标是在关键生态区域通过种植一亿棵以梭梭为代表的沙生植物，恢复阿拉善地区的荒漠植被，搭建公众参与公益平台，减缓阿拉善地区荒漠化的进程。

具体目标1：种植一亿棵梭梭为阿拉善地区增加200万亩植被；

具体目标2：通过建设1.5万亩SEE公益治沙示范基地为一亿棵梭梭的实现探索有效的植被恢复方法；

具体目标3：搭建公众参与环保公益项目的平台并探索公益机构+政府+社区+公众共同参与的多层次、多部门、多形式的荒漠化防治新模式；

具体目标4：探索出适应于SEE与一亿棵梭梭项目的可持续筹资模式。

结合阿拉善SEE "一亿棵梭梭项目"总目标及具体目标，在阿拉善盟等政府部门，以及科研部门等联合共创中，阿拉善SEE拿出了解决方案。比如关于 "一亿棵梭梭"项目的筹资方案，阿拉善SEE与阿里巴巴集团经济体的 "蚂蚁森林"平台合作，通过互联网+公益等线上筹款、线下捐种等模式，以 "10元一株梭梭树"的公益产品面向社会推出。"手机一点即可线上种树；通过线上地图，就能看到自己种植的梭梭"，有趣、便捷的互联网+公益的玩法，使得项目受到亿万网友的喜欢和青睐，不仅仅为阿拉善SEE带来了数千万级的捐

图9-4　互联网+公益模式，推动了超过2亿人次参与梭梭捐赠

图9-5　阿拉善SEE工作人员对阿拉善项目户进行梭梭种植的交流与培训

赠，还迅速提升了"一亿棵梭梭"的品牌价值，使得在公众视觉之外的"梭梭"成了全民热捧的网红树种。蚂蚁森林的公益用户量实现了5亿，这意味着5亿网友都参与到了公益环保当中，其生态财富价值不可估量。

在打造网红公益产品的过程中，阿拉善SEE生态协会还通过多形式、多渠道向各类社会团体、企业、个人募集资金，积极探索吸引社会资金投入生态建设的机制，形成合力。具体包括以下几个方面：①与阿拉善盟当地政府达成共识：统一区域规划，统一操作标准。②以社区为基础的梭梭林恢复模式是实现可持续的保证。③政府造林资金+SEE管护资金造林模式是确保成活率的有效措施；"梭梭—肉苁蓉"沙产业可以促进项目可持续性。④多元参与机制建设中，"苏海图社区模式"尤其值得关注及借鉴。

2012年，阿拉善SEE开始在苏海图嘎查支持推动当地牧民开展梭梭种植项目。截至2018年，阿拉善SEE支持苏海图嘎查牧民开展梭梭种植共24.5万亩，合格面积23.2万亩，累计参与牧户共188户，项目平均合格率94.7%，远高于其他地区。究其原因，2012年，阿拉善SEE深入苏海图嘎查，与牧民合作开展梭梭种植，经过两年探索，从2014年开始，阿拉善SEE与苏海图嘎查的合作社合作，通过合作社自我管理（自我种植、自我验收、相互监督、共同发展）的模式参与项目，"合作社模式实现了村民执行项目过程中的自主管理、自主发展，提高了社区凝聚力，激活了社区力量参与公共事务"，从2014年至今，合作社以村民自治的方式参与项目。这一模式的特色是，如果验收项目抽检过程中，有一户（种植的梭梭）不合格，整个合作社所有成员的资助将被取消。就项目结果看，五年来，这种情况并未发生。

在苏海图开展梭梭种植项目期间，阿拉善SEE以"三个不断和一个关键"为原则开展项目，即：对项目管理进行不断的优化，对项目开展模式进行不断创新，对牧民种植技术培训不断加强，在项目支持中找准牧民的关键需求。随着项目的推动和发展，SEE对苏海图梭梭种植项目已总结了一套较成熟的可复制的操作模式。除了推动社区治理之外，阿拉善SEE还联动梭梭种植户"走出去，引进来"，即组织村民去外地考察学习，把先进的经验引进来。

"一亿棵梭梭"项目的开展，不仅恢复了当地植被，而且让牧民从实践和发展中认识保护生态的重要性。牧民一方面扮演着生态恢复主力军的角色，不断认识生态恢复的重要性，不断加大投入力度，另一方面农牧民积极开展就地转产发展"牧民生态新产业——沙产业"，从保护与恢复生态中发展致富，积极响应"生态优先，绿色发展"的原则。项目实施过程中，阿拉善盟、旗、苏木（镇）政府提供了相当的政策支持和组织支持。在政府部门的支持下，阿拉善SEE还通过品牌项目来推动公众的参与和捐赠，如"梭梭春种""重走晓光路，同种晓光林""向下一个百万荒漠出发""穿越贺兰山"等大型公益活动，通过公众喜闻乐见的开展环境教育与公众参与活动，实现"一亿棵梭梭"为阿拉善地区带来的生态财富价值最大化。

为了减少阿拉善盟境内乌兰布和沙漠对黄河的影响，并保护当地的自然生态，在乌兰布和地区重点营造了以生态治理为核心，集科研、沙产业为一体的特色环境教育示范基地。在黄河流域的关键地区，通过种植北柳改善滩涂地、盐碱地、沙地等生态脆弱区域的环境质量，并提高了居民收入，希望搭建全民参与黄河大保护的民间平台。

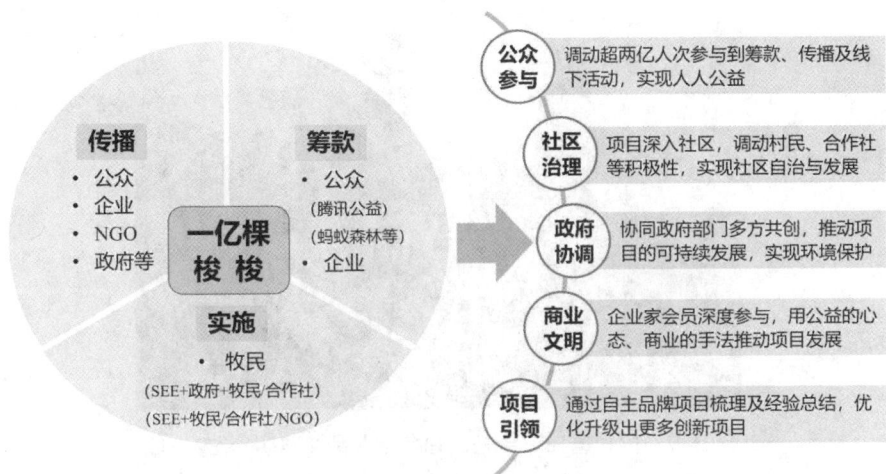

阿拉善SEE一亿棵梭梭项目价值与影响

图9-6　阿拉善SEE一亿棵梭梭项目价值和影响

9.2.2　地下水保护项目

阿拉善SEE引进创新的商业手段，在阿拉善绿洲地带的农村社区推动节水现代农业，采用"社会企业—阿拉善SEE—政府—农民专业合作社—社区农户"五位一体的立体模式，采用商业手段、政府政策与社区需求三结合的方式，在保证社区农业健康发展的前提下，促进水资源保护政策的落地，降低农业灌溉对地下水资源的使用，同时逐步转变当地的农业发展方式与农户的思想意识。具体包括：

收集地下水相关资料以及农业生产耗水量等数据；了解当地社区的农业生产现状与问题，整合利益相关方资源，与政府以及社区合作制定种植推广计划与用水制度；提高当地农户对沙漠小米的认可，并为其提供必要的培训与技术服务；通过倡导与科学分析等手段，逐步转变农业生产者只生产不保护的思想意识等。

（1）沙漠小米项目

自2013年起，SEE在阿拉善地区启动了沙漠小米项目，旨在与当地政府、农民专业合作组织以及农户紧密合作下，通过引进节水沙漠小米替代高耗水作物在阿拉善左旗腰坝绿洲等地大面积推广种植，降低农业生产对地下水资源的开采和利用量，最终实现项目地区地下水资源的采补平衡。

图9-7　阿拉善SEE会长、知名企业家艾路明（左1）收
割丰收了的"节水小米"（雷永生　摄）

（2）建立腰坝绿洲生态系统监测体系

2005年，阿拉善SEE资助长安大学开展并完成了"阿拉善盟腰坝绿洲地下水资源承载力及可持续利用研究"项目，为SEE地下水保护工作的规划及政府政策制定提供科学的支撑和参考。该项目的成果与数据已成为当地政府近十年来管理决策及政策制定的重要依据。为了解腰坝绿洲地下水资源的最新情况与动态，为后续的保护项目提供依据，阿拉善SEE协同政府部门、社区伙伴和科研专家进行了多次研讨与现状调查，并通过需求评估会与专家论证会等确立了再次针对腰坝绿洲水资源等情况进行科研项目的必要性，同时在阿拉善左旗水务局的大力支持下，最终确定与长安大学合作开展《建立腰坝绿洲生态系统监测体系》项目。主要研究内容包括：全面调查水资源开发利用现状和水资源开发过程中出现的生态问题；分析腰坝绿洲地下水的利用结构、效率、现状、水质等；确定地下水资源允许开采量及承载力；建立阿拉善左旗有关部门共享的，可供其他绿洲区域借鉴的绿洲生态系统监测体系，对腰坝绿洲生态系统进行动态监测。

在地下水保护中，值得关注的是，在推行节水小米耕种中，阿拉善SEE还成立了社会企业——北京维喜农业发展有限公司，在商业化环境中，小米全程实现了生态种植，采购加工过程也完全绿色清洁生产，安心可溯源，通过商业方法，不仅促使村民养成了节水习惯，还实现了"节水小米"的种植。

另外，通过知名企业家代言等多种途径，进行推广和倡导，在节水小米产品形态上，也结合当下社会公众需求，开发出小米薯片、小米棒、小米啤酒等多种深受公众喜欢的网红产品。在倡导环境保护的大背景下，这种基于"商业的手法和公益的心态"打造出的网红节水产品，成了阿拉善地区乃至全国环保理念的倡导者和传播者。

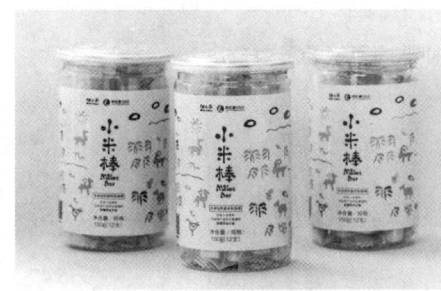

图9-8　网红产品小米棒和小米啤酒

9.2.3　阿拉善生态财富建设的成效

（1）"一亿棵梭梭"项目的生态财富价值

截至2018年，阿拉善地区"一亿棵梭梭"项目实现近100万亩梭梭林种植，带动数亿人次参与，产生了广泛的经济效益及社会效益，拉动了当地科教文化、旅游、就业等多元产业财富价值的实现。

图9-9　规模化的梭梭林

① 经济效益

"阿拉善SEE 一亿棵梭梭"项目第一阶段综合效益评估报告介绍，根据SEE+政府+牧民（资助牧民）形式验收合格的种植面积，2014—2016年累计产生直接经济效益2082.41万元。

表9-1　项目用于牧民补贴的直接经济效益。

年份	验收合格种植面积（亩）	种植补贴（元/亩）	管护补贴（元/亩）	投入成本（元/亩）	直接经济效益（万元）
2014	48718	200	30	180	243.59
2015	126050	200	50	180	882.35
2016	159412	200	40	180	956.47
合计	334180	——	——	——	2082.41

通过梭梭种植发挥生态效益的同时通过接种肉苁蓉以产生经济效益，根据《内蒙古肉苁蓉种植技术规范（DB 15/T 559—2013）》要求：种植3年以上，株高1.2米以上，冠幅1平方米以上，才能开始接种肉苁蓉，成功接种的肉苁蓉要1年半左右才能产出，即2014年种植的梭梭在2017年才能接种，故未计入2014—2016年的直接经济效益，而作为预期经济效益。据调查，单位干肉苁蓉产量为20—30千克/亩，按平均25千克/亩计算，单价为100元/千克，即单位面积干肉苁蓉价格为2500元/亩。或者生产肉苁蓉种子，其单位产量为300克/亩，价格为15元/克，即单位面积干肉苁蓉价格为4500元/亩。但考虑大部分种植用户主要生产干肉苁蓉，因此预期收益按照生产干肉苁蓉来计算。扣除单位投入成本180元/亩，则未来预期的累计经济效益为7.75亿元/年。

表9-2　项目实施的预期经济效益。

年份	验收合格的种植面积（亩）	肉苁蓉收益（元/亩）	投入成本（元/亩）	预期经济效益（亿元）
2014	48718	2500	180	1.13
2015	126050	2500	180	2.92
2016	159412	2500	180	3.70
合计	334180			7.75

尽管"一亿棵梭梭"项目区梭梭人工林不是以获取木材为目的，梭梭人工林只能是以薪炭林这一无形国家资产形式存在于自然生态系统中，其可以作为间接经济效益来计算项目区梭梭人工林的经济收益，取梭梭的单位面积蓄积量为6250m³/亩，则林地间接经济效益等于林木蓄积量乘以原煤价格（取2016年的425元/吨），总计间接经济效益为887.67万元。

表9-3 项目区梭梭人工林的间接经济效益2014—2016年变化

年份	验收合格的种植面积（亩）	木材蓄积量（105 立方米）	原煤价格（元/吨）	间接经济收益（万元）
2014	48718	3044.875	425	129.41
2015	126050	7878.125	425	334.82
2016	159412	9963.25	425	423.44
合计	334180			887.67

② 社会效益

就业价值。据《一亿棵梭梭种植项目2014年—2016年专项审计报告之地块、牧民统计表》，在"SEE+政府+牧民（资助牧民）"种植模式下，2014年参与梭梭种植的牧民为67人，2015年为100人，2016年为96人，总计为263人提供了就业机会。本项目的就业价值以SEE实施项目人员人力成本计。根据《一亿棵梭梭种植项目2014年—2016年专项审计报告》：2014—2016年的项目人员人力成本分别为61.58万元、114.39万元和141.02万元，合计为316.99万元。

旅游休憩价值。根据2014—2016年阿拉善左旗的年旅游人数和土地面积（80412平方千米）计算单位面积旅游人数（人/亩），然后乘以每年的梭梭人工林种植面积确定项目区旅游人数。根据王文瑞等（2013）调查的省内外游客的人均支付意愿分别为40.0和37.8元，平均为38.90元/人，乘以旅游人数计算得到项目区梭梭人工林旅游休憩价值2014—2016年变化：2014—2016年旅游休憩价值逐年增加，3年累计为36.20万元。

表9-4　项目区梭梭人工林旅游休憩价值2014—2016年变化

年份	验收合格的种植面积（亩）	年旅游人数（人次/年）	支付意愿（元/人）	旅游休憩价值（万元）
2014	48718.00	255.60	38.90	4.02
2015	150756.00	272.80	38.90	13.26
2016	202262.00	290.00	38.90	18.92
合计	401736.00	818.40	——	36.20

其他价值。项目实施的社会效益是多层次、多方面的，除了提供就业岗位（包括项目的管理者和实施者）和旅游休憩外，还包括科研文化价值、牧民的思想和技术提升价值等，但后两部分无法直接计量，故在此采用定性分析加以说明。根据现有统计资料，项目区已有30余农牧户参与肉苁蓉接种，阿拉善SEE已培训、指导农牧民400人次。通过实施项目培训，牧民掌握了各种梭梭种植、管护和肉苁蓉接种等技术。

③综合效益

报告显示，2014—2016年，项目实施以来各项效益呈逐年增加趋势，尤其是生态效益。累计综合效益为8551.36万元，年平均增加量为1550万元/年。其中：生态效益累计为5228.10万元，年平均增长量约为1000万元/年；经济效益累计为2970.08万元，年平均增长量约为500万元/年；社会效益累计为353.18万元，年平均增长量约为47万元/年。综合来看，生态效益占主导，增长速率也较快，经济效益和社会效益正初步凸显。

表9-5　项目区梭梭人工林综合效益2014—2016年变化

年份	生态效益（万元）	经济效益（万元）	社会效益（万元）	综合效益（万元）
2014	634.01	373.00	65.59	1072.59
2015	1961.91	1217.17	127.65	3306.73
2016	2632.19	1379.91	159.94	4172.04
合计	5228.10	2970.08	353.18	8551.36

综上，可以看出，"阿拉善SEE生态协会一亿棵梭梭种植项目规划（2014—2023年）"科学合理，项目实施的第一阶段达到了预期的目标。

（2）地下水保护引发的生态效益

2009年开始，阿拉善SEE尝试将沙漠节水小米作为对当地生态与经济双贡献的作物进行种植、推广，以保护当地环境、促进经济可持续发展。截至2018年底，累计推广节水小米2万余亩，累计参与农户464户，总节水量超过1000万立方米。

目前，阿拉善SEE与政府部门合作共同推动节水政策落地、节水作物及节水技术应用推广，形成了一套"环保公益组织＋政府＋社区"的综合节水模式。在节水的同时，积极探索新的农业发展模式，开发环境友好型产品，帮助当地农户增收。2013年阿拉善SEE启动了沙漠节水小米项目，引进沙漠小米替代高耗水的玉米，并在阿拉善左旗巴润别立镇灌区大面积推广种植，从而降低了农业生产对地下水资源的开采，提高了水资源的可利用率。并与当地政府、水管部门、农牧民用水者联合协会及农户等紧密协作，最终实现腰坝地区地下水资源采补平衡。

9.3　总结

阿拉善SEE"一亿棵梭梭"及"地下水保护"在阿拉善地区项目的实施和推进，将直接治理沙化土地200万亩，有效加速阿拉善地区生态建设速度，遏制三大沙漠交汇的趋势，斩断沙漠"握手"；森林防风固沙、保持水土、调节气候、涵养水源、净化空气等效益的发挥，控制区域生态环境恶化的趋势，减弱沙尘暴的发生强度；保护生物多样性，提高生态系统的稳定性，减缓对周边地区的生态压力，为建设绿色保护屏障，为北疆绿色大通道建设奠定物质基础，同时显著改善农牧区生产、生活条件，降低风沙对当地人民健康、生命安全及财产的危害。

就"一亿棵梭梭"项目而言，阿拉善SEE计划注资规模近10亿元，其资金发挥推动农牧民增收及调整区域产业结构效应的显著效果，后期生态公益林补偿的落实、人工造林区采种及肉苁蓉产品和沙生绿色食品的开发，使农牧民直接收入得到提高，生活得到改善，推动地方经济发展作用显著。"一亿棵梭梭"项目的有序实施，也将为农牧民转产及当地富余人员提供就业机会，对区域农牧业产业结构调整，沙产业发展产生深刻影响，对促进当地社会稳定和繁荣民族区域经济，树立阿拉善的美好形象，改善投资环境，将起到积极作用。

在生态财富建设的探索和实践中，社会组织、政府、社区合作开展荒漠化防治、探索生态恢复和牧民增收的有效机制和模式的成功，将发挥积极的示范引导作用，使生态环境保护与建设趋于"生态产业化、产业生态化"的方向，达到"为牧民增财源，为当地保家园，为后代保资源"的效果。

关于阿拉善生态财富建设，结合阿拉善SEE多年经验，以下几点值得参考：

（1）以国家、地方政策为主导

在"绿水青山就是金山银山"理念的指导下，国家、自治区高度重视阿拉善盟的生态保护建设，阿拉善地区被列入《全国林地保护利用规划纲要》16个重点生态治理地区；盟委、行署先后出台《加快林业发展的意见》《集体林权制度改革实施方案》《重点城镇营造防护林优惠政策》，进一步落实"谁造林、谁所有、谁经营、谁受益"的政策，推动生态建设的资金、政策力度逐年加大。国际、国内社会团体、公益组织对阿拉善的关注度也不断提升，生态建设已经成为阿拉善盟社会经济可持续发展的重要保障。当地需要有相关的社会组织积极参与，才有可能补齐生态建设的力量，以公益的角色发挥着自身的作用和价值。

（2）以社区主体、农牧民为主要实施对象

自然环境的恶化，压缩着农牧民的生产、生活空间，但农牧民改善生态、发展生产、生活富裕的愿望非常强烈，苏海图合作社迅速发展的成功经验表明，在政府、林业部门的协助下，经过阿拉善SEE对合作社的培训，与合作社联合在社区组织牧民开展梭梭种植项目，建立政府、阿拉善SEE、合作社、牧民四方共赢的模式，有力推动了区域生态治理的速度及成效。阿拉善SEE推行的生态恢复模式最重要的一点，是支持当地的农牧民在自己退化的草场上开展项目，让"受害者"变成"行动者"最终成为"受益者"。

（3）配套产业发展，生态与经济循环发展

阿拉善SEE自2006年开始与林业部门在社区推动梭梭种植项目，农牧民一方面扮演着生态恢复主力军的角色，另一方面积极开展就地转产发展"肉苁蓉种植——沙产业"，牧民开始着力保护生态，恢复生态。

梭梭本身不具备显著的经济价值，但成年梭梭的根部可以接种肉苁蓉。肉苁蓉是一种非常好的中药材，可以作为梭梭的衍生经济价值带动当地农牧民提高生活水平，改善生活质量。据调查，单位干肉苁蓉产量为20—30千克/亩，按平均25千克/亩计算，单价为100元/千克，即单位面积干肉苁蓉价格为2500元/亩。早年种植梭梭的农牧民已开始受益。

（4）强化企业、科研机构参与

以市场为导向，发挥阿拉善SEE企业家会员在国内企业界的优势，推动肉苁蓉产业形成"公司+基地+科技+农户"的模式，联姻、对接相关企业，用机制创新促使肉苁蓉产业朝着规范化、规模化、现代化的方向发展，反哺生态建设。依托国内重点大学、实验室、地方科研机构等，对现有成熟的科技成果和实用技术进行认真筛选和组装配套，组织推广应用，促进科技成果向现实生产力转化。

截至2019年5月，阿拉善SEE企业家会员超900名，而这些会员分布在各个行业和领域，有着丰富的资源链接和平台，可以帮助和支持当地农牧民、合作社在防治荒漠化的同时，带动产业发展，权衡各方利益，实现环境与经济可持续良性发展。同时，阿拉善SEE与甘肃省治沙研究所建立的长期稳定的合作关系，为项目的科学发展奠定了良好基础。

（5）注重宣教

项目实施中，阿拉善SEE向公众、社会团体、社会组织、企业宣传倡导阿拉善生态环境保护的重要性，搭建不同群体参与环境保护的平台，让更多人了解阿拉善，了解荒漠化，了解生态保护的重要性。在项目区，开展环境教育与公众参与项目，大力宣传贯彻关于生态建设的各项方针政策、法律法规，做好宣传、发动、组织协调工作，扩大农牧民对生态环境保护的知情权、参与权和监督权，促进生态环境保护和生态建设决策的科学化、民主化，使各级干部和群众深刻认识到搞好生态建设，治理荒漠化的重要性和紧迫性，提高全民生态意识，推动阿拉善SEE公益机构在阿拉善的影响力，确保项目实施成果的巩固和提高。

为此建立了以阿拉善SEE公益治沙示范基地为宣传的窗口、创办了一年一度的"梭梭"春种活动，累计开展各类活动50余场、公众参与人数达4000人以上。通过开展形式多样的公益活动将环保理念植入人心，并积极推动环境保护的社会化参与。同时，针对国内荒漠化防治自然教育的空缺，阿拉善SEE荒漠化防治项目团队与台湾自然教育团队开发了《荒漠行动家》等在内的一系列课程，提高了公众对荒漠生态系统和荒漠化问题的认知水平。

图9-10　阿拉善SEE工作人员深入社区开展工作

（6）项目团队全过程参与

阿拉善SEE根据项目目标及实施方案，衔接国家、地方生态建设及新农村建设方面的政策、资金，强化协调，与地方林业部门、农牧业部门形成合力，严格按照科学、规范、高效的项目组织管理方式进行，严格投资决策责任制，建立有效的投资评估制度和专家参与制度。建立投资竞争机制、招标代理、验收拨付等制度，从项目立项、计划安排、资金使用、竣工验收到后期评估进行全过程监督，确保工程建设质量。

同时，在实施过程中，项目团队基本做到了"随叫随到"的管理模式，全年有2/3的时间都在社区，及时处理和解决农牧民在种植过程中遇到的各类问题与困难。

（7）借势互联网，打造全民参与的荒漠化防治项目

随着互联网、物联网时代的到来，信息的传递与交流也愈加频繁，这样的影响正深入到各行各业，成为影响行业发展的重要因素，而公益也正是信息化带来改变的受众之一。

通过"互联网＋"的新公益模式探索，搭建线上、线下的联动纽带，增强公众与项目的情感与互动性，为项目的长期稳定运行奠定了基础。

项目在蚂蚁金服公益、腾讯公益、阿里巴巴公益等互联网公开募捐平台均有上线，累计公众参与2亿多人次，并成为蚂蚁森林首个公益合作伙伴。同时与三棵树、诺亚财富、周大福等大额捐赠企业联动，拓展捐赠人群，吸引更多企业及公众支持"一亿棵梭梭"项目，加入到荒漠化防治的行列中。

（8）重视监测评估，特别是生态效应的影响

2018年底，由中科院寒区旱区环境与工程研究所和阿拉善盟林业治沙研究所共同编制的《"阿拉善SEE 一亿棵梭梭"阶段性生态影响评估报告》指出，项目实施后，梭梭生长良好，物种多样性指数呈增加趋势；项目有效地起到了防风固沙的作用，并已经产生了显著的生态效益和社会经济效益。

未来，SEE基金会将重点围绕"黄河流域生态保护和高质量发展"主题，拓展项目的内容，以期创造更大的生态、经济和社会价值。

图9-11　科研人员进行野外数据采集

第十章

赋能区域公共品牌，实现生态产品价值

浙江省丽水市作为生态产品价值实现机制的先行先试区，通过培育和建设"丽水山耕"这一农产品为主的区域公共品牌，整合了生态农业和生态旅游业，构建了以品牌为核心，融合了标准化、平台化以及金融化公共基础服务的生态经济体系，为品牌赋能，实现了科学的、绿色的跨越。制度创新推动了丽水生态文明建设，给希望加快发展又对生态保护有严格要求的区域提供了"丽水示范"。主要经验包括：针对自身发展瓶颈和突出问题，挖掘生态环境的优势，设计生态经济体系，发展以农、林、渔、牧以及农旅融合的新业态为主的生态产业，培育和建设区域公共品牌，延长丰富产业链。发挥政府的主导作用，引导各利益相关方构建品牌生态圈，探索创新的融资模式并提供全方位的制度供给。

"要大力推进生态文明建设，提供更多优质生态产品，不断满足人民群众日益增长的优美生态环境需要。"关于生态产品价值以及实现路径，理论层面，学术界还缺少系统的研究；实践层面，各地展开了积极的探索，相关经验有待总结、归纳。

浙江丽水是"绿水青山就是金山银山"理念的重要萌发地和先行实践地（以下简称"两山"理论）。丽水市在绿色发展道路上进行了一系列探索创新，为生态资源丰富而经济发展相对滞后的地区提供了可参考、可借鉴的经验。其中，"丽水山耕"区域公共品牌的建设是丽水市深入践行"两山"理论的重要实践。通过系统的制度设计，丽水市开展了"丽水山耕"商标注册、培育、保护等工作，建立"丽水山耕"品牌体系，探索了生态产品价值实现的丽水模式，挖掘当地绿水青山的生态价值，引导和促使生产者提高工艺水平和组织水平、创新营销手段，从而大幅提升了农产品的市场价值。

10.1　"丽水山耕"品牌建设的经验

丽水农业的先天特点可以总结为"多、小、散"：农产品种类繁多但大都不成规模；生产主体分散于九山半水半分田中。这是中国山区农业的典型特点，也是其经济发展的瓶颈。而丽水优质的自然环境又给当地农业经济提供了得天独厚的生态本底。在此背景下，丽水围绕农业品牌建设展开了制度设计，探索依托农业、旅游业为核心的生态产业化发展之路。

丽水区域公共品牌建设的经验可以概括为品牌赋能，在农业品牌化的基础上，以地方政府为主导通过顶层设计将生态环境要素纳入产品价值，统筹各路资源，构建品牌生态圈，降低了农业生产主体直接对接市场的风险，提升了农产品的品质和效益。丽水的具体做法如下：

10.1.1　制定产业发展规划以及品牌发展战略

编制出台了《丽水市生态精品农业发展规划（2013–2020）》《丽水市生态精品农产品品牌战略规划》《关于推进丽水生态精品农业发展实施意见》等规划和指导性文件，以传统生态农业产品为重点，扶持蔬菜、畜禽、笋竹、油茶、中药材等九大主导产业，探索"标准化生产、品牌化经营、平台化运作、电商化营销"的发展模式。委托专业团队对品牌的命名、定位、理念、标识、渠道构建、传播策略等统筹策划，挖掘丽水生态资源环境优势和传统农耕文化特点，结合产业基础和农业规划，探索出"政府所有、生态农业协会注册、农发公司运营"的模式（以国有独资的丽水农业投资发展有限公司为载体）[①]，创建了"丽水山耕"这一覆盖全区域、全产业、全品类农业区域公用品牌。截至2017年，共有7个类别的"丽水山耕"作为集体商标在国家工商总局商标局注册，形成了"丽水山耕"+县域品牌+企业品牌的"母子品牌矩阵"发展模式，以高品质、高科技含量以及高附加值的品牌定位促进其产品的高竞争力、高性价比以及高收益。

---

① 品牌为协会所有，授权公司运营，两块牌子一套人马的方式，让品牌有了运营管理的实体，也确保了品牌的公益性，解决了品牌所有权和经营权的问题。以下简称"农发公司"和"农业协会"。

10.1.2　构建区域公共品牌全产业链下的公共服务体系

丽水建立了依托"丽水山耕"为核心的产品生态圈，并创建了区域公用品牌引领下的全产业链公共服务体系，具体包括：

（1）标准化：制定产品标准，进行规范化管理

制定了四大食用类产品标准（《丽水山耕：食用种植产品》《丽水山耕：食用淡水产品》《丽水山耕：食用畜牧产品》《丽水山耕：加工产品》）以及非食用类的品牌通用标准。这些标准对农产品的生态环境、标准生产、物联应用、安全检测、保险储运、整合营销和数据分析提出了要求。其中，农药化肥的控制最为严格，参考欧盟标准，保障了产品的生态属性；实施"农药实名制购买"和"化肥定额制"，并被列入省、市生态文明体制改革和"五水共治"的年度考核。各县也通过建立智慧化施肥信息化服务平台引导并监督定额施肥。

以第三方认证机构信用保证的形式，证明产品、服务、管理体系符合相关标准、技术规范或其他强制性要求，形成"政府构建品牌推进制度，行业协会制定产品生产标准，企业自愿申报，第三方机构组织认证"的品牌认证模式。通过"标准、认证、追溯和监管"的方式对产品的全生命周期管理。为促进品牌和国际接轨，由质量监督部门引进全球统一标识系统GS1[①]，搭建了产品质量安全追溯平台，打开农产品出口的大门。另外，浙江省创建国家农产品质量安全示范省的目标也促进了"丽水山耕"农产品质量安全监管能力和机构风险评估能力的建设，完善了农业综合执法体系，健全了常态化监管制度。"标准化+第三方认证"的模式一定程度上防止了公共品牌容易出现的"搭便车"和"公地悲剧"等现象。

（2）金融化：创新金融模式，解决融资困难

为解决生产中的融资问题，"农发公司"投资成立了"丽耕农业资产管理公司"（简称"农资公司"），注册资金3000万元，为生产主体向银行贷款提供担保。加盟"丽水山耕"的企业只要愿意提供产权的反担保，"农资公司"就可以提供担保，帮助企业获得银行贷款。其业务领域包括了农业产业股权投资、供应链金融、产权直抵、资产收集、融资贴息等一系列金融服务。"农发

---

① GS1是全球统一标识系统，拥有全球跨行业的产品、运输单元、资产、位置和服务的标识标准体系和信息交换标准体系，使产品在全世界都能够被扫描识别。

公司"又联合万向信托组建了"万信基金管理公司"（简称"基金公司"），设立了规模2个亿的农业产业基金，为生产主体提供股权投资。"农发公司"负责了解地方生产主体的发展状况，"基金公司"负责提供多样的金融服务产品，实现资源和资金互补。遂昌县的实践中，"农发公司"与中国银行丽水市分行、青苗中草药专业合作社签订了三方合作协议。合作社将政府项目补贴、农村产权等反担保给市"农发公司"下属子公司丽水市农村产权服务有限公司，丽水市农村产权服务有限公司为其提供担保服务，使合作社最终获得了银行贷款以及"农发公司"提供的不低于贷款基准利率30%的融资贴息。

（3）平台化：提升信息效率，促进产品交易

丽水专门成立了丽水信息科技有限公司（以下简称"丽耕信息"），构建质量追溯体系平台，促进实现生态产品溯源、监管追责，实现从田间到餐桌闭环式管理。为保障这一制度的执行，对市级检测机构进行了市场化改制，构建混合所有制公司打破了原农业局检测中心在人员编制、检测能力等方面的瓶颈。丽水以政府购买服务的形式为区域公共产品提供公益服务，而公司允许对外有偿服务并盈利，检测能力和效果都获得了极大的提高。随后"丽耕信息"投资开发了"农业信息化服务系统"（包括了农产品电子商务平台、质量追溯平台、农村产权交易平台、农企服务平台、物联网平台等）。平台集合了大橱窗的商品展示、智能零售系统、便捷的支付功能、多媒体广告系统、移动端互联网、云端电子商务管理后台、整合大数据（农业经济、畜牧业统计、农产品对外贸易、专利信息、价格信息、交易信息等）等功能。开发了针对农村旅游和农产品的"丽水山耕"农集APP，提升了农产品线上营销力度。

平台化也推进了电商化的发展，即借助冷链物流拓展了销售渠道。丽水市对生产端和消费端、展销和展示以及线上和线下资源进行整合，初步形成电商、店商、微商"三商融合"运输营销体系。成立了杭州营销公司和"绿盒"电商冷链物流配送公司，并且不断完善线下实体营销规划布点。"丽水山耕"杭州旅游地商品旗舰店、天猫"丽水山耕"旗舰店都已开业；在景区、高铁站等人流集中的地方，设立了风格和标识统一的农产品购物店，并改造了几个集体验、销售于一体的大型购物点。对接"丽水山居"，完成多个民宿营销网点建设，并开发"丽水山耕"旅游地商品销售中心。在上海等大城市建立100余家"丽水山耕"农产品社区商店，并入驻多家顺丰嘿客杭州门店。

经过几年的培育和推广，"丽水山耕"品牌初具规模，运营也逐渐稳定。

丽水市连续多年在杭州举办丽水生态精品农博会，2014—2017年组织了340余家农业主体参加，现场销售农产品逾3230万元。30家"丽水山耕"企业在浙江股交中心挂牌上市，截至2018年，生态农业协会会员总数达863家；新建"丽水山耕"合作基地达1122个；"丽水山耕"累计销售额达67.3亿元，产品溢价超过30%；"丽水山耕"品牌在2018年中国区域品牌影响力排行榜荣居榜首。

10.2 丽水经验对生态产品价值实现机制构建的启示

丽水市是全国首个生态产品价值实现机制试点市，区域公共品牌建设充分反映了这一政策实践过程。丽水品牌建设的核心是政府强力推进下通过系统的制度设计为品牌赋能。传统的品牌赋能主要来自于技术和管理水平的提高以及产业链的延长和丰富；而区域公共品牌来自于政府公信力（政府主导的品牌体系设计）、资源的集约利用（产业链的聚集和延伸）、整合的营销和传播（调动多方资源精准营销）、集成的平台化操作（认证、策划、管理、技术等的服务集成）、以及政策的创新（金融信贷、人力资源）等。生态产品价值实现角度，赋能还来自于产品的全生命周期中赋予特有的生态环境的要素（比如"丽水山耕"品牌设立了生态环境友好的标准、融资中允许自然资源资产抵押等）。丽水经验对生态产品价值的实现有以下几点启示：

10.2.1 挖掘比较优势，设计生态经济体系

丽水代表了部分生态环境良好但是交通不便、经济发展落后的山区：在生产、销售和流通方面都不具备优势，且农产品生产、贮运技术短缺，人才和劳动力资源不足、单个农业主体供货持续性难保障、农产品质量安全稳定性不够等。品牌体系的建设从解决问题角度入手，扬长避短；挖掘自身优势，设计适宜的生态经济体系。丽水提出了"生产标准化、产业精致化、经营品牌化、市场多元化、发展绿色化"的目标，确定了以区域公共农业品牌的创建为核心抓手、建设山区特色的生态精品现代农业丽水模式，并涉及不同的农业产业、农业生产主体以及农业生产环节。因此，这类区域品牌建设要依托当地有资源优势的农、林、渔、牧以及副产品加工业，以及农旅融合的新业态（比如森林康养、生态旅游等生态服务）；并通过公共服务体系的构建规避生产、交通、融资等方面的不足。

10.2.2 政府主导多方合力推进品牌建设

丽水品牌建设归因于政府、市场主体以及社会组织的合力推进。政府在品牌发展中起到主导作用，丽水充分发挥遇河修桥，逢山开路精神，结合实际需求灵活地成立了不同类型的企业、社会组织等。成立了"农发公司"运营品牌（国有独资），维护公共利益；成立了"农业协会"，解决社会公益性和企业营利性之间的矛盾；成立了"农民合作经济组织联合会"，整合涉农事业单位、行业协会等，为农业提供生产、供销、金融服务；成立了"蓝城"检测公司（混合所有制），保障可追溯系统的运行；成立了"农产品转化为旅游商品办公室"，通过行政手段推广品牌。这说明，区域品牌的培育发展需要多元主体的共同参与，行政、市场手段并用。我们在丽水的做法中看到的是，政府与市场主体及社会组织各司其职、各尽所长。政府的职能是提供公共服务，在统筹资源方面具有天然的优势，政府主要在这两方面发挥作用；而具体的生产经营活动和品牌运营则是市场主体的份内之事，政府无须也不应直接插手。作为国有独资的品牌运营商农发公司所起的作用是，承担区域公共品牌运营与维护这一准公共职能，其业务范围与民间市场主体并无交叉。

10.2.3 激发自然资源产权的金融属性

为解决农业生产主体抵押物不足、资金来源渠道单一等问题，丽水通过产权制度改革和金融制度改革盘活了自然资源产权的金融属性。丽水整体推进包括土地承包经营权、林权、水利产权、宅基地使用权、农村房屋产权、村经济合作社股权在内的自然资源产权改革。在自然资源确权登记的基础上构建了以县、乡交易为主，市级承担服务的"市—县—乡"三级农村产权交易平台，促进了多种类型的自然资源产权交易。这得益于丽水2006年就开始的集体林权制度改革，以及2014年的农村综合改革。实际上，丽水在2012年成为全国首个农村金融改革试点，提出了"四个最大限度"原则并颁布了《丽水市农村金融改革试点总体方案》[1]。这也证明了自然资源资产产权制度构建的意义，只有确权和赋权，才有可能活权、赋能。

---

① 最大限度实现农村基本产权可抵押、可融资，最大限度优化农村金融生态环境，最大限度实现农村金融服务普惠发展，最大限度增加农村金融服务主体。

10.2.4　系统性的制度供给

区域公共品牌可以看作政府为农业生产主体提供的一种公共服务，"丽水山耕"品牌得以推进的重要因素来自政府系统性、创新性的制度供给。丽水市政府主要深入开展了两个方面的工作：一方面，构建了全产业链一体化的功能服务体系，比如标准化生产体系、质量安全追溯体系、信息化服务平台、农村产权评估体系等；另一方面，专门出台了一系列政策为品牌建设的每一个环节提供保障，比如为约束企业行为的保证金制度、为保障品牌质量的监管机制、政府采购等项目中优先采购、建立品牌建设绩效评估制度并进行考核等。丽水市的做法也得到了上级政府的大力支持：浙江省专门出台了《关于支持"丽水山耕"品牌提升发展的若干意见》，将"浙江制造"的理念引入丽水农业。中央层面关于深化农业供给侧结构性改革、培育农业农村发展新动能的指导方针则为丽水的探索指引了大方向。丽水的经验说明，制度供给是地方政府在区域经济发展中最重要的职能之一，应根据时代的发展和内外环境的变化与时俱进地进行制度创新，为当地经济和社会运行提供系统性、创新性的制度供给。

图10-1　丽水山耕品牌管理系统

图10-2　丽水风光

参考文献

［1］　王宇飞，武红.赋能区域公共品牌，实现生态产品价值：浙江丽水品牌建设的经验和启示[J].中国发展观察，2020(Z1)：108-111.

第十一章 ————————————————————————

通过构建美丽乡村治理模式实现乡村绿色振兴

　　党的十九大报告提出了"实施乡村振兴战略",这为新时代"三农"工作和美丽中国建设工作提出了新的目标、任务以及路径。要在以国家公园为主体的自然保护地率先实现乡村绿色振兴,第一,要形成绿色治理模式,使全民参与保护并能共享保护成果;第二,要形成与保护互促的生态产业或产业生态化的技术路线。对照"产业兴旺、生态宜居、乡风文明、治理有效、生活富裕"的总要求,浙江仙居国家公园以国家公园体制试点为龙头带动社区参与保护、共促发展方式转型,构建了以绿色公约、绿色资产清单、绿色货币为标志的"三绿"治理机制,与国家公园产品品牌体系一起初步实现了生态产品的价值转化,使乡村振兴的绿色化道路初露端倪。

11.1　乡村振兴中的绿色发展要求及其实现困难

　　2005年党中央、国务院提出了社会主义新农村建设"生产发展、生活宽裕、乡风文明、村容整洁、管理民主"的目标;党的十九大报告中提出的乡村振兴战略,其目标定为"产业兴旺、生态宜居、乡风文明、治理有效、生活富裕"。可以看出,中央对农村发展的理念有了变化,工作的重点有了调整,要求有了显著提升(见表11-1)。其中,重大变动是"产业兴旺""生态宜居"和"治理有效",即要求在产业达到较高水平的同时,全方位改善农村的生产生活生态环境,并实现社会治理机制创新。

表11-1　十六届五中全会和十九大报告对农村发展要求的对比分析

十六届五中全会报告	十九大报告	解析
生产发展	产业兴旺	形成农村的高质量发展产业体系,一、二、三产业融合,质量兴农、效益优先、绿色导向

（续表）

十六届五中全会报告	十九大报告	解析
村容整洁	生态宜居	从环境卫生层面的村容整洁，发展到农村生产、生活、生态统筹，最终实现山水林田湖草的整体管理和农村环境公共服务的城乡一体化供给
乡风文明	乡风文明	形成良好社会风范，尤其形成绿色生产生活风尚
管理民主	治理有效	深化农村土地制度改革，实现社会治理机制创新和全民参与、全民共享的治理方式
生活宽裕	生活富裕	与到 2020 年全面建成小康社会的目标相统一，城乡居民收入差距明显减小、共同富裕

　　全国各地已对乡村振兴展开了不同形式的探索，如以产业为基础的特色小镇、组合性较强的田园综合体等。但这些模式均存在一个明显的短板——难以全面实现"生态宜居"的目标，而诸多号称"生态宜居"的实践其实限于农村环境综合治理、改善村容村貌等（即"宜居"）。生态宜居的更高一层含义却少人关注：将乡村的山水林田湖草作为一个生命共同体统一保护，这才是"生态"。生态系统统一保护的要求远高于"宜居"需要的环境污染治理——要在发展的同时保护生态系统的原真性、完整性——即便发达国家都难普遍做到，我国的相关案例大多名不副实。例如，作为全球生态五百佳的浙江奉化滕头村是乡村振兴和生态保护的知名案例，其借助基础设施建设开展的农村环境污染治理，虽然提高了"宜居"水平，依然难以实现"生态"，更没有形成乡村以绿色生产、绿色生活来促进生态整体保护的治理机制。

　　这种"生态"的高目标，在我国大多数乡村连"村容整洁"都才刚刚实现、"宜居"目标尚远，且整体上已存在较大生态系统破坏的情况下可操作性较低，只有在条件合适的自然保护地最有可能实现，这些区域的生态环境优势明显且往往有特色资源，在生物多样性保护、生态系统服务功能发挥、生态平衡维护方面作用重大，即存在真正"生态"的本底环境，也有各类"生态产品"[①]。特别是南方集体林地区，在人与自然的长期共同发展中，有的已

---

① 生态产品指维系生态安全、保障生态调节功能、提供良好人居环境的自然要素。包括清新的空气、清洁的水源和宜人的气候等。生态产品同农产品、工业品和服务产品一样，都是人类生存发展所必需的。

经形成了人与自然和谐共处的模式①。另外，相当数量的自然保护地交通相对不便、经济实力较弱，甚至是当前脱贫攻坚工作的重点地区。这样，自然保护地的生态保护为主与区域内社区实现乡村振兴的目标常常在空间范围上重合。即在这样的区域，高要求的生态保护是自然保护地主要的管理目标，而提高原住民收入水平是地方政府主要的政策目标。这样的区域有可能兼顾生态保护与经济发展，有希望率先探索出兼顾乡村振兴目标的绿色发展之路。这样的区域从中央的政策要求来看，也只有乡村绿色振兴这一条兼顾之路：在生态环境约束更严格的背景下，只能通过构建生态产品的价值实现机制来探索绿水青山转化为金山银山的技术路线。不过，其技术路线的构建，通常有四个方面的限制因素：

（1）必须有以生态保护为基础的绿色产业，将资源环境的优势转化为产品品质的优势，使保护和恢复生态的价值在市场上稳定地、增值地变现；

（2）这样的方式必须在大部分自然保护地交通不便、农村空心化问题严重，同时人力资源素质、组织程度不高的情况下内驱地实现；

（3）这样的实现方式在市场条件下可持续，有一定的技术含量、稳定的供求关系、价格和金融服务等，能经受市场波动，具有自我"造血"功能；

（4）建立生产、生活方面的绿色发展利益转化机制等，形成利益共同体，使绿色发展方式能让大多数村民参与治理、参与受益，这样才能"共抓大保护"。

以上每一个环节的实现都有难度，尤其是绿色生产方式的选择和利益共同体的形成。

更好、更全面地实现乡村绿色振兴，需要对应的资金、技术、人才的配置，特别是政策设计——必要的时候需要中央或者省级政府的"放权、给钱"，才有可能在相关的区域率先突破。当前条件看，最有可能突破、率先实现乡村绿色振兴的是以国家公园为主体的重要保护地内社区（比如重点生态功能区）。这些区域大部分能获得中央或者地方的以生态补偿为代表的财政转移支付；部分区域有相对宽松的制度环境（如取消了对干部的GDP考核、招商引资的考

---

① 例如，国家一级保护动物朱鹮就更适合在有采用有机方式生产的稻田和村边的风水林的环境中。而作为其栖息地的稻田生产的有机大米，品质上也有明显优势。日本佐渡岛的朱鹮栖息地的朱鹮米，其市场价格超过佐渡岛其他大米价格的两倍。

核而加重了对环境质量和绿色发展的考核等）；个别甚至是生态文明试验区，区域规划中对生态产品价值实现、环境治理体系改革等方面有要求。

11.2　以国家公园为主体的自然保护地率先实现乡村绿色振兴的技术路线

国家公园是我国自然保护地体系的主体和排头兵，其在社区参与国家公园保护、国家公园带动社区发展方面，具有代表性和特殊性。因此，根据其资源特征和管理约束设计的乡村绿色振兴的技术路线，对其他保护地具有先导性价值。国家公园以保护具有国家代表性的大面积自然生态系统为主要目的，要坚持"生态保护第一""实行最严格的保护"，同时也要"坚持全民公益性"。在这样的约束下，一方面，国家公园保护要求高，要按照生态系统特征对国家公园进行科学管理，这就必然涉及对原住民传统利用资源的生产、生活的方式进行管控；一方面，要充分尊重社区基本权益，动员其参与保护、获得补偿且能将管控后的产品在市场上实现增值，即通过发展绿色产业（挣钱）和生态补偿（要钱），实现生活富裕。

这样的区域，要设计出合适的技术路线，突破前述四方面限制因素，首先要参考中央文件：《生态文明体制改革总体方案》中提出"建立统一的绿色产品体系：统一整合为绿色产品，建立统一的绿色产品标准、认证、标识等体系。完善研发生产、运输配送、购买使用的财税金融支持和政府采购等政策"；《关于完善主体功能区战略和制度的若干意见》（中发[2017]27号）中明确"科学评估生态产品价值，培育生态产品交易市场，创新绿色金融工具，吸引社会资本发展绿色生态经济"。也要参考国内外经验①，如法国大区公园的绿色发展机制，包括充分考虑社区利益后制定的以宪章为核心的多方治理、利益共享规则和以产品品牌体系为核心的绿色发展和特许经营机制等。以此为基础，这样的技术路线应有两方面创新：①全民参与保护的治理机制；②有与保护互促的绿色产业或产业绿色化的技术路线，并有能保证其市场条件下可持续的方案。

---

① 武夷山自然保护区实验区内用约占10%的面积的集体林发展茶叶等非消耗型生态产业，以保护其他区域森林资源和生物多样性。这样的约束促进红茶产业不断向高附加值、高技术、高集约的方向演进，发展了金骏眉品牌，社区实现绿色产业兴旺。

11.2.1 形成绿色治理模式，使全民参与保护并能共享保护成果

社区是保护地管理的利益相关方之一，是保护的重要参与方，也经常因利益结构不同与保护地产生冲突。借鉴法国大区公园和国家公园经验，构建生产、生活方面的绿色发展利益转化机制是有效管理的基本前提，也是产业兴旺的良好保障[①]。这种机制，需要充分考虑社区利益，借助保护协议等方式，明确保护对象，明确不同参与方的权责利，完善筹资、用资机制，形成以绿色发展利益转化机制为核心、以保护绩效可计量为特征的治理模式。

11.2.2 与保护互促的生态产业或产业生态化的技术路线

这一技术路线在重要的保护地可以描述为：构建绿色产品品牌体系，使得资源环境的优势（绿水青山）转化为产品品质的优势并通过品牌平台固化推广体现为价格优势，在保护地友好[②]和社区友好[③]的情况下实现单位产品的价值提升（金山银山）。这个体系由产品和产业发展指导体系、产品质量标准体系、产品认证体系、品牌管理和推广体系等组成，产品可包括农副产品、民宿、工艺品等，跨越一、二、三产业，且可以在综合的生态旅游产业中整合。通过这样的技术路线，在市场条件下稳定地、增值地使生态产品的价值得到变现。

---

① 法国国家公园2006年后经过了十多年的改革，形成了有效的治理模式：（1）形成利益共同体才可能形成生态共同体，没有绿色发展就没有国家公园；（2）上下左右里外结合的治理结构才可能兼顾各方需求，才可能形成保护的合力、创造周边有利保护的大环境；（3）绿水青山转化为金山银山需要技术路线和完整体系。另外，向大区公园学习的基础上，法国借助国家公园产品品牌这一工具，定位了国家公园和社区的利益共同点，从而以规范化、精细化且能增值的特许经营，实现了最大范围吸纳地方企业和个体自愿加盟、最大程度实现保护发展共赢的目标。另外，行业"准入规则"中融入保护地友好的要求，使国家公园的保护和环境教育目标在经营中得到了贯彻；搭建了国家公园产品品牌体系这一平台，品牌委员会为加盟企业制定特别的宣传工具（产品标签、宣传册设计、营销网站），提供专门的培训和技术支持等，最终惠及社区。

② 保护地友好指：（1）生产方式的环境友好，是指所涉及的生产方式是环境友好型的；（2）对自然保护地要达到一定的保护管理水平要求，即当地的保护地管理机构必须愿意且能够监测保护地友好产品生产对保护地所造成的影响。

③ 社区友好是指要建立本地人优先参与的机制，充分考虑与社区的互动互利，即鼓励社区参与并保障品牌收益回馈于当地居民，从而实现人与自然的共同可持续发展。

11.3　仙居国家公园的"三绿"治理机制和品牌体系实践了这条技术路线

浙江是生态产品价值实现机制的试点省，仙居县是浙江省唯一的县域绿色化发展改革试点县，2014年被原环保部列为国家公园体制试点区。该区域内的乡村振兴有着特殊的含义：一方面，作为重要的保护地，其承担着体现国家公园"保护为主，全民公益优先"的体制试点任务；另一方面，要构建绿色发展利益转化机制，在限制原住民的生产生活行为的同时激励社区参与保护并使保护与绿色产业发展互促。通过近几年的实践，仙居国家公园管委会指导其内的淡竹乡的社区村委会，构建了以绿色公约、绿色资产清单、绿色货币为标志的"三绿"治理机制，实践了前述技术路线。

11.3.1　绿色治理机制

《绿色公约》提出了十条基本行动并纳入了《村规民约》，使村民从被动应付到主动践行保护，从单纯的被治理对象成为参与治理的主体。具体措施包括实行党员网格化、垂直化管理，党员负责区域的立面改造、垂直绿化、垃圾分类等工作。这种契约的模式，使得村民和社区能自我约束、自发参与保护。绿色资产是自然资源负债表在社区层次的实现形式。通过制定《永久绿色资产管理清单和永世维护享用办法》，辨识出周边可以利用的资源环境（包括了山水林田湖草）和文化遗产方面的优势，形成绿色资产清单，进行建档登记。按照"1+3"模式（1名两委干部作为领导责任人、3名党员作为直接责任人），将每件绿色资产分解到各村每名党员干部，对其的保护绩效与村主责干部收入、党员十二分制管理等相挂钩，倒逼党员干部常态化、重点化保护绿色资产。各乡党委、政府组织各村干部开展交叉检查、党员先锋指数考评。这实际上是明确了绿水青山的存在形式，使得生态方面的整体保护可以操作且使保护绩效可计量。

推广绿色货币（简称"绿币"），将"绿币"和国家公园产品品牌的标准挂钩，并用《淡竹乡绿色生活清单》明确。对"食、住、行、娱、游"等五个环节中的低碳旅游行为制定标准，列出7项"绿币"兑换条件，即自备洗漱用品，不使用民宿提供的一次性物品；垃圾分类自清；参加村内组织志愿服务项目；

公共交通、步行、骑车出行；住宿不抽烟酗酒；光盘行动，文明就餐；户外活动垃圾分类自清。清单中明确了每一种行为对应的绿币兑换数额，商家评定游客的行为并折算为绿色货币，其可抵价使用、也可兑换毛巾、垃圾袋、鲜花等物品。为保障这一制度的运行，社区成立"绿色生活基金"，以现金形式统一回购绿币。

11.3.2　国家公园产品品牌体系

仙居国家公园在借鉴法国大区公园和国家公园产品品牌体系的基础上，按照《生态文明体制改革总体方案》和《建立国家公园体制总体方案》的要求，依托法国开发署的政策性贷款，结合仙居自然文化资源和社会经济发展情况，设计了国家公园产品品牌体系：通过将国家公园品牌所蕴含的生态和文化价值附加于整个产业链来实现从"资源—产品—商品"的升级。最终一、二、三产的产品被整合到多部门参与的一套管理体系中，借助信息化手段（国家公园产品品牌体系信息化管理平台），实现由于品质和市场认可度提高所带来的单位产品的增值，从而在开发利用面积基本不扩大的情况下带动社区人均收入提高。这样体系化的设计方案，借助《国家公园产品品牌管理办法》和《特许经营管理办法》将相关的标准明确。通过共同签署、监督执行的模式，将保护协议和品牌增值结合，增加社区在发展和保护方面的话语权，最终满足主要利益相关者在可持续发展维度共同的诉求。

在仙居的实践中，绿色治理机制成为国家公园产品品牌体系的重要支撑，共同实现了保护与发展的互促：①绿色治理确保了相关产品中有资源环境的优势以及保护的成果，构成了产品的核心竞争力；②有绿色资产才易于优选"绿青"到"金银"的转化产品；③容易核算并且便于流通的绿色货币使得全民都能分享保护成果并使品牌体系更易培养顾客。前述四方面限制因素，在这两方面创新下，不同程度地得到了破解：绿色治理机制易于内驱实现，品牌体系和"三绿"机制的结合使得生态宜居和产业兴旺结合起来，绿色资产和绿色货币都形成了绿色发展利益转化机制，从而使村民、游客等都在参与保护方面形成了利益共同体。

11.4 总结

乡村振兴难，乡村绿色振兴更难。正在开展国家公园体制试点的仙居，初步探索出了通过构建美丽乡村治理模式实现乡村绿色振兴的模式，其要点是：①借助本地化的"三绿"治理机制，使村民和游客都参与保护和发展并获益；②学习法国大区公园和国家公园经验，引入法国开发署政策性贷款，构建了国家公园产品品牌体系，并且将资源环境优势和社区保护效果都融入了产品品牌价值，使市场条件下产品品牌增值可持续。最终，通过这样的绿色发展利益转化机制使参与各方形成利益共同体，真正实现了生态产品的价值。这些探索，对其他区域的乡村绿色振兴具有重要的参考意义，说明良好的政策设计、技术路线的选择以及适当的绿色融资的组合可以突破乡村绿色发展瓶颈。

图11-1 仙居国家公园

第十二章 ———————————————————————

自然保护地相关的社区绿色产业发展经验

自然保护地面积约占我国国土面积的18%，其周边社区的绿色产业发展非常重要，这些区域多是贫困地区，对维护我国国土生态安全意义重大。有必要对这类区域绿色产业发展进行总结，以平衡保护和发展之间的矛盾。

12.1 自然保护地周边绿色产业的概念

"绿色产业"关系到经济发展转型、提质增效的重要方面，是实现绿色发展的产业基础。狭义的绿色产业指提供有利于资源节约、环境友好、生态良好的产品、服务的企业的集合体；广义的绿色产业还应包括绿色化的产业，即在产品生产、运输、消费、回收等全生命周期过程达到相关绿色标准的企业的集合体。在重要自然保护地周边，产业更应该加强"绿色"这一硬性约束，这里的"绿色"还要强调不干扰生态环境的原真性和完整性。我们认为，保护地的"绿色产业"是指保护地友好前提下，适度利用当地良好的自然生态环境和人文资源进行经济开发，其产品符合现代人类的健康和审美需求，带动社区发展，并反哺保护地的相关产业集合。虽然国内关于绿色产业的研究与自然保护地直接相关的寥寥无几，但其中一些研究还是有所涉及，基本上是围绕绿色产业发展的基础、发展现状和问题进行探讨，并提出政策建议。主要观点是利用当地资源和特色资源，在不造成负面生态影响的前提下，开发既满足大众消费需求又使居民获得经济收益的产品、产业。例如，张中华等（2015）以西部欠发达山区为案例基地，提出了绿色产业开发的三种模式，包括依赖地方资源、地方居民等生产非标准化产品的特色模式、强调生态循环经济的循环模式以及符合人类健康和绿色消费潮流的共生模式，其中共生模式下绿色产业包括绿色现代农业体系、绿色人居环境建筑业以及绿色文化旅游业三大类。学界普遍认为生态旅游和生态农业既是自然保护地应该发展的产业，换而言之，这两者正是自然保护地绿色产业研究的重点所在。

12.2　自然保护地绿色产业：生态农业和生态旅游

当地经济要发展，社区居民生活水平要提高，自然保护地与社区、自然资源保护与社区经济发展之间的冲突难以调和。一方面，传统的保护模式在很大程度上漠视社区的发展要求，限制了当地社区经济的发展，使社区与自然保护地的矛盾日益加剧；另一方面，社区的发展又大大影响了自然保护地的"有效"管理，使生物多样性保护的目标难以实现，自然保护地逐渐处于"孤岛状态"。简而言之，自然保护地限制了社区居民对当地自然资源的使用，进而限制了社区的经济社会发展，其中经济的发展主要指对自然资源使用的限制（如禁止开矿、限制挖药材等），社会公共福利发展主要是指教育、医疗福利等。为了平衡自然资源保护和社区发展之间的矛盾，许多自然保护地尝试不同的替代生计策略—包括生态农业、手工业为代表的第一、二产业，也包括生态旅游为代表的第三产业—去带动社区的发展。

12.2.1　生态农业

生态农业是指按照生态学原理和经济学原理，将传统农业与第二、三产业结合起来，利用传统农业精华和现代科技成果，通过人工设计生态工程、协调发展与环境之间、资源利用与保护之间的矛盾，能获得较高的经济效益、生态效益和社会效益的现代化高效农业。生态农业[①]是自然保护地周边产业的基础，良好的自然环境和周边独特的小气候给良好的农产品品质提供了先决条件，而且为更好地保护重要保护对象（生态系统、生物多样性、重点保护动植物）所做的一些牺牲反而更会给农产品赋予更高的"生态附加价值"，从而使生态农业发展与生态保护之间形成良性互动。例如张跃明等（2006）介绍了朱鹮国家级自然保护区引导和扶持朱鹮栖息地社区农民种植绿色水稻，探索既促进朱鹮栖息地生态环境保护又能增加农民收入的协调发展模式，实现经济和栖

---

① 亦称为生态农业或生态友好型农业，是指从生产的各个环节入手，实现农业的生态化、绿色化，不仅能够产出优质、环保的农产品，更是改善农业生态环境，缓解农业污染的重要举措。

息地保护的双赢。在农业政策方面，政府提供的生态补偿也能为生态农业提供启动资金，让原住民有更高的热情投入生产。于法稳（2017）从农业生产面临的问题、农民收入持续增加、农业面源污染以及绿色发展理念的落实等方面，论述了农业绿色转型发展中生态补偿的必要性。生态补偿政策并不是一成不变的，而是随产业变革和保护地发展而不断改进的，政策要起到引领生态农业发展的作用。王真等（2016）通过介绍朱鹮国家级自然保护区周边有机绿色农业产业组织模式的制度安排和演变路径，指出在绿色农业不同的发展阶段，政府部门应该根据市场环境变化不断调整其支持绿色农业发展的政策措施。自然保护地在涵养水源、保持水土、净化大气和水体等方面发挥着重要的作用。但是正如吴伟光等（2012）发现，自然保护地社区农户生产生活对自然资源依赖程度很高，这使得自然保护地与当地社区的矛盾日益尖锐，而发展基于自然保护地的生态农业①是解决这一矛盾的有效措施之一。

（1）生态农业现有政策支撑

改革开放以来，我国一直在探索一条适合国情的生态农业发展道路。自1984年《国务院关于环境保护工作的决定》首次明确提出"各级环境保护部门要会同有关部门积极推广生态农业，防止农业环境污染和破坏"以来，农业部门逐步摸索形成了一整套支撑生态农业发展的政策体系，保障了生态农业从理念倡导走向实践鼓励，从零星试点走向广泛发展，为我国农业现代化发展做出了巨大的贡献。

下表梳理了中央或国家层面上支持生态农业发展的政策。

表12-1　生态农业主要政策

政策名称	范围	政策内容
扶持新型农业经营主体政策	全国	新增农业补贴、贷款、税费减免、技术推广和培训适当向农民专业合作社、龙头企业倾斜
耕地地力保护补贴	全国	支持耕地地力保护和粮食适度规模经营，以二轮承包耕地面积、计税耕地面积、确权耕地面积或粮食种植面积等为补贴依据

---

① 生态农业亦称绿色农业或生态友好型农业，是指从生产的各个环节入手，实现农业的生态化、绿色化，不仅能够产出优质、环保的农产品，更是改善农业生态环境，缓解农业污染的重要举措。

政策名称	范围	政策内容
农机购置补贴政策	全国	对15大类42个小类137个品目机具进行补贴，保障粮食和主要农产品生产全程机械化的需求，推广节能环保、精准高效农业机械化技术；在16个粮食主产区省份开展农机报废更新补贴试点，对已在农业机械安全监理机构登记，并达到报废标准或超过报废年限进行补贴
粮食生产功能区和重要农产品生产保护区	全国	划定粮食生产功能区9亿亩，划定重要农产品生产保护区2.38亿亩（与粮食生产功能区重叠8000万亩）。粮食生产保护区和大豆油菜等生产保护区划定应同时具备以下条件：①水土资源条件较好，坡度在15度以下的永久基本农田；相对集中连片，原则上平原地区连片面积不低于500亩，丘陵地区连片面积不低于50亩；②农田灌排工程等农业基础设施比较完备，生态环境良好，未列入退耕还林还草、还湖还湿、耕地休耕试点等范围；③具有粮食和重要农产品的种植传统
农用地土壤污染防治政策	全国	优先保护类耕地面积不减少、土壤环境质量稳中向好；受污染耕地安全利用率达到90%左右，中轻度污染耕地实现安全利用面积达到4000万亩，治理和修复面积达到1000万亩；建立针对重度污染区的特定农产品禁止生产区划定制度，重度污染耕地种植结构调整和退耕还林还草面积力争达到2000万亩；因地制宜发展绿色优质农产品
农业面源污染治理政策	全国	在农业面源污染严重或对环境敏感的湖泊、流域，力争实施理政策一批综合治理工程。在养殖、地膜、秸秆等污染问题突出区域，实施规模化畜禽养殖污染治理、水产健康养殖、全生物可降解膜示范、农田残膜回收与再生、秸秆综合利用示范等
化肥、农药零增长支持政策	全国	大力开展耕地质量保护与提升，增加有机肥资源利用，减少不合理化肥投入，推进精准施肥，调整化肥使用结构，改进施肥方式，有机肥替代化肥；大力推进统防统治、绿色防控、科学用药，减少农药使用量，提高利用率
测土配方施肥补助政策	全国	免费提供测土配方施肥指导服务，推广应用测土配方施肥技术
农作物秸秆综合利用试点	粮食主产区	主展农作物秸秆综合利用试点，实行整县推进，坚持多元利用、农用优先

（续表）

政策名称	范围	政策内容
耕地保护与质量提升补助政策	东北	在全国部分县（场、单位），开展耕地质量建设试点。按照因地制宜、分类指导、综合施策的原则，推广应用秸秆还田、增施有机肥、种植绿肥等技术模式
地膜清洁生产技术补贴	西北、华北等旱作区	推广地膜科学使用、合理养护、适时揭膜、机械捡膜等集成技术模式，并通过"以旧换新"等方式推进残膜回收利用
果菜茶有机肥替代化肥行动	全国	开展有机肥替代化肥行动，以新型农业经营主体为承担主体，探索一批"果沼畜""菜沼畜""茶沼畜"等生产运营模式，推进资源循环利用
耕地轮作休耕制度试点	辽宁、吉林、黑龙江、内蒙古、河北、湖南等省份和西南石漠化地区及西北生态功能区	轮作：在辽宁、吉林、黑龙江和内蒙古开展粮改豆（粮豆轮作）试点，支持以玉米改种大豆为主，兼顾改种杂粮杂豆、马铃薯、油料、饲草等作物； 休耕：在河北黑龙港地下水漏斗区、湖南长株潭重金属污染区、西南石漠化区及西北生态严重返化区开展休耕试点。中央财政对开展耕地轮作休耕制度试点的农户和新型经营主体给予适当补助

（2）生态农业的特征

① 资源节约化

生态农业资源的节约化涉及两方面：一是节约不可再生资源，比如土地资源、水资源、森林资源等；二是科学合理使用化学资源，比如化肥和农药。

② 废弃物资源化

农业生产过程中产生的大量作物秸秆、畜禽粪便等有机废弃物具有巨大的资源价值，是可再生资源。这些农业废弃物经过适当加工处理便可转化为根瘤菌生长的培养基、食用菌优质生产基质、沼气能源、生物制氢的原材料以及农业有机肥料等。采用先进的科技手段和装备对农业废弃物进行综合多层次利用是一种经济、社会与环境效益共赢的方式，称之为废弃物资源化。

③ 农耕文化的精华传承

生态农业是建立在对传统农业精华的传承和提高基础之上。现代生态农业强调人与自然的和谐关系与传统农业强调的"天人合一"是高度契合的。中国形成了独特的精耕细作、循环利用、保护环境的传统农业技术，这些传统农业的精华对发展现代生态农业仍然具有重要意义。然而，千百年来形成的农业传统文化知识正由于现代化农业和机械农业的全面渗透而迅速消失。目前，在美丽乡村建设实践中发现，有不少村落将传统的农业用具陈列在房间里供现代城市居民参观和感受，虽然创造了一些经济价值，但这是相当粗浅的，也是不可持续的。需要对传统农业文化知识进行系统收集整理、深入机理研究、严格效果筛选，让传统农业精华得到传承的同时又创造新的农业文明，将农业文化作为永续性的事业而发展。

④ 体系化

农业的发展并不是孤立无援的，它与其他产业间存在着投入产出关系，通过其横向拓展与纵向延伸形成有机共生体，凭借有效的组织和协调模式发挥出应有的作用。所谓农业产业体系化就是指农业内部及农业与其他产业间的系统运作模式。具体而言，它是种植业、畜牧业、渔业、林业、加工业、服务业、信息等产业既相互独立又相互融合的复合体系。农业体系化建设是通过有效的组织、协调模式和一定的利益联结方式构建一个紧密相连的有机系统，从而促进农业整体的创新和发展能力。推进农业体系化建设主要从两个层面着手，其一是协调农业产业内部结构，其二是协调农业与二、三产业间结构。

（3）生态农业面临的问题

① 生产成本高

近年来，口粮作物平均成本上升，农产品价格提升空间受限。在价格不提、补贴不增而成本上升的情况下，农业比较效益不断下降。农业化肥、化学农药过度使用的问题都比较突出，对农业的可持续发展构成了较大制约。农村劳动力大量转移，务农劳动力素质结构性下降，农业兼业化、农民老龄化、农村空心化问题突出，给农业新品种、新技术、新机具等推广增加了难度。

② 农业产业层次偏低

一些地方产业结构、种养结构、品种结构单一，片面追求农产品产量而忽视品品质；销售渠道不畅，农业整体效益较低；产业链条短，一二三产业之间融合不足；利益链联接不紧密，利益难分享，风险不能共担；农产品粗加工、简单加工较多，科技含量不高、品牌创建不足；农业多种功能开发不足，农业生态价值、休闲价值和文化价值挖掘不够。

③ 农产品质量和价值评估标准不健全

与工业产品相比，农产品还没有形成健全的品质评价标准，农产品优质缺乏"可比性"；在农户分散经营条件下，农产品质量可追溯体系大多没有建立，消费者对农产品的了解缺乏"系统性"；农产品品牌创建不够，品牌缺乏"认知性"。所有这些，导致农产品优质难以优价。

12.2.2　手工业

农民家庭手工业是近代乡村手工业最主要的存在形态，其存在地域之广、存在时间之长，是其他手工业无法匹及的。在传统文化和生态农业的基础上，手工业成为了缓和社区发展和资源保护矛盾的替代产业之一。

（1）来源具有自然性

手工艺品制作来源来自自然保护地的自然资源和生态农业的初级农产品，经过加工制作而成。

（2）设计兼具现代性和传统文化特色

自然保护地都建立在山区、少数民族地区，每个地方都有自己的传统文化、习俗。在手工艺品制作的过程中势必会融入当地传统特色。在融入当地特色的同时，需要与时俱进，紧跟市场，做出现代与传统兼容的手工艺品。

对于社区来说，发展手工业存在以下问题：

（1）缺少技术和设计

传统手工业多是具有传统生活方式实用价值的，而自然保护地对外销售的手工艺品要同时兼容传统和现代特色。如何将传统方式的手工业更具有现代特色，需要有专业的设计团队进行指导。同时传统手工艺品的制造方式需要改良，如牦牛毛的染色、漂白、去味技术等，这些改良操作技术仍然需要有专业人才的技术指导。

（2）销售缺少渠道

自然保护地往往处于贫困欠发达地区，销售渠道几乎处于零发展阶段。

（3）传统手工业的消失

市场经济的冲击下，传统文化丧失是现代社会面临的一大问题。多数少数民族还能够保有传统文化、习俗，除此以外部分少数民族和大部分汉族地区的自然保护地传统文化几乎完全丧失。没有传统文化支撑的手工业是没有发展前景的。

12.2.3 生态旅游

生态旅游业是凭借生态旅游资源，以旅游设施为基础，并实现旅游、保护、扶贫及环境教育等功能的旅游产业。生态农业和生态旅游业是保护地周边能给原住民持续带来经济收益的产业，目前一些保护地已经开始了相关探索。发展生态旅游是自然保护区可持续发展的必由之路，生态安全原则是自然保护区生态旅游开发的首要原则，而社区参与是自然保护区生态旅游成功开发的本质要求和基本保证，是实现资源环境和旅游可持续发展的重要途径。

由于"保护自然"和"社区受益"两大特征，生态旅游常作为缓解保护地与社区居民生计之间矛盾与冲突的替代发展产业之一（或替代生计选择）。它的作用体现于：（1）能够为当地社区提供一种更具可持续性的生计方式；（2）鼓励社区居民更直接的参与到保护区自然资源和环境的保护中去。

生态旅游既是自然保护地生态系统管理的一种途径，同时也是自然保护地生物多样性保护的一种手段。与传统的大众旅游相比，生态旅游的核心内涵是通过对生物多样性资源的保护性开发，使当地社区得到发展，因此更具生态、经济和社会意义。一方面，生态旅游的基本要求是在享受自然的同时保护自然，减少旅游活动对环境的影响，并为保护地内自然资源的保护提供资金；另一方面，作为一种鼓励当地社区参与自然保护的生计策略，生态旅游为增加大量受雇的机会以及建立餐馆、旅馆、土特产商店等小型企业提供了可能，并带动相关产业发展，为社区居民带来社会、经济、文化等多重利益，提高他们的生活水平，可以缓解自然保护地管理机构、当地政府和当地居民之间的紧张关系，减少冲突，从而实现多方共赢，推动当地的经济发展和社会进步。

（1）生态旅游现有政策支撑

2012年，原国家旅游局、原环境保护部制定并印发了《国家生态旅游示范区管理规程》和《国家生态示范区建设与运营规范（GB/T26362-2010）评分实施细则）》，以示范区的形式，开始探索国家生态旅游管理的体制机制。

2014年，国务院发布了《关于促进旅游业改革发展的若干意见》，提出"编制全国生态旅游发展规划，加强对国家重点旅游区域的指导，抓好集中连片特困地区旅游资源整体开发，引导生态旅游健康发展""中央政府要加大对……、集中连片特困地区生态旅游等旅游基础设施和生态环境保护设施建设的支持力度"。

2016年，国家发改委、国家旅游局印发了《全国生态旅游发展规划（2016–2025）》，明确提出"以满足人民群众日益增长的旅游休闲消费需求和生态环境需要为出发点和落脚点，以优化生态旅游发展空间布局为核心，以完善生态旅游配套服务体系为支撑，坚持尊重自然、顺应自然、保护自然，强化资源保护，注重生态教育，打造生态旅游产品，促进绿色消费，推动人与自然和谐发展"的总体要求，具体内容见表12-2。

2018年，党中央、国务院印发了《关于实施乡村振兴战略的意见》，明确提出"正确处理开发与保护的关系……加快发展森林草原旅游、河湖湿地观光、冰雪海上运动、野生动物驯养观赏等产业，积极开发观光农业、游憩休闲、健康养生、生态教育等服务。创建一批特色生态旅游示范村镇和精品线路，打造绿色生态环保的乡村生态旅游产业链"。

表12-2 《全国生态旅游发展规划（2016–2025）》对生态旅游提出的具体安排

项目	具体内容
1个总体要求	以满足人民群众日益增长的旅游休闲消费需求和生态环境需要为出发点和落脚点，以优化生态旅游发展空间布局为核心，以完善生态旅游配套服务体系为支撑，坚持尊重自然、顺应自然、保护自然，强化资源保护，注重生态教育，打造生态旅游产品，促进绿色消费，推动人与自然和谐发展
4项基本原则	四个基本原则：保护优先，合理利用；优化布局，突出重点；统筹协调，融合发展；创新机制，多方参与
2个阶段目标	到2020年，一批重点生态旅游目的地和精品线路基本建成……培育一批生态旅游重点品牌，初步形成全国生态旅游发展的基本格局，成为具有一定国际影响力的生态旅游目的地国家； 到2025年，以生态旅游协作区、目的地、线路和风景道为主体的总体布局基本确立……，成为世界生态旅游强国
8大片区	结合各地生态旅游资源特色，将全国生态旅游发展划分为八个片区（分别为东北平原漫岗生态旅游片区、黄河中下游生态旅游片区、北方荒漠与草原生态旅游片区、青藏高原生态旅游片区、长江中上游生态旅游片区、东部平原丘陵生态旅游片区、珠江流域生态旅游片区以及海洋海岛生态旅游片区）。不同片区依托自身优势，明确重点方向，实施差别化措施，逐步形成各具特色、主题鲜明的生态旅游发展总体布局

（续表）

项目	具体内容
"20+200+50+25"重点任务	培育 20 个生态旅游协作区；建设 200 个重点生态旅游目的地；形成 50 条精品生态旅游线路；打造 25 条国家生态风景道
8 大配套工程	资源保护利用工程、交通配套服务工程、公共服务保障工程、重点景区建设工程、乡村旅游富民工程、绿色旅游引导工程、环境教育示范工程、人才队伍建设工程

（2）生态旅游特征

自然保护地生态旅游具有自然性、生态性、高品位性、计划性和可持续性五大特性：

①自然性。要求旅游者和旅游经营者都强调突出自然本色，参观游览活动以自然生态本色为中心，所需要的旅游设施简单，要保持旅游生态环境和文化环境的原始自然性，游客通过各种形式的生态旅游，可以进一步了解各自然要素如何发生发展，怎样进行物质与能量循环，如何相互联系形成一定的生态系统，从而享受自然和历史文化给予的自然乐趣。

②生态性。生态旅游的本质决定了其功能是利用生态学原理，协调和平衡环境与资源的保护及旅游开发之间的矛盾，从而导致了其规划原则、开发方式、活动内容、产品设计等生态旅游的一系列环节，发挥自己应有的功能，保证这一系列的良性运转。

③高品位性。生态旅游的从业者和旅游者一般具有较高的文化素质，尤其是生态意识水平，能自觉地维护保护地生态环境的保护，通过生态旅游活动，旅游者可以获取各种科学知识，认识大自然的奥秘和历史文化内涵。

④计划性。自然保护地一般是经过生态环境可行性论证之后，在科学规划指导下进行开发建设，对于游客的性质、游客量以及活动线路和安排都有严格的限制。旅游一般是经过前期调查了解之后，在严格组织管理下进行有目的的参观游览图。也就是说，生态旅游的计划性具体表现为小规模、低密度、分散性强和一定的专业性。

⑤可持续性。生态旅游的功能而言，就是要实现旅游地的持续协调发展。发展生态旅游能充分发挥保护地在文化教育、科学考察、卫生保健、环境教育、旅游观光上的应有功能，能为保护地筹集大量资金，促进自然保护事业的发展，同时可改善保护地与当地居民的关系，使其真正成为自然保护事业的拥

护者、支持者和参与者。生态旅游必将成为自然保护地可持续旅游业发展的最佳方式。

（3）生态旅游问题

自然保护地往往是我国重要生态系统和主要保护物种的分布中心，风景名胜区等其他类型的限制开发区域在同一地区相继建立，导致同一片地理区域多种保护地重叠现象时有发生，生态旅游活动过量扩容，引发了诸多不良后果：

①生态旅游对自然保护地生态环境和生物多样性的影响。生态旅游归根到底是一种旅游开发活动。旅游景点和旅游服务设施的开发和建设会提高保护地中人文景观要素的面积比例，促使纯自然景观向自然—人工复合景观转化。伴随着旅游道路等线状人工景观要素的建设，会形成远宽于道路本身的干扰廊道和纵横交错的网络，分割保护地内自然分布的生物群落，降低自然景观的连通性，加剧生境的破碎化。尽管生态旅游是一种非消耗型的游憩活动，若开展不当，会对生物多样性产生负面影响。主要表现在生物个体、种群和群落3个水平上。对生物个体最直接的影响是生物体行为的改变或生理指标的变化，如取食时间减少、放弃现有生境、过多的能量损耗和压力反应等，这些影响进一步导致物种的丰富度、分布以及多样性的变化。对生物个体的间接影响主要在于改变生境，如对植被的破坏、外来种的引入和散布以及环境污染等。由于物种之间存在捕食、竞争、传粉等复杂的生态关系，对生态系统结构和环境的变化十分敏感，生物体数量、质量和行为的改变也可能引起整个生态系统结构和功能出现较大的改变，从而导致生物多样性减少，进而导致敏感地区退化和干扰发生。

②开展生态旅游对自然保护地产生的经济影响。目前我国已有54.2%的国家级和50.4%的地方级自然保护地开展了生态旅游活动，旅游规模和范围仍在逐年扩大。这些活动尽管以生态旅游的名义展开，但绝大多数仍属于一般旅游范畴。随着生态旅游业市场化程度的不断提高，保护地生态旅游业的实际运营和管理者往往会以加大区内旅游开发力度的方式同其他旅游经营者争夺旅游市场，一旦超内环境容量阈值，很容易造成生态破坏。同时由于旅游收入有效转化为保护成本的机制缺失，导致保护地不仅无法从旅游活动经营中受益，还要为减少大规模旅游活动带来的环境影响而投入更多的保护成本，完全背离了自然保护地开展生态旅游的初衷。

此外，从社区角度，将生态旅游作为社区可持续生计策略时还存在一些可能的限制因素。具体表现为：一是缺少开展旅游业的资金。这主要体现在创业方面，无论是开办农家院还是经营土特产品商店等，都需要一定的起步资金，而既无足够的积蓄又无外借渠道的情况，导致一些农户虽然有想法和打算，但由于缺少资金投入而不能付诸实施。二是社区居民缺乏参与旅游所需的知识和技能。社区居民希望家庭成员中能够有人从事旅游业，但从操作层面并不知该如何下手，对生态旅游的概念也不是很了解，甚至闻所未闻。三是社区居民的社会资本很大程度上依赖于社区组织，因此社区组织的不健全或者失职将会导致农户社会资本存量降低。

12.3　国内外案例

12.3.1　国际案例

（1）法国大区公园、国家公园经验——国家公园品牌

法国大区公园是为保护生态价值高且人类活动密集的区域，与国家公园核心区域实行严格的保护不同的是：大区公园以保护为第一要素，兼顾社区发展。法国大区公园率先设计了"自愿加入"的社区管理模式，即乡镇可以自愿选择是否加入大区公园，选择加入的乡镇必须按照公园宪章的要求和规则从事生产生活活动，并享受由公园赋予其的相应福利和特殊待遇。

品牌体系是大区公园带动社区发展的重要手段，根据自然生态和文化遗产保护的要求，设定符合大区公园建设理念的产品标准，授予达标企业大区公园品牌的使用权，通过品牌化发展扶持园内的特色产业，实现产品增值。法国国家公园在此基础上发展了国家公园品牌体系，成功实现了资源环境优势向产品品质和价格优势的转化，促进了当地社会经济的绿色化发展。

2006年开始，在借鉴法国大区公园相关经验的基础上，法国国家公园尝试采取加盟区的管理模式，进行了法国国家公园改革。法国国家公园加盟区承诺在其领土内开展的一切活动与国家公园宪章的规定保持一致，充分考虑这些活动可能对核心区产生的影响；享受国家公园的品牌和声誉；享受国家公园给予的技术和资金支持（以具体项目形式开展）；享受国家的相关财政补贴；其辖域内的个人和企业因对环境保护做出贡献可以享受相应的税收减免。加盟区需履行有关承诺：城市发展规划要和国家公园宪章吻合，严格规定机动车的行

驶，乡镇设有一个国家公园联络人、核心协调人作为大使，负责国家公园在乡镇中的推广工作，不使用农药，保护黑暗资源等。

2006年国家公园法案规定国家公园创建自身品牌[①]，同时在国家公园联盟内设立品牌委员会，并设立国家公园品牌代表——"国家公园品牌联络员"，负责管理日常事务。

配合品牌建立和推广的相关机制如下：

① 监审机制：国家公园品牌无认证机制，不是严格意义上的认证品牌。但是品牌委员会确立了十几种不同行业的"准入规则"。

② 加盟者受益机制：品牌委员将为加盟企业制定特色宣传工具（产品标签、宣传册设计、营销网站等），并为其开展特色宣传活动。委员会为加盟者提供专门的培训和技术支持。目前，加盟以旅行社和酒店为主，未来将有更多农产品企业加入。

③ 准入机制和标准[②]：联系所在地国家公园的"品牌联络员"，可协助申请加盟；由品牌委员会的专家进行审计验证，确定产品与所涉及行业的"准入规则"是否符合；审计通过后，颁发品牌许可，并与所在地国家公园签订3年的品牌使用合同，合同期内需每年向国家公园缴纳品牌分红。准入规则主要在生物多样性保护、当地文化遗产保护、社区参与等方面予以限制。

综合法国国家公园和大区公园产品品牌体系的成功经验，国家公园可以基于当地社区的产业基本发展情况，引导特色产业（主要是旅游业和少数农产品种植业）走国家公园品牌产品的道路。

（2）英国国家公园经验——可持续农业与公园小镇

英国目前约有45万人居住在国家公园，公园内众多社区及其生产生活方式是国家公园价值得以形成并保留的基础，因此维持并推动当地社区发展是公园管理的重要工作。在苏格兰，国家公园设立的4个目标之一是"促进当地社

---

① 包括三类，简单的个体品牌：由企业递交且只有企业自己可以使用，比如一般的制造商品牌；简单的集体品牌：由某个组织递交，由其他人使用，比如国家公园品牌、地区公园品牌；认证的品牌：由认证机构递交，并经严格的认证管理制度审核，比如法国或欧盟的有机食品品牌。

② Rules of use，具体的行业包括：手工艺品和传统知识、热带农林业产品（针对海外省国家公园）、水果蔬菜蘑菇鲜花、酒店住宿、蜂蜜、加工农产品、餐饮业、基因利用、肉类产品、水上活动、户外活动、吃住行全包游和旅游景点（博物馆、纪念地等）。

区可持续的经济和社会发展"。

在国家公园内鼓励发展现代化可持续农业，提高土壤恢复力和生产力，丰富农产品种类，发展食品加工业及其销售。受市场驱动，国家公园内土地不断由农耕向畜牧业转化。

小镇是国家公园重要的旅游服务点，多是沿一条主路或者沿河的线性格局，镇内临主路建筑基本是家庭旅馆（B&B）、酒店、咖啡厅、户外用品店或者纪念品店。管理局通过严格控制镇内规划项目的申请与审批，考虑个体建筑的体量、外观和用途，使城镇整体风貌在漫长历史发展中得以保存，纪念品店和餐饮店中多包含当地生产的有机或特色食物。

（3）韩国国家公园经验——名品小镇

在韩国，国家公园的成立一定程度上影响了社区的经济发展。为了改善社区的生活条件，自2008年韩国政府就在国家公园社区开展支援居民项目，最为有名的是"名品小镇"项目。韩国国家公园管理机构通过"名品小镇"项目，在国家公园选择适合的村庄、集镇，通过给与适当的支持（如资金、技术、信息等），帮助社区发展"自然友好型"旅游。将村庄打造成集观光、游憩、住宿、疗养为一体的场所。韩国经验的最主要的点是将理念项目化，将资金、技术和信息等最终能落实在社区层面上。

（4）以色列生态农业

以色列西濒地中海，北接黎巴嫩，东北连叙利亚，东临约旦，南临亚喀巴湾，西南与埃及交接。以色列沙漠和山地约占2/3。以色列淡水资源缺乏比土地资源缺乏更甚。年平均降水仅200毫米，人均耕地不足1亩。以色列面对严峻的资源环境，采取了一系列措施进行生态农业的可持续发展。具体措施有：

① 实行投资倾斜政策，增强农业活力。

以色列每年投入在研究和开发上的投入约为8000亿美元，农业科技投资包括三大方面：一是对种子生产与开发的投资；二是对温室种植和温室养殖的投资；三是农业基础设施（水利、灌溉）的投资。

② 注重环境保护和资源优化配置。

农业发展与环境保护，资源优化配置统筹协调，是以色列成功的战略举措之一。主要做法是，在发展农业中处处注意维护生态平衡，维护食物链的自然连接；有计划的开垦荒地，沼泽、盐碱地，以增加耕地面积，增加植被，绿化沙漠和保持水土；为了保护环境，以色列还建立了沙夫丹（shafdan）废水处理厂，处理和净化废水等。目前，在以色列的农业结构中，基本形成了粮食、经济作物、林业、畜牧业和渔业协调发展的良性态势，这与其在农业发展中注重节约资源和保护环境是分不开的。

③大力发展灌溉，节水和污水处理技术。

为了保护、有效利用水资源，以色列采取了以下措施：一是依靠先进的灌溉技术，以色列灌溉技术由表面灌溉发展为压力灌溉，继而又发展为滴灌技术，滴灌技术不仅节约水和肥料，而且也减少了杂草的生长；二是依法合理利用水资源，1999年制定了《水利法》，依据《水利法》建立了水利委员会，负责制定水利政策，用水计划和配额，以及水利开发；三是废水循环利用。

④高度发达的农业产业化经营。

以色列建立了农业合作组织，成为农业产业化经营的基础；制定和遵循农业产业化经营的运行规则，即以生态为基础，以市场为导向，以科技为支撑，以提高农民收入为目的，以农业法制和经济合同为保障的运行原则；创建了农业产业化经营的组织形式——"合约型农业产业化经营"，包括"公司＋合作经济组织""公司＋合作经济组织＋农户""公司＋农户（个体农户）"、企业型农业产业化经营、混合型农业。

12.3.2　国内案例

（1）"金骏眉"生态产品品牌发展经验

正山小种红茶种的"金骏眉"品牌茶叶，是国家公园范围内将资源环境优势转化成产品品质优势，并且通过品牌将产品品质的优势固化为价格优势和销售量优势的成功案例。虽然缺少顶层设计，但其自发因素符合国家公园产品品牌的要求。

在过去，武夷山自然保护区内，桐木村的群众基本上是靠山吃山，生活条件比较差。从1986年开始，依靠有关法律法规，自然保护区实验区内约占保护区总面积10%的集体林被划为固定生产区域，供区内群众发展毛竹、茶叶、养蜂等资源非消耗型生态产业，以确保总面积90%的其他区域内的森林资源和生物多样性得到有效保护。这种模式被联合国教科文组织誉为"中国自然保护区较好解决保护和发展矛盾问题的一个成功典范"。2008年，仅茶叶一项就给当地村民人均年收入增加6000元以上，一举超越毛竹业成为村民主要的经济支柱（对家庭收入的贡献值超过60%），桐木村成功跻身武夷山最富裕的村庄行列，初步实现了绿水青山转化为金山银山。

从操作过程来看，农户主要负责初制过程（采摘、挑工、运输、加工），产品主要为毛茶。再由企业从茶种的选择到茶叶的种植、采摘、加工、制作、销售和品牌打造上对红茶产业进行升级，使红茶产品结构不断向高附加值、高技术、高集约的方向演进，使资源得到更充分的利用，最终在相同投入下实现了产量的增加，促进了产品结构升级。另外，生产规模化和技术进步也节约了劳动力和资本，提高了劳动力和资本的产出弹性。在这个过程中，资金和劳动力向二产、三产集中，尤其是销售起到了产业链升级的引领作用。在整条产业链中，有各种方式的生态效益补助资金投入，从而提高了单位土地面积的经济产出。

其他方面的经验也促进了品牌效应的形成，包括：①实行社区共管，即自然保护区管理局与保护区社区进行共同管理，促进保护区社区社会经济共同发展，提高当地群众的保护意识和社区作物的单位产量、经营效率，进而增加社区居民收入，形成良性互动的社区共管机制；②多渠道争取财政资金，即将各种财政渠道的相关项目资金（如扶贫办的扶贫资金、地方政府的道路建设资金和农业系统的特色农业发展资金）与产业结构的高级化结合。

（2）保护地友好体系

保护地友好体系即自然保护地友好产品增值体系。它的目的是在自然保护地社区发掘并推广环境友好和健康友好的农副产品、旅游产品；通过在产品售价中增加保护成本，并将收益返还给社区用于开展自然保护工作，让社区居民通过保护自然环境而增加经济收入，化解自然保护面临的经济发展压力。在保证生态效益的前提下，使得经济、社会效益最大化。保护地友好体系建立的核心目标，是通过向普通消费者宣传保护地出产的生态产品，吸收普通消费者成为保护地友好体系的会员，购买产品。这种方法的实质是以城市的购买力推动自然保护地社区的绿色生产。更深层次的参与方式是将消费者、保护地社区居民与保护区管理机构联系起来，实现对保护地的合作保护管理。

① 保护区友好体系的实施路径：

一是通过合作伙伴建立针对具有自然保护价值的产品的完整产业链。a.在自然保护地推广"与自然友好"的发展方式，让当地社区安居乐业；b. 倡导公众选择"与自然友好"的生活方式和消费观念，支持自然保护。二是通过向消费者提供高品质的产品和生活方式以及产品销售收入反哺当地社区与社会组织，在自然保护地建立起可持续的自然保护机制。

图12-1　武夷山茶农

图12-2　武夷山风光

② 保护地友好主要指产品要充分符合以下要求：

a. 产品生产过程不得使/施用农药、花费、转基因技术、激素等有害化学物质，遵循有机、绿色农业要求，满足保护的高要求，不得种养有入侵风险的外来物种，不能导致生态系统单一化。如果是采集野生产品，必须保证采集后还可以再生。如果从事养殖，需采取措施应对养殖动物和野生动物的竞争，以及捕食或者食用野生生物等问题。要保障产品全生命周期近、自然度高，对自然影响最小。

b. 产品生产对于当地社区收入有正面影响、与当地传统文化相关联。社区居民必须向有保护和发展优先权。

c. 满足对保护地管理的高要求。

d. 进行品牌认证。

③ 保护地友好体系案例——桃花源

桃花源基金会一直坚持生态保护和社区发展并重。在传统保护区划的核心区、缓冲区、实验区的外围，基金会将社区作为保护区的扩展区纳入到保护工作中。扩展区工作的核心是产业扶贫，引导村民放弃破坏生态的生产方式，按照生态的方法种植、生产，开发高品质的生态产品，再将这些好产品推向市场。桃花源的生态产品统一以"桃花制"的名义进入市场。"桃花制"表示这些产品来自于最优生态环境的保护区，有着严格的产品品质控制体系，检验标准基于欧盟食品标准，为消费者生产值得信赖的、自然健康的农副产品，产品销售收入同时用于当地保护环境和社区可持续发展。目前的产品有：老河沟里的花生、蜂蜜、蜂蜜酒，八月林的明前绿茶等。这些产品的每一份收入，都会分成两块，一块用于提高村民收入，一块用于保护区建设管理。

（3）浙江省生态农业发展实践

回顾浙江省发展绿色农业实践的历史，为了推动生态农业发展，2010年浙江省政府下发《关于印发浙江省发展生态循环农业行动方案的通知》（省府办〔2010〕161号）。2011年浙江省农业厅印发《浙江省生态循环农业发展"十二五"规划》（浙农计发〔2011〕45号）。而后省农业厅每年印发发展生态循环农业实施计划。为了进一步推进这项重要工作，2014年，浙江省政府再次下发《关于加快发展现代生态循环农业的意见》（浙政办发〔2014〕54号）。2014年，农业部批复同意浙江为全国唯一的现代生态循环农业发展试点省。根据《实施方案》，通过三年努力，基本构建"企业小循环、区域中循环、县

图12-3　保护地友好体系

域大循环"的循环利用体系，建成100个示范区和1000个示范主体。2015年1月6日，农业部和浙江省在北京共同举办新闻发布会，会上提出，通过3年（2015—2017）左右时间努力，全面推进"一控两减三基本"目标实现，即农业用水总量控制，化肥、农药施用总量减少，畜禽养殖粪便与死亡动物、农作物秸秆、农业投入品废弃物基本实现资源化利用或无害化处理，形成现代生态循环农业发展体系和农业可持续发展长效机制。

具体实践上，以"十百千万"示范创建、畜禽养殖污染治理、化肥农药减量、清洁田园推进、农业节水、生态模式与技术集成推广、农产品提升和生态自觉提升等八大行动为抓手。同时还要体现"三个结合""三个安全"和"三大效益"。三个结合：一是坚持粮、经结合，互相兼顾，不影响总体格局；二是坚持种植与林、牧、副、渔业的有机结合；三是坚持发展大农业与第二、三产业的结合。三大安全：按照生态安全、粮食安全和食品安全的要求，开展循环农业试点，减肥减药。三大效益：以农业资源集约、精细、高效和可持续发展为前提，推进绿色消费、品牌战略。实施适度规模化、组织化和产业化战略，积极拓展农业其他功能，实现生态与经济良性循环，经济、生态、社会三大效益的统一。

至2018年，经过多年探索，浙江省已基本形成农业绿色发展一揽子制度，其中包括以"一项目标任务、一个实施方案、一套支撑政策"为思路形成的53条绿色生态农业政策清单。绿色生态农业政策53条清单，内容涉及产业布局生态化、资源利用高效化、产品生产优质化、制度机制长效化等方面的扶持政策。目前，浙江田野上可见的是生态循环农业十大技术创新模式、种植业五大主推技术、畜牧业科学生态养殖八大模式以及新型农作制度50例等。

（4）安徽省生态农业发展实践

2015年，安徽省人民政府办公厅印发《安徽省现代生态农业产业化建设推进方案》（皖政办〔2015〕73号），提出"构建'示范主体小循环、示范区中循环、示范县大循环'的现代生态农业产业化发展体系"的总体要求，并提出"以品牌化运营打造产品生态圈、以联合体组织打造企业生态圈、以复合式循环打造区域产业生态圈"的三位一体的现代生态农业产业化发展模式，以"绿色增效示范行动、品牌建设示范行动、科技推广示范行动、主体培育示范行动以改革创新示范行动"五大行动为推进抓手。

围绕该方案，安徽省陆续出台相应的政策，例如，在绿色增效活动方面，2016年12月，安徽省农业委员会等14个部门印发了《加快发展休闲农业的实施意见》，提出把发展休闲农业作为拓展农业多功能性的有效抓手，按照"农旅结合、三产互动、接二连三"的发展思路，强化政策扶持，优化发展环境，推进农区变景区、田园变公园、劳动变运动、农品变商品、农房变客房，拉长产业链条，拓展农业功能，促进农民增收；在财政支持上，2017年，安徽省财政厅和农业委员会印发了《安徽省建立以绿色生态为导向的农业补贴制度改革实施方案》，提出在全省全面推开农业"三项补贴"改革，将农资综合补贴、种粮直接补贴和农作物良种补贴并为"农业支持保护补贴"，用于支持保护耕地地力，并要求各地要创新方式方法以绿色生态为导向，提高农作物秸秆综合利用水平，引导农民综合采取秸秆还田、深松整地、减少化肥农药用量、施用有机肥等措施，切实加强农业生态资源保护，自觉提升耕地地力。

（5）手工业案例——三江源国家公园

手工业未引入以前，三江源国家公园毛庄乡赛吾村牧民生活传统，生计来源单一。为了增加收入，甚至会出现草场畜牧量超载的情况。为了保护三江源国家公园自然资源的可持续发展，在当地政府和国际社会组织的合作下，引导当地居民以手工业、提供管护员就业等方式减少和替代畜牧业在当地的发展。

毛庄乡赛吾村定居后的牧民，住在各自的水泥安置房内，平时交往有限。至2013年以来，赛吾村自发成立了"奔康利民合作社"，并得到了多家国内及国际环境组织的资金和技术支持，至今已经有13名成员，大部分为妇女和残疾人。该合作社从最初的种植芫根到今天发展为主要经营手工编织和纺织等传统手工工艺制作。现阶段发展为主要产品是具有传统游牧文化特色的编制和手工艺品。如抛石绳（也称吾尔都）是传统游牧中赶牲畜的工具，在设计师的帮助下，将传统的抛石绳加以调整，制作出了装饰性很强的手工牦牛毛编织绳，消费者将其用作时尚腰带。还有一些牦牛毡制作的手机套、书包等物品，也运用了传统的拇指口子配合牦牛毛编制的扣袢。

这些编制类产品本来是牧区生产生活用品。现在慢慢发展成为了文化创意产品。合作社将产品收益部分返回入环境保护基金，支持社区去组织开展水源保护活动。合作社成员每天有大部分时间会在毛庄乡免费提供的合作社的工作场所编制手工艺品，在劳动过程中谈天、聊家常。合作社成员表示，合作社除了提供每月生活收入外，还使得他们的生活丰富多彩了。成员相互之间联系更加紧密，也经常会有私下里的聚会互动。普措中嘎，这位被访者表示："……之前主要收入是我爱人做协警。现在，我一年1万多的收入占家庭收入的重要部分。"

（6）生态旅游案例——唐家河自然保护区

唐家河国家级自然保护区是四川省建立较早（1978年）、建设较好、具有较大影响力的自然保护区，也是我国首批国家示范自然保护区之一。是以保护大熊猫、川金丝猴、扭角羚及其栖息地为主要保护对象的森林生态系统和野生动物类型自然保护区。

2007年，成立四川省广元唐家河风景区管理局，负责唐家河旅游开发和管理，开展生态旅游的规划、实施和经营，同年成立青川国有独资公司——四川唐家河旅游开发有限公司，负责唐家河生态旅游的开发和经营。

2009年编制完成《四川唐家河国家级自然保护区生态旅游规划》。根据《四川唐家河国家级自然保护区生态旅游规划》，唐家河主要以自然博物馆、扭角羚体验馆、大熊猫体验馆、金丝猴体验馆、珍稀动植物展览馆、昆虫体验馆、唐家河历史馆7座主题鲜明的自然体验馆和蛇岛自然观察步道、水淋沟顽猴生态观察步道、百雄关生态保护解说廊道、灵猴谷溪畔自然漫游径、香妃森林健康环山步道、阴平古道生态历史解说步道、紫荆花谷熊猫佳佳步道、大草堂自然深度体验线和马鞍岭自然深度体验线9条主题解说步道为主要内容。选用徒步、观光车两种方式，以唐家河自然保护区丰富的动植物资源、完善的自然生态系统以及蜀汉地区的三国文化、自后汉到明清时期的军事驻边文化，以及川北地区当地特色饮食文化和抗战时期的红色文化为核心吸引物，在保护区实验区内的关虎至红石河、白果坪至倒梯子沿河区域开展科考、科普、露营、度假、疗养、徒步、登山、探险、观光及了解历史、民俗文化的生态旅游活动。增加了当地社区总收入、扩大了当地社区生计方式，缓和了当地社区对资源利用与保护自然资源之间的矛盾。

2015年，唐家河旅游景区成功创建为国家生态旅游示范区，入选四川十佳康养目的地。

12.4 总结

尽管近年来我国生态文明建设成效显著，但我们应该认识到过去长期以来形成的片面追求增长、忽视生态环境保护的粗放型发展模式和观念在政府、生产者、消费者各个主体中存在的惯性作用，对目前自然保护地绿色产业的发展造成的阻碍。

首先，在政府层面上由于起步晚、基础薄弱，政府在发挥促进绿色产业发展的作用上，一方面缺乏顶层设计，对绿色产业发展的总体规划滞后，不仅未出台针对绿色产业发展的整体规划和战略部署以指导集中有效利用资源、高效便捷地实现发展目标，且对区域绿色产业发展布局尤其是对自然保护地绿色产业的发展布局缺乏总体规划，未能充分考虑地区优势、确立特色主导产业进行重点扶持。另一方面，绿色产业发展相关法律制度缺失，监督管理机制不健全，绿色公开不具体、不透明，司法行政部门执法不够严格，绿色发展综合评价评估体系不健全等等。要消除政府层面对自然保护地绿色产业发展的阻碍，需要对症下药，要从中央政府层面和保护地当地政府层面加快构建有利于绿色产业发展的政策体系，以科学合理总体规划统筹全局，并构建有效执行的奖惩制度、监督管理机制和绿色信息公开制度等。

在生产者层面上，目前我国绿色产业发展处于"摸着石头过河"的探索阶段，发展尚未成熟、积累经验不足。在这样的情况下，企业本身并不愿支付高额资金投入到绿色产业的研发与生产过程中去，便形成目前"规模小、结构失衡"的局面。而设立自然保护地的地区往往相对不发达，当地产业往往除农业外，都相对落后，那么上述"规模小、结构失衡"的问题在自然保护地中尤为突出。自然保护地大部分绿色产业以初级产品生产为主，产业链条较短，品种单一，附加值低，产量低；虽然绿色农业发展迅速，但绿色服务业等产业发展缓慢，结构仍有待优化。对此，应大力培育绿色产业主体，自然保护地当地政府严控高污染、高能耗的项目，以营造好适合绿色产业发展的监管环境，并利用补贴、税收优惠等财政手段鼓励和支持依靠科技创新实现清洁生产和循环经济的企业，并且持续深化企业环境责任体系建设，促使企业自身自觉履行环保责任并创新生产经营模式和管理模式，让更多的企业成为绿色产业发展的投入者、实施者和受益者。

在消费者层面上，一方面绿色产业作为新兴产业，其产品定位、盈利模式、经营战略都处在摸索实践过程当中。目前市场中消费者对其认可程度不高，加上绿色产品价格一般相对非绿色产品更高，在现行经济发展水平下，很难形成对绿色产品的广泛购买力。另一方面，公众环保意识相对较低，环保认识相对缺乏，导致绿色消费行为难以深入人心。而且，考虑到自然保护地所在地区往往经济不够发达，远离那些具有购买力的发达地区，则其绿色产品难以与相应的购买力相匹配的问题尤为突出。对此，要继续加大力度提高全社会的生态环保认知水平，营造良好的绿色产业发展氛围，让公众从思想与行动上树立加强生态保护的观念，转变现有的经济发展方式，从而形成对绿色产品的广泛购买力。另外，充分利用互联网平台，打通自然保护地绿色产品与高购买力地区的障碍，实现需求与供给的良好匹配。

参考文献

［1］　裴庆冰，谷立静，白泉.绿色发展背景下绿色产业内涵探析[J].环境保护，2018，46(Z1)：86-89.

［2］　张中华，张沛.西部欠发达山区绿色产业经济发展模式及有效路径[J].社会科学家，2015(10)：66-70.

［3］　张跃明，张哲邻，丁海华，王超.绿色农业在朱鹮栖息地保护中的应用[J].陕西师范大学学报(自然科学版)，2006(S1)：222-227.

［4］　于法稳.中国农业绿色转型发展的生态补偿政策研究[J].生态经济，2017，33(03)：14-18，23.

［5］　王真，王谋.自然保护区周边环境友好型农业产业组织模式演进分析：以朱鹮保护区为例[J].生态经济，2016，32(12)：192-197.

［6］　吴伟光，刘强，谢涛，李强.自然保护区周边农户家庭生活能源消费需求：基于浙江和陕西的实证分析[J].农业技术经济，2012，(05)，43-49.

［7］　唐鑫生，占辉斌.黄山市自然保护区周边区域生态农业适宜性分析[J].黑龙江八一农垦大学学报，2017，27(01)：109-114，124.

［8］　李鹏，张俊飚，颜廷武.农业废弃物循环利用参与主体的合作博弈及协同创新绩效研究：基于DEA-HR模型的16省份农业废弃物基质化数据验证[J].管理世界，2014(01)：90-104.

［9］ 李文华，刘某承，闵庆文.中国生态农业的发展与展望[J].资源科学，2010(06)：1015-1021.

［10］ 高明.继承传统农业精华，发展现代生态农业[J].学术交流，2014，(05)：62-65.

［11］ 谢方，徐志文.现代生态农业产业体系特征解读及理论框架的构建[J].昆明学院学报，2017(03)：84-88.

［12］ 刘涛.现代农业产业体系建设路径抉择：基于农业多功能性的视角[J].现代经济探讨，2011(01)：79-82.

［13］ 谢方，徐志文.现代生态农业产业体系特征解读及理论框架的构建[J].昆明学院学报，2017(03)：84-88.

［14］ 汤凯宁.我国现代生态农业产业化发展面临的问题及应对策略[J].现代化农业，2016(09)：49-50.

［15］ 庞振刚.自然保护区可持续发展的必由之路：发展生态旅游[J].生态经济，2001(05)：20-23.

［16］ 万绪才.自然保护区生态旅游开发与规划研究[C].地理学会全面建设小康社会：第九次中国青年地理工作者学术研讨会论文摘要集，2003.

［17］ 侯国林.基于社区参与的湿地生态旅游可持续开发模式研究[D].南京：南京师范大学，2006.

［18］ 王瑾，张玉钧，石玲.可持续生计目标下的生态旅游发展模式——以河北白洋淀湿地自然保护区王家寨社区为例[J].生态学报，2014，09(34)：2388-2400.

［19］ 张玉钧，石玲，贾亦琦.自然保护区开展生态旅游的意义及潜在风险[J].中南林业科技大学学报(社会科学版)，2013，7(01)：7-10.

［20］ 黄晓玲，林盛.论自然保护区生态旅游的内涵实质与基本特征[J].林业经济问题，2003，(03)：172-175.

［21］ GOODWIN H. In pursuit of ecotourism[J].Biodiversity & Conservation,1996,5(3):277-291.

［22］ DIAMANTIS D. The Concept of Ecotourism: Evolution and Trends[J].Current Issues in Tourism,1999,2(2-3), 93-122.

［23］ BHATTARAI K, CONWAY D, SHRESTHA N. Tourism, Terrorism And Turmoil In Nepal[J].Annals of Tourism Research,2005,32(3):669-688.

［24］ CHE D. Developing ecotourism in First World, resource-dependent areas[J].Geoforum,2006,37(2):212-226.

［25］ KRUGER O. The role of ecotourism in conservation: panacea or Pandora's box?[J] Biodiversity & Conservation,2005,14(3):579-600.

［26］ SCHEYYENS R. Ecotourism and the empowerment of local communities[J].Tourism Management,1999,20(2):245-249.

［27］ 王瑾，张玉钧，石玲.可持续生计目标下的生态旅游发展模式：以河北白洋淀湿地自然保护区王家寨社区为例[J].生态学报，2014，09(34)：2388-2400.

［28］ 黄晓玲，林盛.论自然保护区生态旅游的内涵实质与基本特征[J].林业经济问题，

2003(03)：172-175.

[29] 肖扬.生态旅游对自然保护区生物多样性保护的影响及对策[J].中国西部科技，2008，7(36)，58-59，35.

[30] 普里马克.保护生物学[M].马克平，蒋志刚译.北京：科学出版社，2014.

[31] NASH S. Ecotourism and Other Invasions[J].BioScience,2009,59(2):106-110.

[32] 闫颜，徐基良.韩国国家公园管理经验对我国自然保护区的启示[J].北京林业大学学报(社会科学版)，2017，16(03)：24-29.

[33] 王妍.青海藏区社会制度变迁之探讨：以三江源地区毛庄乡赛吾村为例[J].青海民族大学学报(社会科学版)，2018，44(01)：6-11.

第十三章 ——————————————————————————————

探索市场化多元化的生态补偿机制 [①]

　　党的十九大报告在加快生态文明体制改革方面强调要建立市场化、多元化的生态补偿机制，但在实践中仍缺少社会资本与公众广泛参与的成功案例。大自然保护协会（TNC）在浙江杭州市青山村设立的水源地保护项目，通过成立水基金信托引入社会资本参与生态补偿：一方面，经济手段和政策手段并用，激励农民参与生态保护并获得基金分红，控制了面源污染并提升了水质；另一方面，水基金信托出资成立企业，在挖掘当地资源优势的基础上设计了多样化的商业项目，盈利后反哺社区。青山村的实践可以为市场化、多元化的生态补偿制度的构建提供借鉴，也是以生态保护促进乡村振兴的典型案例。

　　建立符合中国国情的生态补偿制度对推进生态环境领域的国家治理体系和治理能力现代化具有重要意义。健全市场化、多元化的生态补偿机制是加快生态文明体制改革的重要任务之一。生态保护社会组织大自然保护协会（TNC）在浙江杭州余杭区青山村以水基金信托的形式开展的水源地保护项目对我国市场化、多元化生态补偿制度的构建有参考价值。本章将对这一案例进行梳理和总结，并在此基础上提炼出对于构建市场化、多元化的生态补偿机制的几点启示。

13.1　青山村的做法与实践

　　自2014年以来，专注于生态保护的社会组织TNC启动了小水源地保护项

---

① 　TNC靳彤对本文亦有贡献。

目，经过调研将青山村周边的龙坞水库（国家所有，余杭区林水局和余杭区黄湖镇人民政府共同管理）确定为项目点。根据项目初始阶段的摸底调查，青山村人口约3000余人，户均收入大约在6万元/年，其中约1/4来自于毛竹和竹笋。大部分年轻人外出务工，劳动力不足，产业萎缩。村附近的龙坞水库为青山村以及周边村庄提供饮用水。20世纪80年代，当地出现很多毛竹加工厂，为了追求更高的经济利益，村民在竹林中大量使用化肥和除草剂以增加毛竹和竹笋的产量，导致了较为严重的水库面源污染（氮磷污染），影响了饮用水安全。而水库管理机构却无权对村民使用化肥和农药的行为进行管控。针对上述情况，TNC主要采取了以下两方面的措施。

13.1.1　组建"善水基金"信托，引导多方参与保护并获得分红

水基金（Water Fund）是基于生态系统服务付费理念衍生出的应用于水源地保护的可持续资金机制，在全球多个国家被广泛应用。TNC在全球各个地区都有水基金建立、运行的案例，拥有32个运作中的水基金。作为具有丰富的水基金建立和管理经验的国际组织，TNC联合万向信托、阿里巴巴公益基金会等合作伙伴，创建了"善水基金"信托，并从中国大自然保护公益信托获得了25万元的初始资金支持。

在青山村，项目鼓励村民将林地承包经营权以财产权信托的方式委托给"善水基金"集中管理，村民则可以获得不少于往年毛竹经营收益的生态补偿金以及信托期结束后的分红。除去村民外，其他机构、企业或公众也可以以投资或者捐赠的形式参与。所有的委托人无论是投入资产还是资金，按照其作价认定信托份额，最后在信托结束之后参与利润的分红（善水基金第一期为期5年）。投资人可以选择捐赠或者是公益投资行为，如果是捐赠，其资产将被永久存续（相当于捐赠）；如果是投资，将在信托结束后按其作价进行分红。另外，"善水基金"组建了由委托人代表（村民、企业、个人等）、TNC和受托人代表（万向信托）组成的顾问委员会，各方对信托基金的重大决策，比如资金使用、林地管理等有平等的投票权；而为保证信托的公益性，社会组织TNC拥有一票否决权。同时，TNC作为"善水基金"信托的顾问，负责提供水源地保护模式设计、林地管理的专业化方案，同时也负责对保护效果进行评估以及对公益资源进行协调等。（参见图13-1）

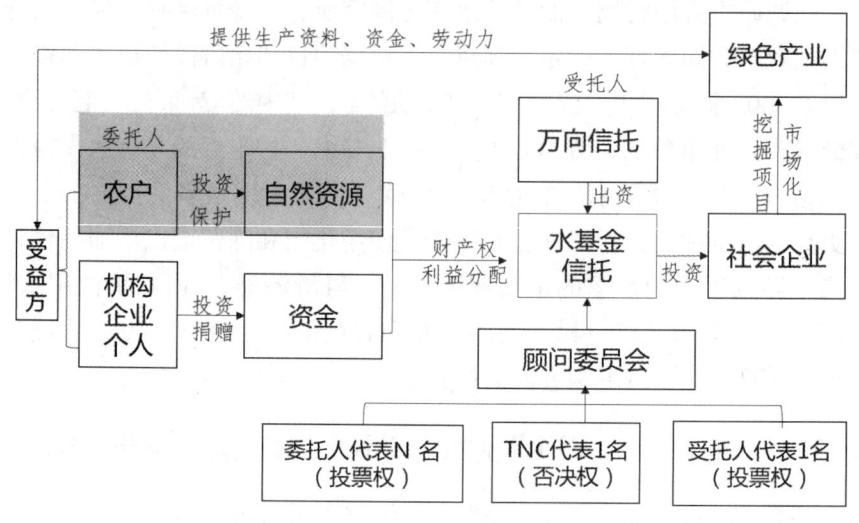

图 13-1 "善水基金"信托运行结构图

根据2015年颁布的《浙江省林地经营权流转证发证管理办法（试行）》，"善水基金"通过林权流转的形式从43户农户手里获得了水源地汇水区内化肥农药施用最为集中的500余亩毛竹林的集中管理权，有效地控制了农药、化肥使用。社会组织TNC在后续的生态保护措施中起到了主导作用：每年定期组织农户和志愿者对毛竹林进行人工除草和林下植被恢复，防止了水土流失并发挥了竹林水源涵养的功能；联合陶氏化学与浙江省环境监测中心对水源地进行定期水质监测；展开环境宣传教育活动，提高村民的保护意识；协助政府监督水源地内的钓鱼、烧烤、游泳等违规行为；引入了外部资源展开垃圾分类、厨余堆肥、朴门农业等活动。

13.1.2 成立"水酷"企业，以项目形式发展绿色产业

2015年"善水基金"出资10万元成立了名为"水酷"的企业，开展了包括生态农产品、手工艺品、自然教育、生态体验等内容的多种项目。"水酷"将项目合作农户列为"自然好邻居"，优先与示范户展开业务合作。企业运营收入主要用于支付农户林地经营权的生态补偿、"善水基金"的日常运营费用、信托到期后的分红以及水源地的日常保护管理和水质监测费用。

"水酷"为水源地生产的有机春笋扩展销售渠道，和阿里巴巴西溪园区食堂建立了长期合作关系。不再喷洒农药的毛竹林生产的笋，虽然产量较过往下

降了20%~30%，但其市场价格约是粗放经营时的3倍。

"水酷"还在青山村设计开发了有针对性的公益体验活动，如砍枯竹、监测水质、植物染色等，将向往自然的城市居民带进乡村；打造了阿里巴巴公众自然教育基地，为阿里员工和公众提供参与公益和自然体验的活动场所。同时"水酷"还将青山村民培训成为讲解员、项目活动组织者、民宿服务者等，使之获得了新的就业机会。另外，"水酷"还和公益媒体、体育赛事组织机构联合策划了水源地周边马拉松等活动，使得基金获得了更多的社会捐款。

TNC协助青山村引入了传统手工艺保护组织"融设计图书馆"，来自德国的设计师将当地传统的手工竹编技艺提升为金属编织技艺，并免费教授给村民。这些手工艺品在"设计上海""米兰设计周"等国内外展览会公益展出，并在老板电器遍及全国的门店销售，最终获得了同类工艺品两倍的利润。另外，青山村日趋改善的生态环境吸引了万科旗下商业地产集团印力集团在青山村投资打造环境友好的生态旅游度假区；TNC还与阿里巴巴公益基金会和万向信托一起建立了青山自然学校，开发了一系列自然和公益主题的体验和教育活动。

13.2　青山村水源地保护项目的效果以及经验

青山村水源地保护项目从启动至今虽还不到5年，但已从根源上解决了农业面源污染的问题。村民逐渐改变了原有的生产生活方式，生态环保意识不断增强，项目生态效益、经济效益和社会效益显著（见表13-1）。

表13-1　青山村水源地保护项目的生态、经济和社会效益

项目效益	具体内容
生态效益	2016年后水库水质逐步提升，参考《地表水环境质量标准》，总磷和溶解氧指标从2014年的Ⅲ类或Ⅳ类水已全部达到Ⅰ类水标准
经济效益	小于100万元的公益投资，撬动近3亿元社会资本，环境产业每年产生40万—55万元的收入和10万—25万元的净利润，提供就业岗位300个。农户在林地补偿提高了20%的基础上获得了3万—4万元的额外收入
社会效益	与浙江省环保厅签订合作协议发起"水源地共建活动"，建立青山自然学校，参与自然教育及体验活动的社会公众超过3000人次/年；水库约2600亩的汇水区被余杭区林业水利局划定为饮用水水源保护区，从村级小水源升级为法定保护区

总结青山村水源地保护项目的成功经验，主要有以下几个方面值得关注。

13.2.1 各级政府为项目提供了良好的政策环境

社会组织的发展需要有良好的政策环境。作为民营经济发展一枝独秀的发达省份，浙江省一直以来对于社会组织的独立运作也采取了更加包容的态度。如杭州一直努力构建"共治、共建、共享、共议"的社会治理模式，印发了《关于进一步激发社会组织活力推进我市社会治理创新的若干意见》，每年安排不少于5000万元的财政资金用于支持社会组织发展。另外，浙江省针对生态环境保护的公共政策，比如"五水共治""千村整治万村示范"以及"美丽乡村"等都为项目实施奠定了较好的基础。地方政府（乡镇）和TNC之间主要是"众创共治"的关系：社会组织引入外部资源、提供创新的发展思路；地方政府制定政策促进发展思路的落实。另外，青山村村民还在区委统战部的领导下组建了新的社会组织"青山同心荟"，专门用于推进政府和村民积极展开民主协商。

13.2.2 通过项目的形式调动多方资源并促进利益共享

项目借助丰富的活动类型把生态环境保护和社区经济发展紧密联系起来，将水源保护、产业发展、投资与捐赠等融合，形成了多个利益相关方互动、协作和共享的多赢局面。这一局面得以形成的最主要因素是获得基层政府对项目理念的认可，并支持团队在当地开展工作。乡镇一级，对"科学生态保护水源地，带动绿色产业发展"的理念达成一致后，政府和社会组织结合自身工作重点，寻找合作的结合点。村委会一级，村支书和村主任认可项目后，积极调动本村资源，协调村民参与项目。村委会干部在当地村民对项目理念缺乏理解、尚未与项目团队建立信任的情况下，负责和村民沟通，推动了其林地使用权的顺利流转。而随着水源地保护项目的开展，也促进了当地政府对生态建设的重视程度的提高，对水库的保护力度进一步加大。

13.2.3 在当地特有资源和文化基础上进行项目设计

项目以水源地保护为基础，以清洁的水和良好的生态环境为依托，挖掘资源环境和文化优势，探索了"生态环境保护+传统手工艺传承"这样一条适合青山村的绿色发展之路。这要求项目团队对当地的资源环境有足够的了解，能扎根社区、长期驻点，实时掌握第一手信息和足够的资料，进行项目设计并及时对项目执行和管理进行调整。例如，最初的设想是依靠生态竹笋的销售收入来支持水质保护工作，但在试验阶段就发现农产品的经营复杂、成本和风险高、回报相对较低，青山村在江浙市场的竞争优势不大。因此，团队马上对产业方向进行了调整，将重点放在自然教育和手工艺产品产业上。另外，为了保障项目的成功，要求项目人员除了要具有生态保护方面的专业知识外，还需要具有创新性思维和丰富的商业化项目运作经验。

13.3　对我国市场化多元化生态补偿机制的启示

青山项目的借鉴意义主要体现在市场化、多元化的生态补偿机制的构建方面，具体包括以下几点。

13.3.1　借鉴国际经验，因地制宜选择生态补偿方式

水基金是被广泛认可的流域治理面源污染的方式，是国际上比较典型的市场化生态补偿手段之一。TNC作为一个国际化的、专业从事生态环保的社会组织，在以水基金的方式保护水源方面有较为丰富的实践经验，这为青山项目的实施奠定了良好的基础。从国际经验看，发达国家逐渐形成了系统化的生态补偿制度体系，通过建立不同类型的生态服务市场来提高生态补偿的实施效率，以解决生态环境保护外部性成本内部化的问题，通常称为"生态环境服务付费"（Payments for environmental services，PES）。补偿方式上，有公共补偿（政府购买）、私人直接补偿、限额交易、生态产品认证计划等手段；补偿工具则有环境和气候基金、生态银行、生态效益债券、生态保险、生态信托、资产证券化等手段。但是国外市场化的补偿方式都是建立在完备的自然资源产权制度、完善的法律法规和清晰的生态补偿的标准、方式和责任基础之上的，并且有较为发达的市场体系。这意味着即使上述国际上成功的市场化的补偿方式现阶段在我国也并非都可以拿来即用，需要结合现阶段对应的市场条件和政策现状等进行筛选或调整。在选择具体的补偿方式或工具的时候，需重点考虑两个方面：一个是有充分的法律制度保障，特别是自然资源产权制度；另一个是有较为成熟、可持续性的市场条件。

13.3.2 发展绿色产业，形成绿色产业与生态保护相辅相成的格局

只有市场化的生态补偿机制才能持续有效，其实现需要构建生态保护市场体系，使生态环境保护方和受益方成为独立的市场主体并遵循市场规则、参与市场交易。而现阶段我国生态保护市场体系发育滞后，一定程度上影响了市场化生态补偿机制的实施。青山案例得以成功的关键在于借助了已有的、完备的市场体系（私人有支付意愿的"自愿补偿""自愿市场"），成立了企业发展绿色产业，使生态产品直接对接传统意义的市场体系，参与市场交易。换个角度说，这种模式不像碳交易、水权交易等需要专门的培育市场、制定交易、监管规则等，减少了时间成本和运行成本。

青山案例中绿色产业的发展反映的是将生态保护过程转化为生态产品市场化生产的过程。其中最关键的两个要素是资本和劳动力，这也是乡村振兴中的难点。资本的缺乏可以通过基金信托的形式，也可以采取生态银行、林权贷款、抵押等方式，甚至是创新性的绿色金融产品来解决。而对于劳动力不足可以通过不断改善的生态和文化环境以及特色生态产品和项目来吸引年轻人留在乡村。最后一点是产业发展的路径问题。运用产业经济学原理，深挖当地资源文化特色，设计可以持续下去的保护模式和商业模式，构建绿色产业链，形成了绿色产业与生态保护相辅相成的格局。

13.3.3 搭建多方交流平台，创新乡村治理模式

要建立市场化的生态补偿，需要有效的多元参与机制和利益分享机制等来尽可能地将外部性成本内部化。青山案例的主要措施是借助水基金信托和各种形式的保护协议搭建了多方交流、磋商的平台，进而创新了乡村治理模式。首先，水基金的运营构架中涵盖了不同类型的群体。在其顾问委员会中设计了多方参与机制，使得核心利益群体（原住民）的诉求得以表达，也使社会公益性得以保障。其次，保护协议通过合同、契约的形式从制度层面给予保障，明确了水基金和社区之间的关系，规定了不同参与方的权责利，明晰了资源利用方式和生态服务之间的关联、社区可持续发展的路径以及参与市场交易的方式等。而外来人口参与社区发展的机制通过社会组织"青山同心荟"得以实现，外来人口也得以参与到生态保护和乡村绿色发展中。这样

的平台既能充分发挥各方优势，也能解决相关的冲突，并且可以接纳更多的群体，比如学界、媒体等，最终形成共促保护和发展的格局，多方共保"绿水青山"、共享"金山银山"。

不同于我国大部分地区由地方政府主导的经济发展模式，在青山项目中，社会组织更为主动，承担了整合多方资源、推动项目建设、培育绿色产业等责任。这说明市场化、多元化生态补偿制度的实施不只可以由地方政府主导，社会组织、甚至是有影响力的企业等也可以成为主导者。不管是谁来主导，核心是要保障原住民的基本权利，要让社区充分参与。一方主导的前提下，其他各方能提供配套的制度、资金等支持。需要注意的是多元主体之间的利益分配问题，要借助体制机制设计使各相关方在利益均衡的原则下实现成本共担与利益共享，比如青山案例中以合同（保护协议）的方式提供了制度保障。要遵循"谁投资、谁受益"的原则，形成合理的投资回报，但是也要充分保护原住民的利益，避免出现与民争利的"资本下乡"和掠夺式生态补偿。

13.4　结论

生态补偿机制是以生态保护为目标、以平衡各方利益关系为手段的一种制度安排。市场化的目标在于把被保护的、潜在的资源资产和服务借助市场交易转化成经济收益；多元化则是生态系统和其服务作为公共物品的要求，生态保护的责任和成本需要全社会共同承担。这一制度的有效实施有赖于治理理念的转变以及经济水平的提高。

本案例中，水基金信托的模式是一种典型的市场化、多元化的生态补偿方式，它不只为社区参与保护生态环境提供了基本经济补偿，也通过发展绿色产业对社区发展权给予了补偿，促进了乡村振兴；也解决了水环境保护中集体行动和协同治理的问题，使得自然资源相关的公权力与私权利之间形成了合理的平衡。其经验已经在其他省份的乡村小水源地，乃至浙江千岛湖等更大规模的水源地得到推广应用。该模式也可为其他类型的市场化的生态补偿机制提供借鉴。

参考文献

［1］ 王宇飞，靳彤，张海江.探索市场化多元化的生态补偿机制：浙江青山村的实践与启示 [J].中国国土资源经济，2020，33(04)：29-34，55.